明宋濂等撰

元史

第十一册

卷一三一至卷一四七（傳）

中華書局

元史卷一百三十一

列傳第十八

速哥

速哥，蒙古人。父忽魯忽兒，國王木華黎麾下卒也。後更隸塔海、帖哥軍。以善馳馬、有口辯、愼重不泄，令佩銀符，常居軍中，奏白機務，往返未嘗失期。太宗以爲才，賜名動哥居。詔：「動哥居奏事，朝至朝入奏，夕至夕入奏。」嘗出金盤龍袍及宮女賜之。憲宗時，以疾卒。

速哥亦以壯勇居軍中，歲甲寅，憲宗命從都元帥帖哥火魯赤等入蜀。乙卯，萬戶劉七哥、阿剌魯阿力與宋兵戰巴州，失利，陷敵中。速哥馳入其軍，奪劉七哥等以歸。以功賜白金五十兩、馬二匹、紫羅圈甲一注。又從都元帥紐璘敗宋將劉整，破雲頂山城。紐璘受詔會涪州，至馬湖江，速哥以革爲舟，夜渡江，至大獲山行在所，陳道梗失期，帝慰遣之。未幾，復自涪州入奏事，遇宋軍於三曹山，速哥衆僅百餘，奮兵疾戰，敗之，奪其器械旗鼓以歸。己未，宋兵攻涪州浮橋，部將火尼赤戰陷，速哥破圍出之。又以白事諸王穆哥所，復敗宋軍於三曹山，還至石羊，與劉整遇，復擊敗之。

世祖卽位，賜白金、弓刀、鞍勒。中統二年，賜銀符，命隸紐璘軍。至元二年，四川行省遣速哥招收降民，得三千餘人。三年，從行院帖赤戰九頂山。四年，行省也速帶兒署爲本軍總管，從征瀘州，取瀘川。五年，立德州，以速哥爲達魯花赤，擢陝西五路四川行省左右司員外郎。從也速帶兒入朝，賞賚加厚。七年，從也速帶兒敗宋軍于馬湖江。用平章政事賽典赤薦，遷行尚書省員外郎。九年，建都蠻叛，詔諸王奧魯赤及也速帶兒討之。速哥將千人爲先鋒，破黎州水尾寨，攻連雲關，克之。軍至建都，戰於東山，斬其酋布庫，復與元帥八兒禿迎合剌軍于不魯思河，所過城邑皆下。十年，討硐樓諸蠻，〔一〕襲破連環城，還敗宋軍于七盤山，辟新軍萬戶。

十一年，賜虎符，眞授管軍萬戶，領成都高哇哥等六翼及京兆新軍，敎習水戰。也速帶兒進圍嘉定，速哥率舟師會平康城，修築懷遠等寨，守其要害。十二年，遣兵敗宋將昝萬壽於麻平。既而行樞密副使忽敦等軍至，與也速帶兒會於紅崖，遣速哥守龍垻。城中大震，宋將陳都統、鮮于團練率舟師遁。速哥追擊，溺死者不可勝計，遂與中使沈答罕徇下流諸城，紫雲、瀘、敍皆降。進圍重慶，速哥以所部兵鎮白水、馬湖江口。

十三年，帝遣脫朮、敎化的持詔諭其守臣使降，不聽，乃分兵爲五道，水陸並進攻之。衆軍不利，唯速哥獲戰艦三百艘，俘其衆百三十人。涪州守將遣書納降，速哥率千人往察其情僞，速哥至涪州，果降，遂入其城。重慶守臣張萬率衆來襲，速哥一日夜出兵凡與十八戰，斬首三百餘級，萬敗走，未幾，萬復以積兵三千人來攻，又戰敗之。

十四年，行院辟爲鎮守萬戶、嘉定總管府達魯花赤。時瀘州復叛，速哥從大軍討平之。重慶受圍久，其守將趙安開門出降，制置使張珏遁，速哥追破之，虜百餘人及其舟二十餘艘，以功授成都水軍萬戶，尋改重慶夔府等路宣撫、招討兩司軍民達魯花赤。十六年，除四川南道宣慰使，依前成都水軍萬戶，鎮重慶、夔、施、黔、忠、萬、雲、涪、瀘等州。

十九年，亦奚不薛蠻叛，置順元等路軍民宣慰司，以速哥爲宣慰使，經理諸蠻。二十四年，遷河東陝西等路萬戶府達魯花赤，播州宣撫賽因不花等赴闕請留之。降八番金竹〔等〕百餘（等）寨，〔三〕得戶三萬四千，悉以其地爲郡縣，置順元路、金竹府、貴州以統之。東連九溪十八峒，南至交趾，西至雲南，咸受節制。

二十九年，入朝，加都元帥，改河東陝西等處萬戶府達魯花赤。三十一年，僉書四川行樞密院事，詔開土番道，土番叛，以兵圍茂州，速哥率師敗之。元貞元年，行院罷，速哥家居數歲卒。

子壽不赤，襲河東陝西等處萬戶府達魯花赤。

囊加歹

囊加歹，乃蠻人。曾祖不蘭伯，仕其國，位羣臣之右。祖合折兒，管帳前軍，兼統國政，仕至太師。太祖平乃蠻，父廝察來歸。太宗命與察剌同總管蒙古、漢軍，由是從世祖伐宋，破阿里不哥於失門禿，從諸王哈必赤及闊闊歹平李璮，皆有功，賞賚甚厚，賜金符。後以子貴，贈太傅，追封梁國公，謚桓武。

囊加歹幼從廝察習戰陣，有謀略，佩金符，爲都元帥府經歷。從阿朮圍襄陽，襄陽降，以功授漢軍千戶。從丞相伯顏攻復州，與宋人戰，敗宋兵于風波湖。渡江後，伯顏南攻鄂州，阿朮北攻漢陽，分戰艦五十，囊加歹與張弘範等焚其蒙衝三千艘，兩城大恐，皆出降。伯顏軍次安慶。賈似道督師江上，遣宋京來請和。軍至池州，遣囊加歹偕宋京報似道。似道復遣阮思聰偕囊加歹至軍中，仍請議和。時暑雨方漲，世祖慮士卒不習水土，遣使令緩師。伯顏、阿朮與諸將議，乘勢徑前，遂進軍至丁家洲，似道師潰，大軍次建康。

帝聞囊加歹親與賈似道語，召赴闕，具陳其說，遣還諭旨於伯顏，以北邊未靖，勿輕入敵境，而大軍已入平江矣。宋使柳岳、夏士林、呂師孟、劉岊等踵至，皆命囊加歹同往報之。師逼臨安，復遣囊加歹入取降表、玉璽，徵宋將相文武百官出迎王師。宋主乃遣賈餘慶等同囊加歹以降表、玉璽至皐亭山，伯顏遣囊加歹馳獻世祖。還傳密旨，遷宋君臣北上。賜金符，授懷遠大將軍、安撫司達魯花赤。與阿剌罕、董文炳等取台、溫、福州，尋領蒙古軍副都萬戶、江東道宣慰使，佩金虎符如故，擢江東道按察使，復爲本道宣慰使，領萬戶如故。

召爲都元帥，管領通事軍馬，東征日本，未至而還。詔以元管出役軍，與孛羅迷兒見管軍合爲一翼，充萬戶，守建康。改賜三珠虎符，拜雲南行省參知政事，討金齒、緬國，得疾，召還京師。授南京等路宣慰使，改河南道宣慰使，特旨命襲父職爲蒙古軍都萬戶。

武宗在潛邸，囊加歹嘗從北征，與海都戰于帖堅古，明日又戰，海都圍之山上，囊加歹力戰決圍而出，與大軍會。武宗還師，囊加歹殿，海都遮道不得過，囊加歹選勇敢千人直前衝之，海都披靡，國兵乃由旭哥耳溫、稱海與晉王軍合。是役也，囊加歹戰爲多，以疾而歸。

成宗崩，昭(聖元獻)〔獻元聖〕太后與仁宗在懷州，〔三〕太后召囊加歹、不憐吉歹、脫因不花、八思台等諭之曰：「今宮車晏駕，皇后欲立安西王阿難答，爾等當毋忘世祖、裕宗在天之靈，盡力奉二皇子。」囊加歹頓首曰：「臣等雖碎身，不能仰報兩朝之恩，願效死力。」既至京師，仁宗遣囊加歹與八思台詣諸王禿剌議事宜。時內外洶洶，猶豫莫敢言，囊加歹獨贊禿剌，定計先發。歸白仁宗，意猶遲疑，固問可否，對曰：「事貴速成，後將受制於人矣。」太后與仁宗意乃決。內難既平，仁宗監國，命同知樞密院事。武宗卽位，眞拜同知樞密事，階資德大夫，賜以七寶束帶、鞍轡、衣甲、弓矢、黃金五十兩，以旌其定策之功。尋授蘄縣萬戶府達魯花赤，〔四〕仍同知樞密院事。仁宗嘗語近臣曰：「今春之事，吾與太后疑不能主，賴囊加歹一語而定。吾聞周文王有姜太公，囊加歹亦予家姜太公也。」其見稱許如此。尋以老病乞骸骨，不允。仁宗卽位，以其家河南，特授河南江北行省平章政事，佩金虎符，終其身。封浚都王。

子教化，山東河北蒙古軍副都萬戶；執禮和台，河南江北行省平章政事。孫脫堅，山東河北軍大都督，世襲有位。

忙兀台

忙兀台，蒙古達達兒氏。祖塔思火兒赤，從太宗定中原有功，爲東平路達魯花赤，位在嚴實上。

忙兀台事世祖，爲博州路奧魯總管。至元七年，又爲監戰萬戶，佩金虎符。八年，改鄧州新軍蒙古萬戶，治水軍于萬山南岸。九月，以兵攻樊，拔古城，繼敗宋軍于安陽灘。轉戰八十里，禽其將鄭高。十月，大軍攻樊，分軍爲五道，忙兀台當其一，率五翼軍以進，焚南岸舟，竪雲梯于北岸，登櫃子城，奪西南角入城，命部將據倉粟。功在諸將右，賞金百兩。襄陽降，同宋安撫呂文煥入覲，賜銀五十兩及翎根甲等物。

十一年，從丞相伯顏、平章阿朮南征，命與萬戶史格率麾下會鹽山嶺。遇宋兵，忙兀台突陣殺一人，諸軍繼進，與戰敗之。自郢州黃家原盪舟入湖，至沙洋堡，立砲座十有二，竪雲梯先登，焚其樓櫓，拔羊角壩，破沙洋堡，擒宋將四人。直抵新城，鏖戰自晨至晡，大敗之，宋復州守將翟貴以城降。將由漢口入江，至蔡店，聞宋兵屯漢口，乃率舟師經鬭龍口至沙步入江。遇宋兵三百餘艘分道來拒，進擊走之。次武磯堡，宋將夏貴堅守不下。十月乙卯，平章阿朮率萬戶晏徹兒、史格、賈文備同忙兀台四軍雪夜泝流西上，黎明至青山磯北岸，萬戶史格先渡，宋將程鵬飛拒敵，格被三創，喪卒二百人，諸將繼進，大戰中流，鵬飛被七創，敗走。舟泊中洲，宋兵阻水不得近，伯顏復遣萬戶張榮實等率舟來援。夏貴率麾下數千將奔，大軍乘之，大敗，走黃州，遂拔武磯堡，斬守將王達。阿朮既渡南岸，翼日丞相伯顏視師，則大江南北皆北軍旗幟，宋制置使朱禩孫遁還江陵。語在阿朮傳。己未，伯顏次鄂州，遣忙兀台諭宋守臣張晏然以城降，程鵬飛以本軍降，知漢陽軍王儀、知德安府來興國繼降，乃留軍鎭鄂、漢，率諸將水陸東下。

十二年正月，忙兀台諭蘄、黃、安慶、池州諸郡，皆下之。次丁家洲，宋賈似道、孫虎臣來拒，忙兀台擊之，奪虎臣所乘巨舟，與宋降將范文虎以兵五百，諭降和州及無爲、鎭巢二軍。九月，攻常州，拔其木城。宋降將趙溍叛於溧陽，伯顏命忙兀台擊之，戰於豐登莊，斬首五百餘級，擒其將三人，復招降湖州守將二人。十二月，行省第其功，承制授行兩浙大都督府事。

十四年，改閩廣大都督，行都元帥府事。時宋二王逃遁入海，忙兀台奉旨率諸軍，與江西右丞塔出會兵收之，次漳州，諭降宋守將何淸。十五年，師還福州，拜參知政事，詔與唆都等行省于福，鎭撫瀕海八郡。十月，召赴闕，陞左丞。

十六年七月，沙縣盜起，詔忙兀台復行省事，討平之。初，忙兀台北還，左丞唆都行省福建。一日，帝命召唆都，李庭言：「若召唆都，則行省無人，宜令建康阿剌罕往。」帝曰：「何必阿剌罕，其命忙兀台卽往，候唆都還，則令移潭州可也。」未幾，中書言：「唆都在福建，麾下擾民，致南劍等路往往殺長吏叛。及忙兀台至，招來七十二寨，建寧、漳、汀稍獲安集，若移之他處，而唆都復往，恐重勞民。」有旨，忙兀台仍鎭閩。十八年，轉右丞。時宣慰使王剛中以土人饒賁，頗擅作威福，忙兀台慮其有變，奏移之他道。

二十一年，拜江淮行省平章政事。初，宋降將五虎陳義嘗助張弘範擒（史）〔文〕天祥，〔三〕

助完者都討陳大舉，又資阿塔海征日本戰艦三千艘。福建省臣言其有反側意，請除之。帝使忙兀台察之。至是忙兀台携義入朝，保其無事，且乞寵以官爵，丞相伯顏亦以爲言，乃授義同知廣東道宣慰司事，授明珠虎符，其從林雄等十人並上百戶。

二十二年，脫忽思、樂實傳旨中書省，令悉代江浙省臣。中書復奏，帝曰：「朕安得此言，傳者妄也，如忙兀台之通曉政事，亦可代耶？」俄以言者召赴闕，封其家貲，遣使按驗無狀。未幾，拜銀青榮祿大夫、行省左丞相，還鎭江浙。時浙西大饑，乃弛河泊禁，發府庫官貨，低其直，貿粟以賑之。浙東盜起，蠲田租，以紓民力。

二十三年，奏：「以販鬻私鹽者皆海島民，今征日本，可募爲水工。」從之，賜鈔五千貫。役既罷，請以戰艦付海漕。又言：「省治在杭州，其兩淮、江東財賦軍實，既南輸至杭，復自杭北輸京城，往返勞頓不便，請移省治于揚州。」復言：「淮東近地，宜置屯田，歲入糧以給軍，所餘餉京師。」帝悉從其言。

二十五年，詔江淮管內，並聽忙兀台節制。二十六年，朝廷以中原民轉徙江南，令有司遣還，忙兀台言其不可，遂止。閩、越盜起，詔與不魯迷失海牙等合兵討之，御史大夫玉速帖木兒奏宜選將，帝曰：「忙兀台已往，無慮也。」未幾，悉平之。屢以病，上疏乞骸骨，乃召還。

二十七年，以江西平章奧魯赤不稱職，特命爲丞相，兼樞密院事，出鎭江西。謹約束，鋤强暴，尊卑殊服，軍民安業，威德並著，在官四十日卒。

忙兀台之在江浙專愎自用，又易置戍兵，平章不憐吉台言其變更伯顏、阿朮成法，帝每戒敕之。既死，臺臣劾郎中張斯立罪狀，而忙兀台迫死劉宣及其屯田無成事，始聞于帝云。

子三人：帖木兒不花，孛蘭奚，襲萬戶；亦剌出，中書參知政事。

奧魯赤

奧魯赤，札剌台人。曾祖豁火察，驍果善騎射，太祖出征，每提精兵爲前驅。祖朔魯罕，有膽力，嘗被讒不許入見，一日俟駕出，趨前曰：「臣無罪。若果有罪，速殺臣，臣將從先帝於地下，不然赦臣，願得自效。」帝笑而復用之。辛未，與金人戰于野(孤)〔狐〕嶺，〔六〕中流矢，戰愈力，克之。既還，拔矢，血出昏眩，帝親撫視，傅以藥，竟不起。帝悲悼曰：「朔魯罕，朕之一臂，今亡矣！」賜其家馬四百匹，錦綺萬段。父忒木台，從太宗征杭里部，俘部長以獻。復從征西夏有功，特命行省事，領兀魯、忙兀、亦怯烈、弘吉剌、札剌兒五部軍。平河南，以功賜戶二千。嘗駐兵太原、平陽、河南，土人德之，皆爲立祠。

奧魯赤，性樸魯，智勇過人，早事憲宗，帶御器械，特見親任。戊午，扈駕征蜀，攻釣魚山。至元五年，攻襄陽，授金符、蒙古軍萬戶。明年，賜虎符，襲父職，領蒙古軍四萬戶。十一年春，詔丞相伯顏大舉伐宋，以所部從，渡江圍鄂。宋兵固守，奧魯赤白丞相，可遣使諭降，乃遣許千戶同所獲宋將持金符抵其城東南門，懸金符以招之。其夜，守門將崔立啓門出，遂引立見丞相，復遣入城，諭守臣張晏然，明日晏然以城降。遷奧魯赤昭毅大將軍，諸郡望風而靡。分兵出獨松關，宋兵堅守，奧魯赤令將校益樹旗幟於山上，率精騎突之，守兵驚潰，棄關走，追逐百餘里，斬馘不可勝計。

十三年，宋主降，分討未下州郡，詔加鎭國上將軍、行中書省參知政事。未幾，以參知政事行湖北道宣慰使，兼領蒙古軍。時州郡初附，戍以重兵，民驚懼往往逃匿山澤間。奧魯赤止侵暴，恤單弱，號令嚴明，民悉復業。會詔所在括逃俘，有司拘男女千餘人，時軍士已還部，所括者無所歸，衆議悉以隸官。奧魯赤曰：「斯民不幸被兵，幸而骨肉完聚，復鬻之，是重被兵也，不若籍之爲民。」衆從之。俄徵詣闕，賜賚優渥，及還，帝曰：「武昌襟帶江、湖，實要害地。朕嘗用師于彼，故遣卿往治，爲朕耳目。」陞驃騎衞上將軍、中書左丞，行宣慰使。

十八年，詔移行省于鄂、宣慰司于潭。時湖南劇賊周龍、張虎聚黨行劫，隨宜招捕，梟二賊首，餘悉縱遣。復召入見，拜行省右丞，改荆湖等處行樞密院副使。

二十三年春，拜湖廣等處行中書省平章政事。夏四月，赴召上都，命佐鎭南王征交趾，帝慰諭之曰：「昔木華黎等戮力王室，榮名迄今不朽，卿能勉之，豈不並美于前人乎！」仍命其子脫桓不花襲萬戶。至交趾，啓王分軍爲三，因險制變，蠻不能支，竄匿海島，餘寇扼師歸路，奧魯赤轉戰以出。改江西行省平章政事。二十六年，以疾求退，不允。俄授同知湖廣等處行樞密院事。

成宗卽位，進光祿大夫、上柱國、江西等處行中書省平章政事。大德元年春三月卒，年六十六。贈金紫光祿大夫、大司徒、上柱國，追封鄭國公，諡忠宣。

子拜住，明威將軍、蒙古侍衞親軍副都指揮使；脫桓不花，驃騎衞上將軍、行中書省左丞、蒙古軍都萬戶。

完者都

完者都，欽察人。父哈剌火者，從憲宗征討有功。完者都廣顙豐頷，髯長過腹，爲人驍勇，而樂善好施，聽讀史書，聞忠良則喜，遇姦諛則怒。歲丙辰，以材武從軍。己未，從攻鄂州，先登，賞銀五十兩。

中統三年，從諸王合必赤討李璮于濟南，凡兩戰皆有功。至元元年，合必赤因樞密臣以其武勇聞，帝特賞賜之。四年十月，從萬戶木花里略地荆南，還至襄陽西安陽灘，遇宋軍，敗之。既而從丞相阿朮圍襄樊，水陸大戰者四，皆有功。嘗梯樊城，焚樓櫓，勇敢出諸軍右，幕府上其功。

十一年，授武略將軍，爲彰德南京新軍千戶。九月，從丞相伯顏南征。十一月，攻沙洋、新城。始授金符，領丞相帳前合必赤軍。十二月，統舟師由沙蕪口渡江。十二年春，與宋將孫虎臣戰于丁家洲，大捷，進武義將軍。攻泰州，戰揚子橋，戰焦山，破常州。

十三年春，入臨安，下揚州，皆有功。江南平，入見，帝顧謂侍臣曰：「眞壯士也。」因賜名拔都兒，授信武將軍、管軍總管、高郵軍達魯花赤，佩虎符。既而軍升爲路，遂進懷遠大將軍、高郵路總管府達魯花赤。

十六年，授昭勇大將軍，遷管軍萬戶。漳州陳吊眼聚黨數萬，劫掠汀、漳諸路，七年未平。十七年八月，樞密副使孛羅請命完者都往討，從之，加鎭國上將軍、福建等處征蠻都元帥，率兵五千以往。賜翎根甲，面慰遣之，且曰：「賊苟就擒，聽汝施行。」時黃華聚黨三萬人，擾建寧，號頭陀軍。完者都先引兵鼓行壓其境，軍聲大震，賊驚懼納款。完者都許以爲副元帥，凡征蠻之事，一以問之。且慮其姦詐莫測，因大獵以耀武，適有一鵰翔空，完者都仰射之，應弦而落，遂大獮，所獲山積，華大悅服。乃聞于朝，請與之俱討賊，朝廷從之，制授華征蠻副元帥，與完者都同署。華遂爲前驅，至賊所，破其五寨。十九年三月，追陳吊眼至千壁嶺，擒之，斬首漳州市，餘黨悉平。軍還至揚州，奉旨，賞賜有差。至高郵，病。七月，入覲，帝嘉之，賜鈔及銀、金綺、鞍勒、弓矢，復授管軍萬戶、高郵路總管府達魯花赤。有虎爲害，完者都挾弓矢出郊，射殺之。

二十二年八月，〔七〕以疾召入朝，帝屢遣中使存問，仍命良醫視之。疾平，帝大喜，賜醫者鈔萬貫，拜完者都驃騎上將軍、江浙行省左丞，兼管軍萬戶。初，浙西私鹽，吏莫能禁，完者都躬詣松江上海，收鹽徒五千，隸軍籍。九月，授中書左丞，行浙西道宣慰使。二十五年，遙授尚書省左丞。二十六年，〔八〕陞資德大夫、江西等處行樞密院副使，兼廣東宣慰使。疾復作，召還。

成宗卽位，入見，賜玉帶，授榮祿大夫、江浙行省平章政事。大德二年十一月卒，〔九〕年五十九。贈效忠宣力定遠功臣、開府儀同三司、太尉、上柱國，追封林國公，謚武宣。子十四人，皆仕，而帖木禿古思、別里怯都尤顯。孫二十四人，〔一〇〕仕者亦多云。

伯帖木兒

伯帖木兒，欽察人也。至元中，充哈剌赤，入備宿衞，以忠謹，授武節將軍，僉左衞親軍都指揮使司事。二十四年，征叛王乃顏，隸御史大夫玉速帖木兒麾下，敗乃顏兵於忽爾阿剌河，追至海剌兒河，又敗之。乃顏黨金家奴、別不古率衆走山前，從大夫追戰于札剌馬禿河，殺其將二人，追至蒡哥山，幷擒金家奴。

二十五年，超授顯武將軍。冬，哈丹王叛，從諸王乃麻歹討之，至斡麻站、兀剌河等處，連敗其黨阿禿八剌哈赤軍，轉戰至帖麥哈必兒哈，又敗之。進至明安倫城，哈丹迎戰，敗走，追至忽蘭葉兒，又與阿禿一日三戰，手殺五人，擒裨將一人。至帖里揭，突擊哈丹，挺身陷陣，身中三十餘箭而還，大夫親視其創，而罪潰軍之不救者。車駕親征，駐驛兀魯灰河，伯帖木兒以兵從大夫至貴列兒河，哈丹拒王師，伯帖木兒首戰却之，獲其黨駙馬阿剌渾，帝悅，以所獲賊將兀忽兒妻賜之。至霸郎兒，與忽都禿兒干戰，殺其裨將五人，生擒曲兒先。九月，大夫令率師往納兀河東等處，招集逆黨乞答眞一千戶、達達百姓及女直押兒撒等五百餘戶。

二十六年春正月，師還，復遣戍也眞人王之境。五月，海都謀擾邊，有旨令伯帖木兒以其軍先來，行至怯呂連河，值拜要叛，伯帖木兒卽移兵致討，擒其黨伯顏以獻，帝深加奬諭，賜以所得伯顏女茶倫。是年冬，立東路蒙古軍上萬戶府，統欽察、乃蠻、捏古思、那亦勤等四千餘戶。陞懷遠大將軍、上萬戶，佩三珠虎符。

二十七年，哈丹復入高麗，伯帖木兒奉命偕徹里帖木兒進討。二十八年正月，至鴨綠江，與哈丹子老的戰，失利，伯帖木兒以聞，帝命乃蠻歹、薛徹干等征之，仍命伯帖木兒爲先鋒。薛徹干軍先至禪定州，擊敗哈丹，踰數日，乃蠻歹以兵至，合攻哈丹，又敗之。伯帖木兒將百騎追至一大河，虜其妻孥，追奔逐北，哈丹尚有八騎，伯帖木兒止餘三騎，再戰，兩騎士皆重傷不能進，伯帖木兒單騎追之，至一大山，日暮，遂失哈丹所在。乃蠻歹嘉其勇，賞以老的妻完者，上其功于朝，賜金帶、衣服、鞍馬、弓矢、銀器等物，并厚賚其軍。

二十九年，聞叛王揑怯烈尚在濠來倉，伯帖木兒率兵擊，虜其妻子畜產，追至陳河，揑怯烈以二十餘騎脱身走，遂定其地。得所管女直戶五百餘以聞，帝命以充漁戶。伯帖木兒度地置馬站七所，令歲捕魚，馳驛以進。成宗卽位，俾仍其官，車駕幸上京，徵其兵千人從，歲以爲常云。

懷都

懷都，斡魯納台氏。祖父阿朮魯，〔二〕與太祖同飲黑河水，屢從征討，賜銀印，總大軍伐遼東女直諸部。復帥師討西夏，大戰于合剌合察兒，擒夏主，太祖命盡賜以夏主遺物。繼總軍南伐，攻拔信安，下宿、泗等州，諸王塔察兒以阿朮魯年老，俾其子不花襲職。中統二年，不花卒，子幼，兄子懷都繼領其職。

中統三年春，李璮叛，詔懷都從親王哈必赤討之，圍璮濟南。夏四月，璮夜出兵，四面衝突求出，懷都直前奮擊，斬百餘級，俘二百餘人，奪兵仗數百，璮退走入城，懷都晝夜勒兵與戰。秋七月，破濟南，誅璮。哈必赤第其功，居最，詔賜金虎符，領蒙古、漢軍，攻海州，略淮南廬州。

至元三年，充邳州監戰萬戶。四年，領山東路統軍司，從主帥南征。至襄陽，西渡漢江，宋遣水軍絕歸路，懷都選士卒浮水殺宋軍，奪戰艦二十餘艘，斬首千餘級。六年，軍次淮南天長，至五河口，與宋兵戰，敗之。七年，詔守鹿門山、白河口、一字城。九年春，懷都請攻樊之古城堡，堡高七層，懷都夜勒士卒，親冒矢石，攻奪之，斬宋將韓撥發，擒蔡路鈐。襄陽既降，帥師屯蔡、息，出巡淮安，還城正陽，略地安豐，獲生口無算。

十一年夏，宋將夏貴來攻正陽，懷都領步卒薄淮西岸，至橫河口，逆戰退之。九月，略地安慶。十二年，北渡，至柵江堡，值宋軍三千餘，懷都與戰，敗之。復南渡江，駐兵鎮江，諜報宋平江軍出常州，懷都領兵千人，至無錫，與宋兵遇，大戰，殲其衆。秋七月，行省檄懷都領軍護焦山江岸，仍往揚州灣頭立木城，以兵守之。九月，權樞密院事，復守鎮江。宋殿帥張彥、安撫劉師勇攻呂城，懷都與萬戶忽剌出、帖木兒追戰至常州，奪舟百餘艘，擒張殿帥、范總管。冬十月，從右丞阿塔海攻常州，宋朱都統自蘇州赴援，懷都提兵至橫林店，與之遇，奮擊大破之。十一月，取蘇州，徇秀州，仍撫治臨安迤東新附軍民。

十三年秋，同元帥撒里蠻、帖木兒、張弘範徇溫州、福建，所至州郡迎降。十四年，授鎮國上將軍、浙東宣慰使，討台、慶叛者，戰于黃奢嶺，又戰于溫州白塔屯寨，轉戰至于漳、泉、興化，平之。十六年，召至闕下，賜玉帶、弓矢，授行省參知政事，至處州，以疾卒。

子八忽台兒，官至通奉大夫、浙東道宣慰使都元帥，平浙東、建寧盜賊，數有功。不花子忽都答兒既長，分襲蒙古軍千戶，從平宋有功，授浙西招討使，改邳州萬戶，後加榮祿大夫、平章政事，卒。

亦黑迷失

亦黑迷失，畏吾兒人也。至元二年，入備宿衞。九年，奉世祖命使海外八羅孛國。十一年，偕其國人以珍寶奉表來朝，帝嘉之，賜金虎符。十二年，再使其國，與其國師以名藥來獻，賞賜甚厚。十四年，授兵部侍郎。

十八年，拜荊湖占城等處行中書參知政事，招諭占城。二十一年，召還。復命使海外僧迦剌國，觀佛鉢舍利，賜以玉帶、衣服、鞍轡。二十一年，自海上還，以參知政事管領鎭南王府事，復賜玉帶。與平章阿里海牙、右丞唆都征占城，戰失利，唆都死焉。亦黑迷失言於鎭南王，請屯兵大浪湖，觀釁而後動。王以聞，詔從之，竟全軍而歸。

二十四年，使馬八兒國，取佛鉢舍利，浮海阻風，行一年乃至。得其良醫善藥，遂與其國人來貢方物，又以私錢購紫檀木殿材幷獻之。嘗侍帝於浴室，問曰：「汝踰海者凡幾？」對曰：「臣四踰海矣。」帝憫其勞，又賜玉帶，改資德大夫，遙授江淮行尚書省左丞，行泉府太卿。

二十九年，召入朝，盡獻其所有珍異之物。時方議征爪哇，立福建行省，亦黑迷失與史弼、高興並爲平章。詔軍事付弼，海道事付亦黑迷失，仍諭之曰：「汝等至爪哇，當遣使來報。汝等留彼，其餘小國卽當自服，可遣招徠之。彼若納款，皆汝等之力也。」軍次占城，先遣郝成、劉淵諭降南巫里、速木都剌、不魯不都、八剌剌諸小國。

三十年，攻葛郞國，降其主合只葛當。又遣鄭珪招諭木(由來)〔來由〕諸小國，〔三〕皆遣其子弟來降。爪哇主婿土罕必闍耶旣降，歸國復叛，事並見弼傳。諸將議班師，亦黑迷失欲如帝旨，先遣使入奏，弼與興不從，遂引兵還，以所俘及諸小國降人入見，帝罪其與弼縱土罕必闍耶，沒家貲三之一。尋復還之。以榮祿大夫、平章政事爲集賢院使，兼會同舘事，告老家居。仁宗念其屢使絕域，詔封吳國公，卒。

拜降

拜降，北庭人。父忽都，武勇過人，由宿衞爲南宿州鎮將，分守蘄縣。後從世祖南征，年幾七十，每率先士卒，冒矢石，身被數十瘡，戰功居多。徙居大名路淸豐縣，卒。贈廣平路總管，封漁陽郡侯。

忽都卒時，拜降生甫數月，母徐氏鞠育敎誨甚至，每曰：「吾惟一子，已童丱矣，不可使不知學。」顧縣僻左，無良師友，遂遣從師大名城中。郡守每旦望入學，見拜降容止講解，大異羣兒，甚愛奬之。比弱冠，美髭髯，儀表甚偉。

丞相阿朮南攻襄陽、江陵諸郡，以偏裨隸麾下。軍行至安陽灘，與宋軍遇。宋騎直前突陣，陣爲却。拜降卽躍馬出陣前，引弓連斃數人，宋騎稍却，復率衆戰良久，宋師大潰。至元五年，圍襄樊，戰有功。十一年，從阿朮渡江，水陸遇敵，嘗先登陷陣，勇冠一軍。宋平，以功授江浙省理問官。時事方草創，省臣有所建白，及事有不可便宜自決須奏聞者，以拜降善敷奏，數令馳驛往咨于朝。及引見，世祖遙識之，喜曰：「黑髯使臣復來耶！」其見器使如此。

二十七年，遷江西行尚書省都鎮撫。適徭、獠擾邊，拜降從丞相忙兀臺討定之。二十九年，遷慶元路治中。歲大饑，狀累上行省，不報。拜降曰：「民饑如是而不賑之，豈爲民父母意耶！」即躬詣行省力請，得發粟四萬石，民賴全活。

元貞間，兩浙鹽運司同知范某陰賊爲姦，州縣吏以賂咸聽驅役，由是數侵暴細民。民有珍貨腴田，必奪爲己有。不與，則朋結無賴，妄訟以羅織之，無不蕩破家業者。兇燄鑠人，人咸側目，里人欲殺之，不果，顧被誣訴逮繫者，亡慮數十人，俱死獄中。蘭溪州民葉一、王十四有美田宅，范欲奪之，不可，因誣以事，繫獄十年不決。事聞于省，省下理問所推鞫之，適拜降至官，寃遂得直。置范于刑，而七人者先瘐死矣，惟葉一、王十四得釋，時論多焉。

大德元年，遷浙東廉訪副使，令行禁止，豪强懾伏。同寅有貪穢者，拜降抗章覈之于臺，遂免其官。後轉工部侍郎，賜侍燕服一襲，陞工部尚書，有能聲。

至大二年，仁宗奉皇太后避暑五臺，拜降供給道路，無有闕遺，恩賚尤渥。比至都，改資國院使。母徐氏卒，遂奔喪于杭。時酒禁方嚴，帝特命以酒十罌，官給傳致墓所，以備奠禮。初，徐氏盛年守節，敎子甚嚴，比拜降貴，事上于朝，特旌其門。及老，見拜降歷官有聲譽，喜曰：「有子如是，吾死可瞑目矣。」拜降居喪盡禮，未及起復，延祐二年，卒于家。贈資政大夫、江浙左丞，諡貞惠。

校勘記

〔一〕碉樓　蒙史改「碉樓」爲「碉門」。按碉門東有七盤山，下文有「敗宋軍于七盤山」，疑蒙史是。

〔二〕降八番金竹〔等〕百餘（等）寨　據文義改正。按本書卷一四世祖紀至元二十四年十二月癸亥條有「金竹寨主搔驢等以所部百二十五寨內附」。

〔三〕昭（聖元獻）〔獻元聖〕太后　據本書卷一〇六后妃表、卷一一六后妃傳改正。

〔四〕蘄縣　原作「开縣」。按「开」係「蘄」字俗寫，今改用正體字。下拜降傳所見「蘄縣」同。

〔五〕（史）〔文〕天祥　據本書卷一〇世祖紀至元十六年二月庚寅條改。類編已校。

〔六〕野（孤）〔狐〕嶺　道光本與至正集卷四七札剌爾氏三世功臣碑銘合，從改。

〔七〕二十二年　按本書卷一三三完者〔都〕拔都傳與雪樓集卷六完者都神道碑皆作「二十三年」，疑「二十二」誤。

〔八〕二十六年　按本書卷一三三完者〔都〕拔都傳及雪樓集卷六完者都神道碑皆作「二十七年」。蒙史從改，疑是。

〔九〕大德二年十一月卒　按雪樓集卷六完者都神道碑云「大德元年閏十二月八日以官薨」。疑此處年月有脫誤。

〔一〇〕孫二十四人　按雪樓集卷六完者都神道碑作「孫男二十三人」，「曾孫男一人」。「孫二十四人」疑有誤。

〔一一〕祖父阿朮魯　本證云：「案阿朮魯自有傳，此贅。」阿朮魯傳見卷一二三。

〔一二〕木（由來）〔來由〕　據本書卷一一世祖紀至元十七年十二月戊寅、十八年六月壬辰條所見「木剌由」語音改正。按木來由，南洋島國名。

元史卷一百三十二

列傳第十九

杭忽思

杭忽思，阿速氏，主阿速國。太宗兵至其境，杭忽思率衆來降，賜名拔都兒，錫以金符，命領其土民。尋奉旨選阿速軍千人，及其長子阿塔赤扈駕親征。〔一〕既還，阿塔赤入直宿衞。杭忽思還國，道遇敵人，戰歿，敕其妻外麻思領兵守其國。外麻思躬擐甲冑，平叛亂，後以次子按法普代之。

阿塔赤從憲宗征西川軍于釣魚山，與宋兵戰有功，帝親飲以酒，賞以白金。阿里不哥叛，從也里可征之，至寧夏，與阿藍答兒、渾都海戰，率先赴敵，矢中其腹，不懼，世祖聞而嘉之，賞以白金，召入宿衞。中統二年，扈駕親征阿里不哥，追至失木里禿之地，以功復賞白金。三年，從征李璮，平之。至元五年，奉旨同不答台領兵南征，攻破金剛臺。六年，從攻安慶府，戰有功。七年，從下五河口。十一年，從下沿江諸郡，戍鎭巢，民不堪命，宋降將洪福以計乘醉而殺之。世祖憫其死，賜其家白金五百兩、鈔三千五百貫，併鎭巢降民一千五百三十九戶，且命其子伯答兒襲千戶，佩金符。

時失烈吉叛，詔伯答兒領阿速軍一千往征之，與甕吉剌只兒瓦台軍戰于押里，復與藥木忽兒軍戰于禿剌及斡魯歡之地。十五年春，至伯牙之地，與赤憐軍合戰。五月，駐兵呵剌牙，與外剌台、寬赤哥思等軍合戰。其大將塔思不花樹木爲柵，積石爲城，以拒大軍。伯答兒督勇士先登，拔之，伯答兒矢中右股，別(里吉)〔吉里〕迷失以其功聞，〔三〕賞白金。二十年，授虎符、定遠大將軍、後衞親軍都指揮使，兼領阿速軍，充阿速拔都達魯花赤。

二十二年，征別失八里，軍于亦里渾察罕兒之地，與禿呵、不早麻軍戰，有功。二十六年，征杭海，敵勢甚盛，大軍乏食，其母乃咬眞輸己帑及畜牧等給軍食，世祖聞而嘉之，賜予甚厚。大德四年，伯答兒卒。

長子斡羅思，由宿衞仕至隆鎭衞都指揮使；次子福定，襲職，官懷遠大將軍，尋改右阿速衞達魯花赤，兼管後衞軍。至大四年，兄都丹充右阿速衞都指揮使；福定復職後衞，陞樞密同僉，命領軍一千守遷民鎭，尋授定遠大將軍、僉樞密院事、後衞親軍都指揮使，提調右衞阿速達魯花赤。二年，〔三〕進資善大夫、同知樞密院事。後至元間，進知樞密院事。

步魯合答

步魯合答，蒙古弘吉剌氏。祖按主奴，〔四〕太宗時率蒙古軍千人從諸王察合台征河西，至山丹。攻下定、會、階、文諸州，以功爲元帥，佩金符，駐軍漢陽禮店，戍守西和、階、文南界，及西蕃邊境。換金虎符，眞除元帥。父車里，襲職。從都元帥紐璘攻成都，宋將劉整以重兵守雲頂山，車里擊敗之，進圍其城，整遣裨校出戰，敗走，追至簡州斬之，殺三百餘人，遂拔其城。攻重慶，車里將兵千人爲先鋒，渡馬湖江，敗宋兵于馬老山，俘獲百餘人。戊午，諸軍還屯灰山，宋兵夜來劫營，車里擊敗之，斬首三百級。世祖卽位，賜金符，爲奧魯元帥，又改征行元帥。

至元二年，車里以老疾，不任事，諸王阿只吉命步魯合答代領其軍。至元八年，制授管軍千戶，佩金符。宋將昝萬壽攻成都，僉省嚴忠範遣步魯合答將兵七百人禦之于沙坎，流矢中右頰，拔矢，戰愈力，大敗其軍。十一年，行院汪田哥以兵圍嘉定，步魯合答卽率其衆攻九頂山，破之，嘉定降。進攻重慶，宋軍突圍出走銅鑼峽，行院忽敦遣步魯合答追之，至廣羊壩，斬首二百級。瀘州叛，還軍討之，步魯合答以所部兵攻寶子寨，歲餘不下，乃造雲梯先登，急擊，遂破之，殺虜殆盡。十六年，取重慶，以功遷武略將軍、征行元帥。

二十一年，命統蒙古探馬赤軍千人從征金齒蠻，平之。都元帥蒙古歹征羅必甸，步魯合答率游兵先行，江水暴溢，率衆泅水而渡，去城三百步而營。居七日，諸軍會城下，乃進攻之，步魯合答先登，拔其城，遂屠之。又從征八百媳婦國，至車厘，車厘者，其酋長所居也。諸王闊闊命步魯合答將游騎三百往招之降，不聽，進兵攻之，都鎭撫侯正死焉。步魯合答毁其北門木，遂入其寨，其地悉平。賜金虎符，授懷遠大將軍、雲南萬戶府達魯花赤，卒。子忙古不花，襲管軍千戶。

初，按主奴三子：長車里，次黑子，次帖木兒。〔五〕黑子別賜金符，爲奥魯元帥，兼文州吐蕃達魯花赤，卒。其子那懷幼，以帖木兒攝其官。那懷長，解職授之，遂改授帖木兒隨路拔都萬戶，後移鎭重慶，卒。

玉哇失

玉哇失，阿速人。父也烈拔都兒，從其國主來歸，太宗命充宿衞。歲戊午，從憲宗征蜀，爲游兵，前行至重慶，戰數有功。嘗出獵遇虎於隘，下馬搏虎，虎張吻欲噬之，以手探虎口，抉其舌，拔所佩刀刺而殺之。帝壯其勇，賞黄金五十兩，別立阿速一軍，使領其衆。從世祖征阿里不哥，又從親王哈必失征李壇，俱有功，賜金符，授本軍千戶。從下襄陽，又從

下沿江諸城，宋洪安撫既降復叛，誘其入城宴，乘醉殺之。長子也速歹兒代領其軍，從攻揚州，中流矢卒。

玉哇失襲父職，爲阿速軍千戶。從丞相伯顏平宋，賜巢縣二千五十二戶。只兒瓦歹叛，率所部兵擊之，至懷魯哈都，擒其將失剌察兒，斬于軍，其衆悉平。諸王和林及失剌等叛，從皇子北安王討之，〔六〕至斡耳罕河，無舟，躍馬涉流而渡，俘獲甚衆。時北安王方戰失利，陷敵陣中，玉哇失從諸王藥木忽兒追至金山，王乃得脫歸。賞白金五十兩、鈔二千五百貫，改賜金虎符，進定遠大將軍、前衞親軍都指揮使。

諸王乃顏叛，世祖親征，玉哇失爲前鋒。乃顏遣哈丹領兵萬人來拒，擊敗之。追至不里古都伯塔哈之地，乃顏兵號十萬，玉哇失陷陣力戰，又敗之，追至失列門林，遂擒乃顏。帝嘉其功，賜金帶、只孫、錢幣甚厚。乃顏餘黨塔不歹、金家奴聚兵滅捏該，從大軍討平之。既而哈丹復叛於曲連江，追擊其軍，渡河而遁。又與海都將八憐、帖里哥歹、必里察等戰於亦必兒失必兒之地，戰屢捷。

成宗時在潛邸，帝以海都連年犯邊，命出鎮金山，玉哇失率所部在行。從皇子闊闊出、丞相朶兒朶懷擊海都軍，突陣而入，大破之。復從諸王藥木忽兒、丞相朶兒朶懷擊海都將八憐，八憐敗。海都復以禿苦馬領精兵三萬人直趨撒剌思河，欲據險以襲我師。玉哇失率

善射者三百人守其隘，注矢以射，竟全軍而歸。帝嘉之，賜鈔萬五千緡、金織段三十四。海都、朶哇以兵來襲，擊走之。

武宗鎮北邊，海都復入寇，至兀兒秃，玉哇失敗之，獲其駝馬器仗以獻。時扎魯花赤孛羅帖木兒所將兵爲海都困於小谷，帝命玉哇失援出之。帝喜，謂諸將曰：「今日大丈夫之事，舍玉哇失其誰能之，縱以黃金包其身，猶未足以厭朕志。」武宗南還，命玉哇失後從，敵懼莫敢近，因留之戍邊。賜以金察剌一，玉束帶、渾金段各一，仍賜秫米七十石，使爲酒以犒其軍。後海都子察八兒等遣人詣闕請和，朝廷許之，遂撤邊備，玉哇失乃還。帝錄其功，賜鈔五萬貫，進鎮國上將軍，仍舊職。

大德十年五月，晝寢于衞舍，不疾而卒。子亦乞里歹襲。亦乞里歹卒，子拜住襲。

麥里

麥里，徹兀臺氏。祖雪里堅那顏，從太祖與王罕戰，同飲班眞河水，以功授千戶，領徹里臺部，征討諸國，卒于河西。父麥吉襲職，從太宗定中原，以疾卒。麥里襲職，從定宗略定欽察、阿速、斡魯思諸國。從憲宗伐宋，有功。

世祖卽位，諸王霍忽叛，掠河西諸城。麥里以爲帝初卽位，而王爲首亂，此不可長，與

其弟桑忽答兒率所部擊之，一月八戰，奪其所掠扎剌亦兒、脫脫憐諸部民以還。已而桑忽答兒爲霍忽所殺，帝聞而憐之，遣使者以銀鈔羊馬迎致麥里，賜號曰答剌罕，尋卒。子禿忽魯。

探馬赤

探馬赤，禿立不帶人。從諸王沒赤征蜀，後以兵從塔海紺卜、火魯赤、紐璘諸大帥。歲戊午，紐璘攻涪州，還至馬湖江，宋兵連艦絕江不得進，探馬赤率精兵二千擊之，奪其舟以濟。又於橫江、嘉定、宣化三縣造浮橋，以達成都，紐璘以爲能，命將千人，從萬戶昔力答略地碉門、黎、雅、土蕃。昔力答死，行院帖赤以探馬赤爲萬戶，領其軍。中統四年，授蒙古漢軍萬戶。

至元九年，從行省也速帶兒征建都，獨以銳卒千五百人，與建都兵戰于梅子嶺，大敗之，夜馳與速哥會，直擣其營，斬首數十級，生擒百餘人，獲其輜重以歸。復益兵三千人，與左丞曲立吉思乘勝進擊，建都勢蹙，請降。又從行院汪田哥、忽敦等，攻嘉定、重慶、瀘、敘諸州，以功兼崇慶府達魯花赤。十九年卒。子拜延，襲蒙古軍萬戶，戍甘州。

拔都兒

拔都兒，阿速氏，世居上都宜興。憲宗在潛邸，與兄兀作兒不罕及馬塔兒沙帥衆來歸。馬塔兒沙從憲宗征麥各思城，爲前鋒將，身中二矢，奮戰拔其城。又從征蜀，至釣魚山，歿于軍。

拔都兒從征李璮，圍濟南，身二十餘戰，世祖嘉其能，賞納失思段九，命領阿速軍一千，常居左右。尋於阿塔赤內充怯薛百戶。後從塔不台南征，與敵軍戰于金剛臺，又以功受賞。師還，言於帝曰：「臣願從軍，爲國效死。」世祖留之，仍命充孛可孫，兼領阿速軍，御馬必令鞚引。

至元二十三年，授廣威將軍、後衞親軍副都指揮使，賜虎符。明年夏，從征乃顏于亦迷河，擒僉家奴、塔不台以歸，賞鈔及衣段，加定遠大將軍。大德元年卒。

子別吉連襲。至大四年，河東、陝西、鞏昌、延安、燕南、河北、遼陽、河南、山東諸翼衞探馬赤爭草地訟者二百餘起，命往究之，悉正其罪，積官懷遠大將軍。致和元年，從丞相燕鐵木兒擒倒刺沙黨烏伯都刺等，領諸衞軍守居庸關及諸要害地。天曆元年十月，王禪兵掩至羊頭山，攻破隘口，勢甚張，別吉連從丞相擁衆奮擊之，突入其軍，王禪敗走，文宗賜御衣二襲、三珠虎符，及弓矢、甲冑、金帛等物，以旌其功。尋以疾辭，子也連的襲。

昂吉兒

昂吉兒，張掖人，姓野蒲氏，世爲西夏將家。歲辛巳，父甘卜率所部歸太祖，〔七〕以其軍隸蒙古軍籍，仍以甘卜爲千戶主之。從木華黎出征，病卒。

昂吉兒領其父軍，從征諸國有功。至元六年，授本軍千戶，佩金符。俄略地淮南，所向無前。時國兵初南，塞馬當暑，往往疥癘，昂吉兒以所部馬入太行療之，所病良已。由是軍中馬病者，率以屬焉，歲療馬以萬數。宋輸糧金剛臺，意將深入，昂吉兒將兵馳往，斷其輸道，因上言：「河南邊郡與宋對境，宋兵時爲邊患，唐州東南皆大山，信陽在蔡州南，南直九里、武陽、平靖、五水等關，宋兵必經諸關以入，信陽實其咽喉，守禦莫急焉。往年金亡，朝廷得壽、泗、襄、郢，而不留兵守，卒使宋得之，請城信陽，以扼宋。」得旨，令率河西軍一千三百人城之，城成。

九年，加明威將軍、信陽軍萬戶，佩虎符，分木華黎及阿朮所將河西兵俾將之。加懷遠大將軍。丞相伯顏渡江，留阿朮定淮南東道，其西道則屬之昂吉兒，駐兵和州。宋淮西制置夏貴遣侯都統將兵四萬來攻，有謀內應者悉誅之，潛兵出千秋澗，塞其歸路，因出城奮擊，大敗之，獲人馬千計。鎭巢軍降，阿速軍戍之，人不堪其橫，都統洪福盡殺戍者以叛。昂吉兒攻拔其城，擒福及董統制、譚正將。遂攻廬州，夏貴使人來言曰：「公毋吾攻爲也，吾主降，吾卽降矣。」宋亡，貴舉所部納款。昂吉兒入廬州，民按堵無所犯，遷鎭國上將軍、淮西宣慰使。

宋丞相文天祥復起兵海道，舒民張德興應之，襲破興國、德安諸郡，還據司空山。詔昂吉兒攻之，一戰而定，殺張德興，執其三子以獻。

江左初平，官制草創，權臣阿合馬納賂鬻爵，江南官僚冗濫爲甚，郡守而下佩金符者多至三四人，由行省官舉薦超授宣慰使者甚衆，民不堪命。昂吉兒入朝，具爲帝言之，且枚舉不循資歷而驟陞者數人。帝驚曰：「有是哉！」因謂姚樞等曰：「此卿輩所知，而不爲朕言，昂吉兒顧言之邪。」卽命偕平章哈伯、左丞崔斌、翰林承旨和魯火孫、符寶奉御董文忠減汰之，選曹以清。仍詔諭江淮軍民，俾通知之。

時兩淮兵革之餘，荆榛蔽野，昂吉兒請立屯田，以給軍餉，帝從之。旣而阿塔海言：「屯田所用人牛農具甚衆，今方有事日本，若復調發民兵，將不勝動搖矣。」議遂寢。未幾，宣慰使燕〔公〕楠復以爲言，〔八〕帝乃遣數千人，卽芍陂、洪澤試之，果如昂吉兒所言，乃以二萬兵屯之，歲得米數十萬斛。加輔國上將軍、河南行省參知政事、淮西宣慰使都元帥，進驃騎衞上將軍、行中書省左丞，加龍虎衞上將軍、行尙書省右丞，兩官皆兼淮西使、帥。

日本不庭，帝命阿塔海等領卒十萬征之。昂吉兒上疏，其略曰：「臣聞兵以氣爲主，而上下同欲者勝。比者連事外夷，三軍屢衄，不〔可〕以言氣，〔九〕海內騷然，一遇調發，上下愁怨，非所謂同欲也，請罷兵息民。」不從。旣而師果無功。

昂吉兒屢爲直言，雖帝怒甚，其辭不少屈。臺臣慮昂吉兒難制，以牙以迷失不畏强禦，奏爲本道按察使以察之。牙以迷失時捃摭昂吉兒細故以聞，及廷辨，帝察其無他，輒遷其官，後竟以微過罪之。元貞元年卒。

子五人，其顯者曰昂阿禿，廬州蒙古漢軍萬戶府達魯花赤；曰晤普，海北海南道肅政廉訪使。孫教化的，世襲千戶。

哈剌䚟

哈剌䚟，哈魯氏。初從軍攻襄樊，蒙古四萬戶府辟爲水軍鎭撫。至元十二年，從丞相伯顏渡江，改管軍百戶，賞甲冑、銀鞘刀。十二年秋，從丞相阿朮與宋兵戰焦山，敗之，獲海舟二。阿朮與王世强招討造白鷂海船百艘，就四十一萬戶翼摘遣漢軍三千五百、新附軍一千五百，俾哈剌䚟、王世强幷統之。攻宋江陰、許浦、金山、上海、崇明、金浦皆下之，獲海船三百餘艘，遂戍澉浦海口。

十三年春，行省檄充沿海招討副使。宋將張世傑舟師至慶元朐山東門海界，哈剌䚟追之，獲船四艘，上其功，行省增撥軍七百并舊所領士卒，守定海港口。秋七月，宋昌國州、朐山、秀山戍兵舟師千餘艘，攻奪定海港口，哈剌䚟迎擊，虜其裨將并海船三艘。八月，宋兵復攻定海港口，哈剌䚟擊退之，行省檄充蒙古漢軍招討使。十月，哈剌䚟引兵至溫州青嶼門，遇宋兵，奪船五艘，遣使諭溫州守臣家之柄以城降。十一月，至福州，奪宋海船二十艘，擒毛監丞等。

十四年，賜金符，宣武將軍、沿海招討副使，行省檄充沿海經略副使，俾與劉萬戶行元帥府事於慶元，鎭守沿海上下，南至福建，北趾許浦。六月，行省檄充沿海經略使，兼左副都元帥，督造海船千艘。八月，有旨：江西省右丞塔出等進兵攻廣南，哈剌䚟以兵從。十月，進昭勇大將軍、沿海招討使。時宋處州兵復溫州，哈剌歹率兵復取之。進至潮陽縣，宋都統陳懿等兄弟五人以畬兵七千人降。塔出兵攻廣州，踰月未下，哈剌䚟引兵繼至，諭宋安撫張鎭孫、侍郎譚應斗以城降。從攻張世傑于大洋，獲其軍資器械不可勝計。諭南恩州，宋閤門宣贊、舍人梁國傑以畬軍萬人降。

十五年，還軍慶元。秋八月，入覲，帝問曰：「汝何氏族？」對曰：「臣哈魯人。」賜金織文衣、鞍勒，擢昭武大將軍、沿海左副都元帥、慶元路總管府達魯花赤，將所部軍戍海口。十六年，日本商船四艘，篙師二千餘人至慶元港口，哈剌歹諜知其無他，言于行省，與交易而遣之。海賊賀文達、顧潤等寇掠海島，哈剌歹諭降之，得舟六十餘艘。十八年，擢輔國上將軍、都元帥，從國兵征日本，值颶風，舟回。明年二月，還戍慶元。二十二年，罷都元帥，改沿海上萬戶府達魯花赤。

二十四年，入朝，帝問日本事宜，哈剌歹應對甚悉，令還戍海道。授浙東宣慰使，賜金織文段、玉束帶、鞍勒、弓矢有差。二十五年，樞密以水軍乏帥，奏兼前職。冬，徵入見。明年，拜金吾衞上將軍、中書左丞，行浙東道宣慰使，領軍職如故。

大德五年，徵入見。擢資德大夫、雲南行省右丞，偕劉深征八百媳婦國。至順元（年），宋龍濟等叛，〔一〇〕喪師而還，深誅，哈剌歹亦以罪廢。十一年，以疾卒于汝州。皇慶元年，贈榮祿大夫、平章政事、鞏國公，謚武惠。子哈剌不花，襲沿海萬戶府達魯花赤。

沙全

沙全，哈剌魯氏。父沙的，世居沙漠，從太祖平金，戍河南柳泉，〔一一〕家焉。全初名（杪）〔抄〕兒赤，〔一二〕甫五歲，爲宋軍所虜，年十八，留劉整幕下，宋人以其父名沙的，使以沙爲姓，而名曰全。全久居宋，險固備知之。

中統二年，整以瀘州來歸，全與之同行，宋軍追之，全力戰得脫，授管軍百戶。至元三年，整出兵雲頂山，與宋將夏貴兵遇，全擊殺甚衆。五年，命整領都元帥事，出師圍襄樊，以全爲鎮撫。整遣全率軍攻仙人山、陳家洞諸寨，破之，陞千戶，賜銀符。敗宋將張貴，拔樊城，與劉整軍會。修正陽城，引兵渡淮，與宋將陳安撫戰，敗之。十二年，從丞相阿朮與宋將張世傑、孫虎臣大戰于焦山，水陸並進，宋人不能支，盡棄鼓旗走，獲其將士三十三人。從攻常州，克之，乘勝下沿海諸城。至華亭，戒士卒毋殺掠，遂傾城出降，以功授華亭軍民達魯花赤。

時民心未定，有未附鹽徒聚衆數萬掠華亭，全擊破之，籍其名得六千人，請于行省，遣屯田于淮之芍陂。行省以邑人新附，時有叛側，委萬戶忽都忽等體察，欲屠其城，全言：「鹽卒多非其土人，若屠之，枉死者衆。」以死保其不叛，遂止。賜金符，加武略將軍，兼領鹽場，職如舊。尋陞華亭爲府，以全爲達魯花赤，賜虎符。時盜賊蠭起，其最盛者有衆數千人，全悉招來之，境內得安。改松江萬戶府達魯花赤，始專領軍政。

二十二年，召見，遷隆興萬戶府達魯花赤，得請，復舊名曰(杪)〔抄〕兒赤。未幾，帝以爲松江瀕海重地，復命鎮之，賜三珠虎符，卒于官。

帖木兒不花

帖木兒不花，答答里帶人。父帖赤，歲乙未，同都元帥塔海紺卜將兵入蜀，幷將蒙古也可明安、和少馬賴及砲手諸軍，攻下興元、利、劍、成都諸郡，所降宋將小王太尉之衆，悉隸麾下。中統二年，賜虎符，授西川便宜都元帥。俄進行樞密院，率諸軍略定西川未下郡邑。至元元年，遷益都等路統軍使，死軍中。

帖木兒不花，中統初入備宿衞。至元七年，授虎符，代張馬哥爲淄萊水軍萬戶，將其衆赴襄陽，與宋將范文虎戰于灌子灘，手殺四十餘人，奪其戰艦，追至雲勝洲，大敗之。行省上其功，賜白金五十兩、衣一襲、鞍轡一副。九年，授益都新軍萬戶。十一年，改益都、淄萊新軍萬戶。

從丞相伯顏伐宋，敗其大將夏貴於陽羅堡。大軍渡江，論其功最多，賜白金五百兩。又從下鄂、蘄、黃、江、建康、常、秀、蘇、杭諸郡，累加昭武大將軍。從參知政事阿剌罕略定紹興、溫、台、福建諸郡，授台州路總管府達魯花赤，遷廣東宣慰使。

十六年，加都元帥。追宋將張世傑於香山島，世傑死，降其衆數千人。廣東諸郡及海島盡平，領諸降臣及將校之有功者，入見於大安閣，命太府監視其身，製銀鼠裘成，親賜予之，授中書左丞，行省江西，其餘爵賞有差。二十五年，拜四川等處行尚書省平章政事，兼總軍務，改行中書省平章政事。

其兄帖木脫斡，初以蒙古軍千戶從伐蜀有功，行樞密院承制授萬戶。幷將列別朮、塔海帖木兒、也速帶兒、匣剌撒兒四千戶軍，從大軍攻重慶。重慶降，收其衆，徇下流諸城，留鎭夔門，兼本路安撫司達魯花赤。進懷遠大將軍、蒙古軍萬戶。遷定遠大將軍，兼嘉定守鎭萬戶、本路總管府達魯花赤。尋陞鎭國上將軍、諸蠻夷部宣慰使，加都元帥。亦奚不薛蠻畔，與岳剌海會雲南兵討平之。改征緬都元帥，死于軍。子忽都答兒嗣。

校勘記

〔一〕長子阿塔赤　本證云：「案敍杭忽思止百餘言，詳其子阿塔赤事。阿塔赤自有傳作阿答赤，此較詳。」阿答赤傳見卷一三五。

〔二〕別（里吉）〔吉里〕迷失　據本書卷一二七伯顏傳改正。蒙史已校。

〔三〕二年　按前文有至大四年，後文爲仍至元，此脫年號。蒙史補「天曆」。

〔四〕祖按主奴　本證云：「案按主奴卽按竺邇，自有傳，此贅。」按竺邇傳見卷一二一。

〔五〕按主奴三子長車里次黑子次帖木兒　本證云：「案按竺邇傳，子十人，徹理、國寶最知名。徹里卽車里；國寶卽黑子，一名黑梓；帖木兒卽國安也。事詳彼傳，此幷贅。」

〔六〕諸王和林及失剌等叛從皇子北安王討之　蒙史云：「按『及失剌』爲昔里吉之異譯倒誤，又以和林地名爲人名。且那木罕已被昔里吉等所劫質，玉哇失安得而從之！」

〔七〕父甘卜　考異云：「卽也蒲甘卜也。也蒲甘卜傳附書昂吉兒事，昂吉兒傳又追敍甘卜事，兩傳重出。」也蒲甘卜傳見卷一二三。

〔八〕燕〔公〕楠　從道光本補。按本書卷一七三有燕公楠傳。

〔九〕不〔可〕以言氣　原空闕，從道光本補。

〔一〇〕至順元〔年〕宋龍濟等叛　按元文類卷四一經世大典序錄招捕有「大德五年，雍眞葛蠻土官宋隆濟叛。初朝廷調湖廣、雲南兵二萬征八百媳婦蠻，湖廣兵命左丞劉深等領之，取道順元番」，「至順元」，「六月十七日，隆濟構木婁等族作亂」。據刪。

〔一一〕從太祖平金戍河南　蒙史改「太祖」爲「太宗」，並注云：「舊傳之太祖蓋太宗之誤；太祖未及平河南。」

〔一二〕（杪）〔抄〕兒赤　據揭文安集卷九送也速答兒赤序改。下同。蒙史已校。

元史卷一百三十三

列傳第二十

塔出

塔出，蒙古札剌兒氏。父札剌台，歷事太祖、憲宗。歲甲寅，奉旨伐高麗，命桑吉、忽剌出諸王並聽節制。其年，破高麗連城，舉國遁入海島。己未正月，高麗計窮，遂內附，札剌台之功居多。

塔出以勳臣子，至元十七年授昭勇大將軍、東京路總管府達魯花赤。十八年，召見，賜鈔六十錠，旌其廉勤。陞昭毅大將軍、開元等路宣慰使，改遼東宣慰使。二十二年，入覲，帝慰勞久之，且問曰：「太祖命爾父札剌台聖旨，爾能記否？」塔出應對周旋，不踰禮節，帝嘉之，賜以玉帶、弓矢，拜龍虎衞上將軍、東京等路行中書省右丞。復授遼東道宣慰使。

塔出探知乃顏謀叛，遣人馳驛上聞，有旨，命領軍一萬，與皇子愛也赤同力備禦。女直、水達達官民與乃顏連結，塔出遂棄妻子，與麾下十二騎直抵建州。距咸平千五百里，與乃顏黨太撒拔都兒等合戰，兩中流矢。繼知其黨帖哥、抄兒赤等欲襲皇子愛也赤，以數十人退戰千餘人，扈從皇子渡遼水。乃顏軍來襲，塔出轉鬬而前，射其酋帖古歹，中其口，鏃出於項，墮馬死，追兵乃退。遂軍懿州，州老幼千餘人，焚香羅拜道傍，泣曰：「非宣慰公，吾屬無遺種矣。」塔出曰：「今日之事，上賴皇帝洪福，下賴將士之力，吾何功焉。」至遼西䍐山北小龍泊，得叛酋史禿林台、盧全等納款書，期而不至，塔出卽遣將討擒之，又獲其黨王賽哥。復與曲迭兒大王等戰，破之，將士欲俘掠，塔出一切禁止。與僉院漢爪、監司脫脫台追乃顏餘黨，北至金山，戰捷。帝嘉其功，召賜黃金、珠璣、錦衣、弓矢、鞍勒。

二十八年，賜明珠虎符，充蒙古軍萬戶。是歲，復領軍討哈丹於女直，還攻建州，逐阿海投江死。明年，哈丹涉海南，襲高麗，塔出復進兵討之。入朝，世祖嘉其功，眷遇彌渥，復賜珍珠上服，拜榮祿大夫、遼陽等處行中書省平章政事，兼蒙古軍萬戶，卒于位。子答蘭帖木兒，中奉大夫、遼陽省參知政事。

拜延

拜延，河西人。父火奪都，以質子從太祖征河西，太祖立質子軍，號禿魯花，遂以火奪都爲禿魯花軍百戶。太宗朝，都元帥紐璘承制以爲千戶，從征西川。忽都叛於臨洮，世祖命火奪都等以蒙古、漢軍從大軍往討之。

火奪都卒，拜延襲。至元九年，制授征行千戶，佩金符。十年，宋師侵成都，四川僉省嚴忠範遣拜延迎擊，大敗之。又從行省也速帶兒攻嘉定，從行院忽敦取瀘、敘，攻重慶，數有戰功。十二年，行院承制以爲東西兩川蒙古漢軍萬戶。總帥汪田哥用兵忠州，命拜延將兵二千，往涪州策應之。宋人伺知田哥回，以舟師順流而下，邀于青江，拜延引兵馳赴，擒其部將李春等十七人，取其軍資，焚其戰艦。

十三年，瀘州復叛，行院遣拜延領兵趨瀘之珍珠堡，敗其將王世昌，俘掠其民人孳畜，移兵戍暗溪寨。宋合州兵來援，拜延生擒百餘人，戮之，遂克瀘州。行院副使卜花進兵圍重慶，遣拜延將兵游擊，獲大良平李立所遣諜者四人。重慶降，制授宣武將軍、蒙古漢軍總管。

十九年，從總帥汪田哥入見，陞懷遠大將軍、管軍萬戶，改賜金虎符，卒。子答察兒嗣，授明威將軍、興元金州萬戶府達魯花赤。

也罕的斤

也罕的斤，匣剌魯人。祖匣答兒密立，以斡思堅國哈剌魯軍三千來歸於太祖，又獻羊牛馬以萬計。以千戶從征回回諸國，又從睿宗及折別兒諭降河西諸城，後從攻臨洮死焉。父密立火者，從太宗滅金，又從憲宗攻蜀，爲萬戶府達魯花赤，歿于軍。

中統二年，也罕的斤爲千戶，數有戰功，下五花、石城、白馬等寨。至元七年，宋兵入成都，也罕的斤以兵四百人與之相拒四日，宋兵退，追擊於眉州，大破之，授蒙古匣剌魯河西漢軍萬戶，戍眉州。從圍嘉定，築懷遠寨以守其要害，宋兵出戰，輒敗。

十二年，入朝，賜對衣、玉束帶、白金百兩，加昭勇大將軍、上萬戶，益兵萬人。會圍重慶，盡督馬湖江兩岸水陸軍馬。十四年，從圍瀘州，攻神臂門，先登拔之。從行樞密副使卜花攻重慶，屯佛圖關，屢戰有功，移屯堡子頭，宋守將趙安開門降。重慶旣平，復將其衆，略地思州，得降將百餘人，加昭毅大將軍。帝以西川新附，選能鎭撫之者，授嘉定軍民、西川諸蠻夷部宣撫司達魯花赤，增戶萬餘。進奉國上將軍、四川宣慰使、都元帥。

十七年，征斡端，拜雲南行省參知政事。二十一年，與右丞太卜、諸王相吾答兒分道征緬，造舟于阿昔、阿禾兩江，得二百艘，進攻江頭城，拔之，獲其銳卒萬人，命都元帥（來）〔袁〕

世安守之。〔一〕且圖其地形勢，遣使詣闕，具陳所以攻守之方。

先是，旣破江頭城，遣黑的兒、楊林等諭緬使降，不報，而諸叛蠻據建都太公城以拒大軍，復遣僧諭以禍福，反爲所害，遂督其軍水陸並進，擊破之，建都、金齒等十二城皆降，命都元帥合帶、萬戶不都蠻等以兵五千戍之。二十八年，改四川行樞密副使，卒。

子二人：火你赤的斤，雲南都元帥；也連沙，襲蒙古軍萬戶。

葉仙鼐

葉仙鼐，畏吾人。父土堅海牙，以才武從太祖、太宗平金及西夏，俱有功。

仙鼐幼事世祖於潛藩，從征土蕃、雲南，常爲前驅。歲己未，伐宋，至鄂州，先登奪其外城。中統元年，從征阿里不哥，與其黨遇，大呼馳擊之，其衆駭潰，賞白金貂裘。明年，討李璮，以功賞白金五百兩。授西道都元帥、金虎符、土蕃宣慰使。仙鼐素熟夷情，隨地阨塞設屯鎭撫之，恩威兼著，頑獷皆悅服。賜金幣鈔及玉束帶。爲宣慰使歷二十四年，遷雲南行省平章政事。尋改江西行省平章政事。巨盜鍾明亮積年爲害，仙鼐討擒之。

至元三十一年，成宗卽位，召還，賜玉帶，改陝西行省平章政事。謝事歸隴右，十年卒。〔二〕贈協恭保節功臣、太保、儀同三司、上柱國、鞏國公，謚敏忠。

子完澤，太子詹事，進金紫光祿大夫、中書平章政事。

脫力世官

脫力世官，畏吾人也。祖八思忽都探花愛忽赤，國初領畏吾、阿剌溫、滅乞里、八思四部，以兵從攻四川，歿于軍。父帖哥朮探花愛忽赤，憲宗命長渴密里及曲先諸宗藩之地。渾都海、阿藍答兒叛，執帖哥朮械繫之。帖哥朮破械脫走，入覲世祖，賜金符，襲父職，命率所部兵就征之，以功賜衣服、弓矢、鞍勒。又命從諸王奧魯赤討建都，平之，陞昭勇大將軍、羅羅斯副都元帥、同知宣慰司事。至西蕃境上，蕃酋必剌充遮道不得進，帖哥朮戰却之，道遂通。事聞，賜金虎符，賞白金及衣二襲。卒于官。

脫力世官襲職，爲武德將軍、羅羅斯副都元帥、同知宣慰司事。其所部有產金戶叛服不常，脫力世官往討平之。定昌路總管谷納叛，與其千戶阿夷謀率衆渡不思魯河，脫力世官引兵戰，擒阿夷，殺之。德平路落來民又叛，脫力世官又討平之。

亦奚不薛地未附，民多立寨，依險自保。詔雲南行省調羅羅斯蒙古軍四百人，羅羅章六百人，屬脫力世官，從左丞愛魯往討之。脫力世官先至，拔其寨。愛魯命率兵攻羅羽，抵落穿，奪其關，獲馬牛羊以給士卒；又命與萬戶兀都蠻攻怯兒地，其酋長阿失據山寨不下，脫力世官先登，破之。愛魯遂命脫力世官總左手四翼兵，討平亦奚不薛。又有蠻子童者，立寨于納土原山，行省復命脫力世官以蒙古、爨、僰軍與行省參政阿合八失攻之，子童窮蹙，遂降。進兼管軍副萬戶。蠻細狗、折興等及威龍州判官阿遮皆憑險爲亂，脫力世官夜入據其寨，賊散走，遣兵搜山谷，獲阿遮於深菁，斬之，籍其民五百餘戶爲農。脫力世官入覲，授三珠虎符，加懷遠大將軍、羅羅斯宣慰使，兼管軍萬戶。旣還治，括戶口，立賦稅，以給屯戍。昌州蘇你、巴翠等作亂，脫力世官以雲南王命討降之，徙其衆於昌州平川。鎭守千戶任世祿以所部二千人乘間遁去，屯威龍州，脫力世官先據其要路阨之，世祿降。未幾入覲，卒於京師。

子唆南班，由宿衞襲職，佩三珠金虎符，官至鎭國上將軍。

忽刺出

忽刺出，蒙古氏。曾祖阿察兒，事太祖，爲博兒赤。祖赤脫兒，〔三〕從太宗征欽察、康里、回回等國有功，爲涿州達魯花赤，卒。伯父哈蘭朮襲職，佩金符，以功稍遷益都路蒙古萬戶，歿於軍。

忽刺出襲哈蘭朮職，初授昭勇大將軍。至元十二年，攻宋六安軍，行省命領諸軍戰艦，遇宋軍，敗之，有旨褒賞。軍次安慶，忽剌出及參政董文炳領山東諸軍與宋孫虎臣等戰于丁家洲，大敗之，俘其將校三十七、軍五千、船四十。戰于朱金沙，又敗之。七月，及宋人戰于焦山江中，時丞相阿朮督戰，忽剌出與董文炳冒矢石沿流鏖戰八十里，身被數傷，裹創殊死戰。宋張殿帥攻呂城，忽剌出與萬戶懷都生擒之。從下常州，略地蘇、湖、秀州，至長橋，大敗宋軍。大軍至臨安，伯顏命忽剌出守浙江亭及北門，敗揚州軍于揚子橋，又敗眞州軍，追李庭芝至通州海口，盡降淮東諸州。江南平，加昭毅大將軍，尋遷湖州路達魯花赤。十四年，進鎭國上將軍、淮東宣慰使。奉旨屯守上都，改嘉議大夫、行臺御史中丞。陞資善大夫、福建行省左丞。遷江淮行省，除右丞。拜榮祿大夫、江浙行省平章政事，以疾卒。

重喜

重喜，束呂糺氏。祖塔不已兒，〔四〕事太宗，爲招討使征信安、河南，授金虎符，改征行萬戶，卒。父脫察剌襲職，歲己未，從南征，破十字寨。時重喜從行，戰亦屢捷，左足中流矢，勇氣益倍，世祖親勞之，曰：「汝年幼，能爲朕宣力如是，深可嘉尙。」父卒，重喜襲職。中統三年，從征李壇有功。四年，命領兵鎭莒州。至元（十）二年，奉旨築十字路城，〔五〕備守禦，重喜常率兵游擊。四年，從抄不花征泗州。時蔡千戶爲宋兵所圍，重喜奮戰，救之。五年，入覲，帝嘉其功，賜白金、金鞍、弓矢。修正陽城。十一年，宋兵圍正陽，從大軍戰，敗之。十二年，從下漣海諸城，又敗宋將李提轄，遂駐兵瓜洲。十三年夏六月，宋都統姜才率師來攻，迎戰，却之。秋七月，從大軍襲擊宋將李庭芝于泰州，進昭勇大將軍、婺州路總管府達魯花赤，卒。子慶孫襲。

旦只兒

旦只兒，蒙古答答帶人。至元七年，從征蜀，敗宋兵於馬湖江，斬首百餘級。九年，從征建都蠻。十一年，從攻嘉定，敗宋兵於夾江，又從攻下瀘、敍諸州，進圍重慶，敗宋將張萬。瀘州叛，諸軍將攻瀘，旦只兒先將其衆據紅米灣，與宋兵戰，敗之。進至安樂山，復敗宋軍，斬首五百餘級，獲戰艦四。宋兵邀漕舟於安樂山，擊走之，遂破其石磐寨。十四年春，抵瀘州，奪其戰艦五艘，還至安樂山，復與宋兵戰，殺數十人，從諸軍拔瀘州。張萬舉兵欲向合州，旦只兒以銳卒千人邀擊於龍坎，斬首百餘級，萬引却。賜銀符，授管軍千戶。從征斡端，至甘州。賜金符，陞總管。十九年，從諸王合班、元帥忙古帶軍至斡端，與叛王兀盧等戰，勝之。二十年，諸王八巴叛，以兵來攻，旦只兒獨破其五百餘衆，拔亡卒二千餘人以出，進副萬戶，還戍長寧軍。宋好止寨以兵來襲，旦只兒擊走之，斬首百餘級，生獲三十餘人。二十六年，賜金虎符，授信武將軍、平陽等路萬戶府達魯花赤，卒。子建都不花襲。

脫歡

脫歡，札剌兒台氏。祖菊者。父脫端，爲萬戶，從皇子闊出、忽都秃略汴、宋、睢、宿等州。歲癸丑，鎮蔡州。脫端卒，子不花襲。不花卒，弟阿藍答兒襲。阿藍答兒卒，弟長壽襲，並爲千戶守蔡。

長壽卒，脫歡襲，加武略將軍，佩金符。從丞相阿朮攻陽邏堡，累有戰功。渡江攻鄂漢諸州，下之。會宋軍于丁家洲，脫歡突入，奪戰艦數艘，攻建康、太平等郡，下之。宋都統姜才攻揚子橋堡，脫歡率精兵出堡東逆之，斬殺幾盡，俄而宋軍復集堡北，遂奮擊走，追至揚州，殺傷甚衆。會萬戶昔里罕入朝，道滁州，爲宋兵所遮，擊敗宋兵，出昔里罕。從攻揚州，至泥湖，遇宋軍，奪三十餘艘，遂進兵蘇州，與宋軍戰，擒柳奉使。

至元十三年，右丞相遣脫歡援高郵軍，未至二十里，會宋將率兵來漕高郵粟，與戰擒之。有頃，宋高郵都統復率二萬人至，擊敗之。

十四年春，授懷遠大將軍、太平路總管府達魯花赤。會只里瓦帶寇北邊，帝命脫歡往討之，戰，左臂中流矢二，帝慰勞之，賜鎧甲、弓矢、鞍勒、鈔千五百緡。十五年春，從親王斡魯忽台、丞相孛羅西征有功，加定遠大將軍、福州路總管府達魯花赤。平閩盜，改武昌路，卒。

完者〔都〕拔都〔六〕

完者〔都〕拔都，欽察氏，其先彰德人。以才武從軍。歲己未，從世祖攻鄂州，登城斬馘，賞銀五十兩。中統三年，從諸王合必赤征李壇於濟南，力戰有功。至元四年，從萬戶木花里掠地荊南，至襄陽，與宋兵戰，屢勝之。遂爲梯登樊城，焚樓櫓，勇冠三軍。十一年，授武略將軍、彰德南京新軍千戶。攻沙洋、新城，始授金符，領丞相伯顏帳前合必赤軍。渡江論功，改武義將軍。戰于丁家洲及揚子橋、焦山，破常州，入臨安，攻泰州新城皆預焉。江南歸附，入見，賜號拔都兒，佩金虎符，遷信武將軍、管軍總管、高郵軍達魯花赤。首以興學勸農爲務，四方則之。郡有虎傷人，手格殺之。既而高郵陞爲路，進懷遠大將軍、高郵路達魯花赤。十六年，進昭勇大將軍、管軍萬戶。

十八年，閩賊陳吊眼作亂，擢鎮國上將軍、福建等處征蠻都元帥，賜翎根甲，命往討之。破其營，擒吊眼，至漳州斬以示衆。加管軍萬戶，兼高郵路達魯花赤，賞賜無算。二十三年，進驃騎衞上將軍、江浙等處行中書省左丞，仍管軍萬戶。遷浙西行中書省右丞，行浙西宣慰使。二十七年，轉資德大夫、江西等處行樞密院副使，兼廣東宣慰使。元貞元年，入朝，拜榮祿大夫、江浙等處行中書省平章政事。卒于官，年五十九。贈效忠宣力定遠功臣、開府儀同三司、太尉、上柱國，追封林國公，謚武宣。

失里伯

失里伯，蒙古人。祖怯古里禿，從太祖經略西夏有功。又隸諸王朮赤台，領寶兒赤，與金人戰，歿于陣。父莫剌合嗣，從征阿藍答兒亦有功，世祖賜以白金五十兩。失里伯世其職，由樞密院斷事官爲河南行中書省斷事官。至元七年，佩金虎符，引水軍四萬攻襄陽。八年七月，宋將范文虎來援，失里伯敗其軍，進圍樊城，先登。戰于鹿門，與諸軍擒其將張貴。十年，遷昭勇大將軍，爲耽羅國招討使。奉旨入見上都，改管軍萬戶，領襄陽諸路新軍。從丞相伯顏等渡江，破獨松關，下長興，取湖州，行安撫司事。十四年，授湖州總管，進鎭國上將軍、淮西道宣慰使。十八年卒。子塔剌赤，曲靖等路宣慰使。

孛蘭奚

孛蘭奚，雍吉烈氏，世居應昌。祖忙哥，以后族備太祖宿衞。父律實，狀貌魁偉，有謀，善騎射。太宗嘗問以軍旅之事，應對稱旨，卽命爲千戶。尋以爲齊王府司馬。後從睿宗伐金有功，詔還宿衞，以疾卒。

孛蘭奚英邁有父風，幼孤，能自刻厲如成人，暇日習弓馬，夜則讀書。其母嘗訓之曰：「汝父忠勇絕人，天不假年。汝能自立，則汝父歿無憾矣。」孛蘭奚由是感激，期以成父之志。從軍有功，襲父官，爲齊王司馬。

世祖親征乃顏，以齊王兵從，兵始交，孛蘭奚躍馬陷陣，斬其旗，所嚮披靡，世祖遙望見壯之。有頃，乃顏兵遁走，孛蘭奚馳歸以捷聞。世祖大悅，勞之曰：「無忝汝父矣。」賜黃金五十兩、金織文二匹，授宣威將軍、信州路達魯花赤。時江南初附，布宣上意，與民更始。期年，郡中大治，部使者以聞，帝獎嘆久之，卽遣使賜以上尊。俄以疾卒，年三十三。贈河間路達魯花赤，追封范陽郡侯。

子脫穎溥化，歷監察御史、河南廉訪副使、郴州路達魯花赤。

怯烈

怯烈，西域人，世居太原，由中書譯史從平章政事賽典赤經略川、陝。至元十二年，立雲南行省，署爲幕官，諸洞蠻夷酋長款附，怯烈功居多。十五年，分省大理，會緬人入寇，怯烈即以戰具資軍士，討平之，授行中書省左右司員外郎。

十八年，平章納速剌丁遣詣闕敷奏邊事，世祖愛其聰辨練達，錫虎符，拜鎭西〔平〕緬麓川等路宣撫司達魯花赤，〔七〕兼管軍招討使。成都、烏蒙諸驛阻絕，怯烈市馬給傳，往來便之。俄被召上京，問以征緬事宜，奏對稱旨，賜幣帛及翎根甲。諸王相吾答兒、右丞太卜征緬，命怯烈率兵船爲鄉導，拔其江頭城，振旅而還。復從雲南王入緬，總兵三千屯鎭驃國，設方略招徠其黨，由是復業者衆。

後入覲，世祖慰勞之，詢以緬國始末。擢正議大夫、僉緬中行中書省事，佩金符。頒詔于緬，宣布威德，緬王稽顙稱謝，遣世子信合八的入貢。遷通奉大夫、雲南諸路行中書省參知政事。進資善大夫、雲南諸路行中書省左丞。大德四年，以疾卒。

暗伯

暗伯，唐兀人。祖僧吉陀，迎太祖于不倫答兒哈納之地。太祖嘉其效順，命爲秃魯哈必闍赤，兼怯里馬赤。父秃兒赤襲職，事憲宗，累官至文州禮店元帥府達魯花赤。

暗伯弱冠入宿衞，性嚴重剛果，有大志。嘗親迎于燉煌，阻兵不得歸，乃客居於于闐宗王阿魯忽之所。世祖遣薛徹干等使阿魯忽以通好，阿魯忽留使者數年弗遣，暗伯悉以已馬駝厚贐之，令逃去。薛徹干等得脫歸，具以白世祖，世祖稱歎久之。既而命元帥不花帖木兒等征于闐，暗伯乘間至行營，見薛徹干於帳中，薛徹干曰：「公之忠義，已上聞矣。」不花帖木兒遂承制命暗伯權充樞密院客省使。俄有旨護送暗伯妻子來京師。

未幾，宗王乃顏叛，世祖親征，暗伯在行間，屢捷，命爲克流速不魯合不周兀等處萬戶。又諸王哈魯、駙馬秃綿答兒等叛，暗伯率所部兵戰于克流速石巴秃之地，身中七創，所乘馬亦中二矢，自旦至哺，鏖戰愈力，刺秃綿答兒殺之，生擒哈魯以獻。世祖嘉其功，命長唐兀衞，兼僉樞密院事。凡分立諸色五衞軍職、襲替屯戍之法，多所更定。歷同僉、副樞、同知，至知樞密院事，以疾終于位。贈推忠保節功臣、資善大夫、甘肅等處行中書省右丞、上護軍、寧夏郡公，謚忠遂。

子阿乞剌，知樞密院事；亦憐眞班，湖廣省左丞。〔八〕

也速䚟兒

也速䚟兒，康里人。父愛伯，伯牙兀〔氏〕。〔九〕太祖時率衆來歸。初，以五十戶從軍南征，力戰而死。也速䚟兒世其官。從丞相伯顏經略襄樊，攻百丈山、鸛子灘功居最。及襄樊圍合，卽被甲先登，賞銀鈔百兩。明年，破復州，殺其將，以功陞百戶。主帥言賞不足酧其勞，世祖賜金符，加爲千戶，督五路招討。至元十六年，改金虎符，管軍總管。江南平，錄功，進懷遠大將軍、管軍萬戶。領江淮戰艦數百艘，東征日本，全軍而還。有旨，特賜養老一百戶，衣服、弓矢、鞍轡有加。二十二年，移鎭泰州。時籍民丁爲兵，得萬人，以也速䚟兒爲欽察親軍指揮使統之。大德三年，以疾卒。子七人：曰教化的；曰黑廝，襲父職，以疾卒；曰黑的，牧馬同知；曰延壽，襲兄職；曰拜顏，領哈剌赤；曰完澤帖木兒，廣德路萬戶達魯花赤；曰哈剌章。

昔都兒

昔都兒，欽察氏。父秃孫，隸蒙古軍籍。中統三年，從丞相伯顏討李壇叛，以功授百戶。至元十年，告老，以昔都兒代之。

十一年，昔都兒從大軍南征，攻取襄陽、唐、鄧、申、裕、鈞、許等州，累功授忠顯校尉、管軍總把，賜銀符，將其父軍。十四年，從諸王伯木兒追擊折兒凹台、岳不（思）〔忽〕兒等於黑城哈剌火林之地，〔一〇〕平之。十七年，賜金符，陞武略將軍、侍衞軍百戶。時亡宋猶有未附城邑，昔都兒言於省，願自舉兵下之，省從其請，諸城聞風而附。

二十四年，賜虎符，進宣武將軍、漢洞右江萬戶府達魯花赤。是年秋七月，領洞軍從鎮南王征交趾。冬十月，至其境，駐兵萬劫，（左）〔右〕丞阿八〔赤〕命進兵，〔一一〕拔其一字城，射交人，奪其戰艦七。明年春正月，大兵進逼僞興道王居，與交人戰于塔兒山，奮戈撞擊之，右臂中毒矢，流血盈掬，灑血奮戰，射死交人二十餘，仍督諸軍乘勝繼進，大敗之，遂入其都城。四月，戰于韓村堡，擒其將黃澤。是夜二鼓，交人突至，謀劫營，官軍堅壁以待，敵失計，詰旦，鳴鼓出營，交人却，追殺甚衆。還營，立木柵，增邏卒，交人不敢犯。五月，鎮南王引兵還，以昔都兒爲前軍，行次陷泥關，戰數十合，交人却，遂還迎鎮南王于女兒關。交人四萬餘截其要道，時我軍乏食，且疲於戰，將佐相顧失色，昔都兒率勇士奮戈衝擊之，交人却二十餘里，遂得全師而還。鎮南王閔其勞，命樞密臣奏陞其秩。

二十六年，賜虎符，授廣威將軍、炮手軍匠萬戶府達魯花赤。大德二年卒。子也先帖木兒襲。

校勘記

〔一〕（求）〔袁〕世安　道光本與本書卷一三世祖紀至元二十一年正月丁卯條及元文類卷四一經世大典序錄招捕合，從改。

〔二〕十年卒　蒙史作「家居十年卒」，並注云：「舊傳無家居二字，則十年上當補大德二字。」

〔三〕祖赤脫兒　考異云：「卽直脫兒也，列傳第十卷已爲立傳，幷附及忽剌出事矣。此傳重複。」

〔四〕祖塔不已兒　本證云：「案塔不已兒自有傳，幷詳重喜事，此複。」塔不已兒傳見卷一二三。

〔五〕至元（十）二年奉旨築十字路城　按下文有「四年」、「五年」、「十一年」、「十二年」，此處年序不合。本書卷一二三塔不已兒傳有「至元二年，奉旨初築十字路城」，據刪「十」字。本證已校。

〔六〕完者〔都〕拔都　按此卽本書卷一三一之完者都，已有傳，此傳重出。雪樓集卷六林國武宣公神道碑云「諱完者都」，傳文云「賜號拔都兒」，「完者都」爲名，「拔都」其號。今補「都」字。下同。

〔七〕鎭西〔平〕緬麓川等路宣撫司　從道光本補。

〔八〕亦憐眞班湖廣省左丞　考異云：「亦憐眞班，有傳在第三十二卷，官至湖廣行省左丞相，終於江西行省左丞相，非左丞也。」

〔九〕伯牙兀〔氏〕　據雪樓集卷一七伯牙烏公墓碑補。新元史已校。

〔一〇〕岳不（思）〔忽〕兒　本書卷一〇七宗室世系表作「藥木忽兒」，卷一〇八諸王表作「藥木忽兒」、「要木忽爾」，卷一一五顯宗傳作「岳木忽兒」，據改。蒙史已校。

〔一一〕（左）〔右〕丞阿八〔赤〕　據本書卷一四世祖紀至元二十三年十一月己巳條、卷一二九來阿八赤傳改補。本證已校。

元史卷一百三十四

列傳第二十一

撒吉思

撒吉思，回鶻人，其國阿大都督多和思之次子也。初爲太祖弟斡眞必闍赤，領王傅。斡眞薨，長子只不干蚤世，嫡孫塔察兒幼，庶兄脫迭狂恣，欲廢嫡自立。撒吉思與火魯和孫馳白皇后，乃授塔察兒以皇太弟寶，襲爵爲王。撒吉思以功與火魯和孫分治：黑山以南撒吉思理之，其北火魯和孫理之。

從憲宗攻釣魚山，建言乘勢定江南，帝嘉納焉。憲宗崩，阿里不哥爭立，諸王多附之者，撒吉思馳見塔察兒，力言宜協心推戴世祖，塔察兒從之。及世祖卽位，聞撒吉思所言，授北京宣撫，賜宮人褻吉剌氏，及金帛、章服。及至鎭，鋤奸抑强，遼東以寧。會高麗有異志，帝遣使究治，則委罪於其臣洪察忽，械送京師。道遼東，撒吉思訪知洪察忽以直諫汼意，卽奏疏爲直其事，帝命釋之。

李璮叛，命撒吉思帥師從宗王哈必赤討之。李璮伏誅，哈必赤欲屠城，撒吉思力爭曰：「王者之師，誅止元惡，脅從罔治。」因撫摩其人，衆情大悅。授山東行省都督，遷經略、統軍二使，兼益都路達魯花赤，辭不拜，上言山東重鎭，宜選貴戚臨之，帝不許。賜京城宅一區、益都田千頃，及璮馬羣、園林、水磑、海青、銀鼠裘之屬。兵後民乏牛具，爲之上聞，驗民丁力，官給之。統軍抄不花田遊無度，害稼病民，元帥野速答爾據民田爲牧地，撒吉思隨事表聞。有旨，杖抄不花一百，令野速答爾還其田。璮故將毛璋欲率諸部謀執撒吉思以歸宋，璋黨上變，乃襲璋斬之。撒吉思嘗慕古人舉親舉讎之義，叛帥故卒，得與子姓參用，公論多之。山東歲屢歉，爲請於朝，發粟賑䘏。又奏蠲其田租，山東人刻石頌德。卒年六十六。後贈安邊經遠宣惠功臣，謚襄惠。

月(乃合)〔合乃〕〔一〕

月(乃合)〔合乃〕字正卿，其先屬雍古部，徙居臨洮之狄道，金略地，盡室遷遼東。曾祖帖木爾越哥，仕金爲馬步軍指揮使，官名有馬，因以馬爲氏。祖把掃馬野禮屬，徙(靜)〔淨〕州之天山，〔三〕以財雄邊。宣宗遷汴，父昔里吉思辟尙書省譯史，試開封判官，改鳳翔府兵馬判官，死國事，贈輔國上將軍、恒州刺史，廟號褒忠。

月（乃合）〔合乃〕好學負氣，父死時年方十七，奮然投冠于地曰：「吾父死國難，吾獨不能紓家難乎！」會國兵破汴，侍母北行，艱關鋒鏑中。北見憲宗，辭容端謹，帝嘉賞之，命贊卜只兒斷事官事，以燕故城爲治所。月（乃合）〔合乃〕慨然以治道自任，政事修舉。

歲壬子，料民丁於中原，凡業儒者試通一經，卽不同編戶，著爲令甲。儒人免丁者，實月（乃合）〔合乃〕始之也。性好施予，嘗建言立常平倉。舉海內賢士楊春卿、張孝純輩，分布諸郡，號稱得人。又羅致名士敬鼎臣，授業館下，薦引馬文玉、牛應之輩爲參佐，後皆位至卿相。

歲己未，世祖以親王南征，從行至汴，令專饋饟，運濟南鹽百萬斤，以給公私之費。所過州郡汴、蔡、汝、潁之間，商農安業，軍政修舉，月（乃合）〔合乃〕與有力焉。及卽位，降詔褒獎。世祖將親征阿里不哥，月（乃合）〔合乃〕出私財，市馬五百以助軍。帝厚贍其家曰：「當償汝也。」拜禮部尚書，佩金虎符。

四年，南邊不靖，月（乃合）〔合乃〕建言光、潁等處立榷場，歲可得鐵一百三萬七千餘斤，鑄農器二十萬事，用易粟四萬石輸官，不惟官民兩便，因可以鎭服南方。詔以本職兼領已括戶三千，興煽鐵冶，其蒙古、漢軍並聽節制。未行，以疾卒，年四十八。贈推忠宣力翊運功臣、正議大夫、僉書樞密院事、上輕車都尉、梁郡侯，謚忠懿。

子孫登仕籍者甚衆。至仁宗朝，詔行科舉，曾孫祖常，〔三〕博學能文章，鄉試、會試皆爲舉首。由翰林應奉，拜監察御史，直言忤上官意，去居浮光。數年，起爲翰林待制，累遷御史中丞，卒謚文貞。

昔班

昔班，畏吾人也。父闕里別斡赤，身長八尺，智勇過人，聞太祖北征，領兵來歸。從征回回國，數立功，將重賞之，自請爲本國坤閭城達魯花赤，從之，仍賜種田戶二百，卒。

昔班事世祖潛邸，命長必闍赤。中統元年，以爲眞定路達魯花赤，改戶部尙書、宗正府札魯花赤。阿里不哥之叛，帝命昔班詣河西，督糧運給軍。還至西京北，聞萬戶阿失鐵木兒等方選士卒，將從阿里不哥。昔班矯制召其軍赴行在，阿失鐵木兒狐疑未決，昔班委曲諭之，且曰：「皇帝兄也，阿里不哥弟也。從兄順事也，又何疑焉。」阿失鐵木兒等請夜議之，期以翌日復命，且以兵圍昔班以待。明日皆至，曰：「從爾之言矣。」卽便宜以西京錢糧給其軍，遂率之以行。入見，帝歎曰：「戰陣之間，得一夫之助，猶爲有濟。昔班以二萬軍至，其功豈少哉！」

海都叛，世祖大閱兵，將討之。先命昔班使海都，使之罷兵，置驛來朝。昔班至海都，傳旨諭之，海都聽命，旣退軍置驛，而丞相安童軍先已克火和大王部曲，盡獲其輜重。海都懼，將逃，謂昔班曰：「我不難於殺汝，念我父嘗受書於汝，姑遣汝歸，以安童之事聞，非我罪也。」昔班以聞，帝曰：「汝言是也。先是來者，亦嘗有此言。」尋命爲中書右丞，商議政事，妻以宗王之女不魯眞公主。明年，復使海都，諭之來歸，且曰：「苟不從我，爾能敵諸王蕃衞之兵乎！」海都辭以畏死不敢。昔班奉使，奔走三年，風沙翳目，時年已七十矣。命爲翰林承旨，給全俸養老，年八十九而卒。

子斡羅思密，至元二十三年，授浙東宣慰使。浙東盜起，僞鑄印璽，僭稱天降大王，斡羅思密討平之。移鎭廣西，峒蠻羅天佑作亂，招諭降之。年六十九卒。子咬住，至大三年，授典用監卿。有盜竊世祖御帶者，懸賞五千錠以購賊，咬住擒獲之，盜伏誅，咬住辭賞，武宗嘉其不伐，予之千錠。官至榮祿大夫、宗正府札魯火赤。

鐵連

鐵連，乃蠻人也，居絳州。祖伯不花，爲宗王拔都王傅。鐵連魁偉寡言，有謀略，早歲宿衞王府。拔都分地平陽，以鐵連監隰州。中統初，調平陽馬步站達魯花赤。

至元初，宗王海都叛，廷議欲伐之，世祖曰：「朕以宗室之情，惟當懷之以德，其擇謹密足任大事者往使焉。」左右以鐵連對，遂召見，語及大事，鐵連應對稱旨。帝嘉其辯慧，曰：「此事非汝不可，然必先詣拔都蒙哥鐵木王所，相與計事而後行。」使二人副之。鐵連既奉命，欲直造海都境，視其虛實，然後議于諸王。副者弗從，曰：「上命我輩先議于王，今遽造敵境，不可。」鐵連曰：「親承密旨，汝輩違則當誅。」副者懼而從之行。既至，海都日召宗親宴飲，將伺其隙謀害之。鐵連乃厲聲斥之曰：「且食，勿語！」望語言脫口，相摭爲罪耶！」良久，海都曰：「直哉！」酒半，鐵連求衣爲歡，海都嘉其雄辯，將解與之，其妃止之，以皮服二襲付之。因語其屬曰：「爲使者當如是矣。」厚贈以行。既至拔都蒙哥鐵木王所，具告以故，王曰：「祖宗有訓，叛者人得誅之。如通好不從，舉師以行天罰，我即外應掩襲，剿絕不難矣。」鐵連還，悉以事聞，因言於帝曰：「海都兵繁而銳，不宜速戰，來則堅壘待之，去則勿追，自守既固，則無虞矣。」帝深然之。敕所受海都皮服，全飾以金，凡朝會，宜服以表示焉。其賞賜不可勝計。

後屢使拔都王所，道遇海都游兵，副者前行，失對遇害，鐵連後至，曰：「我爲天子使，可以非禮犯之耶？」游兵語屈，乃曰：「前者僞使，此眞使也。」釋之，遂獨得還。帝嘗謂侍臣曰：「有鐵連，則朕之宗族將不失和矣。」海都覘伺拔都王爲備已嚴，意乃帖然。鐵連始終凡四往返，歷十四年，帝謂鐵連曰：「在朝官之要重者，惟汝所擇。」對曰：「臣志在王室，其事未辦，不敢奉命。今臣母在絳州，老且病，得侍朝夕，幸也。」詔從其請，授絳州達魯花赤。至元十五年，平陽李二謀亂，鐵連捕問，盡得其狀。中書奏進其秩，帝曰：「鐵連豈惟能辦此耶！」加宣武將軍。至元十八年，病卒於官，年六十四。子答剌帶嗣，官信武將軍、同知大同路總管府事。

愛薛

愛薛，西域弗林人。通西域諸部語，工星曆、醫藥。初事定宗，直言敢諫。時世祖在藩邸，器之。中統四年，命掌西域星曆、醫藥二司事，後改廣惠司，仍命領之。世祖嘗詔都城大作佛事，集教坊妓樂，及儀仗以迎導。愛薛奏曰：「高麗新附，山東初定，江南未下，天下疲弊，此無益之費，甚無謂也。」帝嘉納之。至元五年，從獵保定，日且久，乃從容於帝前語供給之民曰：「得無妨爾耕乎！」帝爲罷獵。

至元十三年，丞相伯顏平江南還，姦臣以飛語讒之，愛薛叩頭諫，得解。尋奉詔使西北宗王阿魯渾所。旣還，拜平章政事，固辭。擢祕書監，領崇福使，遷翰林學士承旨，兼修國史。

大德元年，授平章政事。八年，京師地震，上弗豫。中宮召問：「災異殆下民所致耶？」對曰：「天地示警，民何與焉。」成宗崩，內旨索星曆祕文，愛薛厲色拒之。仁宗時，封秦國公。卒，追封太師、開府儀同三司、上柱國、拂林忠獻王。

子五人：也里牙，秦國公、崇福使；腆合，翰林學士承旨；黑厮，光祿卿；闊里吉思，同知泉府院事；魯合，廣惠司提舉。

闊闊

闊闊字子清，本蔑里吉氏部族，世居不里罕哈里敦之地。其俗驍勇，善騎射，諸族頗憚之。國初，舉族內附。世祖居潛邸，選闊闊爲近侍。

歲甲辰，世祖聞王鶚賢，避兵居保州，遣使徵至，問以治道，命闊闊與廉希憲皆師事之。既而闊闊出使于外，追還，而鶚已行，思慕號泣，不食者累日，世祖聞而異之。歲庚戌，憲宗復召鶚至和林，仍命闊闊從之游。每旦起，盛飾其冠服，鶚讓之曰：「聖主好賢樂善，徵天下士，命若從學。若等不能稱主上心，惟誇衒鮮華以益驕貴之氣，恐窒於外而塞於中，道義之言，無自而入，吾所不取也。」闊闊深自悔悟。明日俱純素以進，鶚乃悅。

歲壬子，奉命簽諸路軍籍，以丁壯產多者充之，所至編籍無撓，人皆德之。及還，帝悅，命領燕京匠局。世祖卽位，特授中書左丞。未幾，遷大名路宣撫使，以疾卒，年四十。

子堅童，字永叔，少孤，甫十歲，卽從王鶚游。既長，奉命入國學，復從許衡游。弱冠入侍禁廷，授中順大夫、侍儀奉御。遷中議大夫、同修起居注。及奉使濟南，見楊桓賢，遂力薦之。至元二十三年，授嘉議大夫、禮部尙書。遷吏部尙書，秩未滿，特授通議大夫、御史臺侍御史。

二十四年，扈從東征，屢戰有功，遷燕南河北道提刑按察使。二十八年，授正議大夫、燕南河北道肅政廉訪使，遂拜河南行省平章政事，驛召赴闕，未拜，以疾卒，年三十九。

禿忽魯

禿忽魯字親臣，康里亦納之孫亞禮達石第九子也。自幼入侍世祖，命與也先鐵木兒、不忽木從許衡學。帝一日問其所學，禿忽魯與不忽木對曰：「三代治平之法也。」帝喜曰：「康秀才，朕初使汝往學，不意汝卽知此。」除蒙古學士、奉議大夫、客省使，進兵部郎中，遷僉太史院。嘗宴見世祖，屢開說古今治亂政要，多所裨益。

至元二十年，遷中書右司郎中。未幾，大宗正薛徹干薦掌其府判署閱諸獄文案。嘗暮歸，愀然若有求而未獲者，家人問之，曰：「今日所議，死案也，於我心有疑，欲求所以活之，未得其方耳。」他日歸，喜曰：「我得之矣，於法當流徙邊地。」遷吏部尚書。

時哈剌哈孫爲湖廣平章，嘗與禿忽魯同在大宗正，素知其賢，舉以自輔，遂授資德大夫、湖廣右丞。時湖南、北盜賊乘舟縱橫劫掠，哈剌哈孫患之，禿忽魯曰：「樹茂鳥集，樹伐則散，戮一人足矣。」盜首喬大使者，居九江，郡守曳剌馬丹取賂蔽之，遣使擒以來，獄成，殺而令諸市，群盜頓息。湖南宣慰張國紀創徵夏稅，民弗堪，禿忽魯屢請罷之。

至元二十九年，辰州蠻叛，副樞劉國傑、僉院唆木蘭往討之，不利，移文索辰、澧、沅民間弩士三千，哈剌哈孫以民弗習戰，强之徒傷吾民，弗許。禿忽魯曰：「兵貴訓練，乃可用也。漢軍不習弩，因蠻攻蠻，古所利。」遂與之，果以此獲勝。

成宗卽位，遷江浙右丞。適歲旱，方至而雨，民心大悅。未幾，平章不忽木卒，帝思之，問近侍曰：「群臣孰有似不忽木者？」賀伯顏對曰：「禿忽魯其人也，且先帝所知。」遂驛召還，賜雕鞍、弓矢，俄遷樞密副使。大德七年卒，年四十八。贈推忠翊亮佐理功臣、榮祿大夫、江浙等處行中書省平章政事、柱國、大司徒、趙國公，謚文肅。

子山僧，仕至晉寧路總管。

唐仁祖

唐仁祖字壽卿，畏兀人。祖曰唐古直，子孫因以唐爲氏。初，畏兀舉國效順，唐古直時年十七，給事太祖，因屬之睿宗，曰：「唐古直可任大事。」睿宗未及用，莊聖皇后擢爲札魯火赤。父驥，豪爽好射獵。世祖卽位，命驥爲裕宗潛邸必闍赤，陞達魯花赤。

仁祖少穎悟，父沒，母教之讀書，通諸方語言，尤邃音律。中統初，詔諸貴胄爲質，帝親閱之，見仁祖曰：「是唐古直孫邪？聰明無疑也。」俾習國字。至元六年，中書省選充蒙古掾。十六年，錄囚平陽，平反寃滯免死者凡十七人。十八年，授翰林直學士。時中書奏眞定、保定兩路錢穀逋負，屢歲不決，遣仁祖往閱其牘，皆中統舊案，亟還奏罷之。轉工部侍郎，除中書右司郎中，拜參議尚書省事。

時丞相桑哥秉政，威焰方熾，仁祖論議不回，屢忤桑哥，人皆危之，仁祖自若也。遷工部尙書，桑哥以曹務煩劇特重困之，仁祖處之甚安。尋出使雲中，桑哥考工部織課稍緩，怒曰：「誤國家歲用。」亟遣驛騎追還，就見桑哥相府中，遽命直吏拘往督工，且促其期，曰：「違期必致汝於法。」左右皆爲之懼。仁祖退，召諸署長從容諭之曰：「丞相怒在我，不在爾也。汝等勿懼，宜力加勉。」衆皆感激，晝夜倍其功，期未及而辦，乃罷。已而桑哥繫獄，有旨命仁祖往籍其家。明日桑哥以左右之援得釋，衆見駭然，目仁祖曰：「怒虎之威，可再犯邪！」悉踰垣以竄，仁祖獨不爲之動，桑哥竟敗。

二十八年，除翰林學士承旨、中奉大夫。遼陽饑，奉旨偕近侍速哥、左丞忻都往賑，忻都欲如戶籍口數大小給之，仁祖曰：「不可，昔籍之小口，今已大矣，可偕以大口給之。」忻都曰：「若要善名，而陷我于惡邪！」仁祖笑曰：「吾二人善惡，衆已的知，豈至是而始要名哉！我知爲國卹民而已，何卹爾言。」卒以大口給之。俄除通奉大夫、將作院使。成宗卽位，尊大母元妃爲皇太后，以仁祖善書，特敕書册文。復奉詔督工織絲像世祖御容，越三年告成。大德五年，再授翰林學士承旨、資善大夫、知制誥兼修國史，以疾卒，年五十三。贈榮祿大夫、平章政事，追封洹國公，謚文貞。子恕，初授奉訓大夫、壽武庫提點。至大中，遷翰林待制，後累遷至亞中大夫、侍儀使。

朶兒赤

朶兒赤字道明，西夏寧州人。父斡扎簀，世掌其國史。初守西涼，率父老以城降，太祖有旨副撒都忽爲中興路管民官。國兵西征，運餉不絕，無毫髮私，時號曰滿朝清。世祖卽位，斡扎簀寢疾卒。遺奏因高智耀以進，請謹名爵、節財用，帝嘉納焉。

朶兒赤年十五，通古注論語、孟子、尙書。帝以西夏子弟多俊逸，欲試用之，召見于香閣，帝曰：「朕聞儒者多嘉言。」朶兒赤奏曰：「陛下聖明仁智，奄有四海，唯當親君子，遠小人爾。自古帝王未有不以小人而亡者，惟陛下察焉。」帝曰：「朕於廷臣有戇直忠言，未嘗不悅而受之；違忤者，亦未嘗加罪。蓋欲養忠直，而退諛佞也。汝言甚合朕意。」因問欲何仕，朶兒赤對曰：「西夏營田，實占正軍，儻有調用，則又妨耕作。土瘠野壙，十未墾一。南軍屯聚以來，子弟蕃息稍衆，若以其成丁者，別編入籍，以實屯力，則地利多而兵有餘矣。請爲其總管，以盡措畫。」帝可之，乃授中興路新民總管。至官，錄其子弟之壯者墾田，塞黃河九口，開其三流。凡三載，賦額增倍，就轉營田使。秩滿入覲，帝大悅，陞潼川府尹。時公府無祿田，朶兒赤乃以官曠地給民，視秩分畝，而薄其稅。潼川仕者有祿，自此始。

未幾，臺臣奏爲雲南廉訪副使。時雲南諸蠻叛，僚佐悉稱故而去，朶兒赤獨居守。又八月，省臣大懼，歸符印欲遁，朶兒赤乃白于梁王，得檄而後出。遷山南廉訪副使，未幾，復調雲南廉訪使。會行省丞相帖木迭兒貪暴擅誅殺，羅織安撫使法花魯丁，將置于極刑，朶兒赤謂之曰：「生殺之柄，繫于天子，汝以方面之臣而專殺，意將何爲？小民罹法，且必審覆，況朝廷之臣耶！」法花魯丁竟獲免，尋復其官。僰夷與蠻相讐殺，時省臣受賄，助其報仇，乃詐奏蠻叛，起兵殺良民。朶兒赤奏劾，竟廢之。年六十二，卒于官。

子仁通，爲雲南省理問。天曆二年三月，雲南諸王與萬戶伯忽等叛，仁通率官軍抗之，沒於陣。

和尚〔千奴〕〔四〕

和尚，玉耳別里伯牙吾台氏。祖哈剌察兒，率所部歸太祖。父忽都思，膂力過人。歲壬辰，從睿宗破金大將合達軍于鈞州三峯山，以功賜號拔都魯。甲午，金亡。乙未，授管軍百戶，從攻宋唐、鄧、潁、蔡、襄陽、郢、復、信陽、光等州，屢立戰功。辛亥，賜名馬、文錦、白金、甲冑、弓矢。乙卯，從攻漢上鐵城寨，歿于軍，贈竭忠宣力功臣、資德大夫、中書右丞、上護軍、沇國公，謚武愍。

和尚襲父職。己未，從世祖攻鄂州。中統三年，李壇叛，從國兵討之，戰老僧口，斬獲甚衆，陞阿剌罕萬戶府經歷。至元五年，攻襄陽，軍務繁劇，贊畫一有方，都元帥阿朮薦其才可大用。

十一年，從丞相伯顏渡江，與宋軍戰于柳子、魯洑、新灘、沌口，伯顏上其功，世祖嘉奬不已。十〔三〕〔二〕年，〔五〕從平章阿里海牙攻拔岳州，取沙市。至江陵，宋安撫使高達城守拒戰，和尚直抵城下，諭以禍福，達遂開門出降，以功陞行省郎中。從國兵圍潭州，潭守臣李芾堅守，攻之三月不下。十三年，城破，芾死。諸將利於虜略，欲屠其城，和尚宣言曰：「拒我師者，宋將耳。其民何罪。既受其降，卽是吾民，殺之何忍。且今列城多未附，降而殺之，是堅其效死之心也。」左丞崔斌曰：「郎中言是。」平章阿里海牙意亦與合，遂從之。一城之人，賴以全活。由是湖南諸郡，聞風皆下。世祖聞之，賞賜加厚，改行省斷事官。

徇地廣西，督前軍攻破靜江，遂兼行宣撫事。廣西平，授太中大夫、常德路達魯花赤，以治最聞，擢嶺南廣西道提刑按察使。時阿里海牙恃功頗驕恣，和尚劾奏不少貸。遷江南浙西道提刑按察使。浙西，宋故都，民衆事繁，在職惟務鎭靜，人服其知大體。卒于官，年四十九。贈宣忠守正功臣、銀青榮祿大夫、司徒、上柱國，追封沇國公，謚莊肅。子千奴。

千奴以御史大夫月魯那延薦，入見大安閣，世祖念其功臣子，卽以其父官授之，拜武德將軍、江南浙西道提刑按察使。時江浙行中書省、行御史臺皆治杭，千奴上言：「行省專控江浙，在杭爲宜。行臺總鎭江南，不宜偏在杭。且兩大府並立，勢偪則事窒，情通則威褻，盍移行臺於要便之所。」後數年，遂移行臺於江東。遷山南湖北道提刑按察使。

二十六年，加明威將軍，遷淮西江北道提刑按察使。時桑哥秉政擅權，勢焰熏灼，人莫敢言。千奴乘間入朝，見帝於柳林，極陳其罪狀，帝爲之改容。未幾，桑哥伏誅，又上言其黨猶布中外，宜早處分。改立肅政廉訪司，進廣威將軍，授江北淮東道肅政廉訪使。

三十一年，遷江東建康道肅政廉訪使，丁祖母憂，服闋。東平、大名諸路有諸王牧馬草地，與民田相間，互相侵冒，有司視强弱爲予奪，連歲爭訟不能定。乃命起千奴治之，其訟遂息。

大德二年，授太中大夫、建康路總管，未行，奉詔使淮東、西問民疾苦，察官吏能否。千奴勤于咨訪，興利除害，還奏軍民便宜三十事，多見采用。歷江西湖東、江南湖北兩道廉訪使。時中書平章伯顏等固位日久，黨與衆盛，所任之人，徇情弄法，綱紀漸壞。千奴摭其實，上于憲臺以聞，伯顏等皆被黜。前後七持憲節，剛正不撓，聞朝廷事有不便，必上章極論，未嘗以內外爲嫌。

七年，授嘉議大夫、大都路總管，兼大興府尹。馭吏治民有方，以暇日正街衢，表里巷，國學興工，尤盡其力。俄進通議大夫、同僉樞密院事。上疏言：「蒙古軍在山東、河南者，往戍甘肅，跋涉萬里，裝槖鞍馬之資，皆其自辦，每行必鬻田產，甚則賣妻子。戍者未歸，代者當發，前後相仍，困苦日甚。今邊陲無事，而虛殫兵力，誠爲非計，請以近甘肅之兵戍之。而山東、河南前戍者，官爲出錢，贖其田產妻子，庶使少有瘳也。」詔從之。未幾，遷參議中書省事，贊決機務，精練明敏。凡干祿之人由他道進者，一切不用，時論翕然稱焉。

成宗崩，迎仁宗於潛邸，奉武宗卽位，危疑之際，彌綸補益之功爲多。拜榮祿大夫、平章政事、商議樞密院事、左翼萬戶府達魯花赤，提調屯田事。賜玉帶。延祐五年，乞致仕，帝憫其衰老，從其請，仍給半俸終其身。退居濮上，築先聖宴居祠堂於歷山之下，聚書萬卷，延名師敎其鄉里子弟，出私田百畝以給養之。有司以聞，賜額歷山書院。家居七年而卒，年七十一。贈推忠輔治功臣、光祿大夫、河南江北等處行中書省平章政事、上柱國，追封衞國公，謚景憲。

子龍寶，監察御史；壽童，洪澤屯萬戶，早卒；不蘭奚，南臺御史；觀音保，襲洪澤屯萬戶；孛顏忽都，起進士知鄭州，以治行第一，入爲翰林國史院經歷。

劉容

劉容字仲寬，其先西寧青海人。高祖阿華，西夏主尙食。西夏平，徙西寧民於雲京。容父海川，在徙中，後遂爲雲京人。

容幼穎悟，稍長，喜讀書。其俗素尙武，容亦善騎射，然弗之好也。中統初，以國師薦，入侍皇太子於東宮，命專掌庫藏。每退直，卽詣國子祭酒許衡，衡亦與進之。至元七年，世祖駐蹕鎭海，聞容知吏事，召至，命權中書省掾。事畢復前職，以忠直稱。

十五年，奉旨使江西，撫慰新附之民。或勸其頗受送遺，歸賂權貴人，可立致榮寵，容曰：「剝民以自利，吾心何安。」使還，惟載書籍數車，獻之皇太子。忌嫉者從而譏之，由是稍疏容，然容亦終不辯。會立詹事院，容上言曰：「太子天下本，苟不得端人正士左右輔翼之，使傾邪側媚之徒進，必有損令德。」聞者是之。俄命爲太子司議，改祕書監。

未幾，出爲廣平路總管。富民有同姓爭財產者，訟連年不決，容至，取籍考二人父祖名字，得其實，立斷之，爭者遂服。皇子雲南王至汴，其達魯花赤某欲厚斂，以通賄于王，容請自往，乃減其費。後以疾卒於官，年五十二。

迦魯納答思

迦魯納答思，畏吾兒人，通天竺教及諸國語。翰林學士承旨安藏扎牙答思薦於世祖，召入朝，命與國師講法。國師西番人，言語不相通。帝因命迦魯納答思從國師習其法，及言與字，期年皆通。以畏吾字譯西天、西番經論，既成，進其書，帝命鋟版，賜諸王大臣。西南小國星哈剌的威二十餘種來朝，迦魯納答思於帝前敷奏其表章，諸國驚服。

朝議興兵討暹國、羅斛、馬八兒、俱藍、蘇木都剌諸國，迦魯納答思奏：「此皆蕞爾之國，縱得之，何益？興兵徒殘民命，莫若遣使諭以禍福，不服而攻，未晚也。」帝納其言。命岳剌也奴、帖滅等往使，降者二十餘國。

至元二十四年，丞相桑哥奏爲翰林學士，帝曰：「迦魯納答思之官，非汝所當奏也。」既而擢翰林學士承旨、中奉大夫，遣侍成宗於潛邸，且俾以節飲致戒。成宗卽位，思其忠，遷榮祿大夫、大司徒，憐其老，命乘車入殿。仁宗卽位，廷議汰冗官，獨迦魯納答思爲司徒如故，仍加開府儀同三司，賜玉鞍一。是年八月卒。

闊里吉思

闊里吉思，蒙古按赤歹氏。曾祖八思不花，從攻乃蠻、欽察、兀羅思、馬扎兒、回回諸國，常爲先鋒破敵，太祖嘉之，賜以虎符。及諭降豐州、雲州，擢充宣撫使。祖忽押忽辛襲職，佩虎符。憲宗嘗語之曰：「汝所佩金符舊矣，何以旌世功。」命改製，以賜之。中統三年，改河中府達魯花赤，卒。父藥失謀，擢襄陽統軍司經歷，改宿州達魯花赤，皆不拜。樞密副使孛羅、御史中丞木八剌引見世祖，奏曰：「此忽押忽辛子也，乞以其祖父虎符授之。」擢中順大夫、金剛臺達魯花赤，繼改光州。屢遷安東州、河中府及澠州、潞州，以建康路達魯花赤致仕。

闊里吉思初以宿衞，充博兒赤。至元二十五年，擢朝列大夫、司農少卿，賜金束帶。遷中議大夫、司農卿。陞資善大夫、司農卿。拜榮祿大夫、行湖廣平章，將兵討海南生黎諸峒寨。又明年，平之。師還，徵入見，賜玉束帶、金銀、幣帛、弓矢、甲冑，及寶鈔、鞍勒，得旨還鎮。

成宗即位，入見，賜海東青鶻、白鶻各一，及衣服有差。大德二年，改福建行省平章。未幾，以福建隸江浙，改福建道宣慰使、都元帥。陞征東省平章政事。高麗刑政無節，官冗民稀，闊里吉思因悉加裁正以聞。有旨，徵入見，俾條析便民事宜。大德五年，復拜湖廣平章，踰年，改陝西，以目疾還京師。加官至金紫光祿大夫、雲南諸路行中書省左丞相，卒年六十六。

子完澤，湖廣右丞，征廣西賊，卒于軍。

小雲石脫忽憐 八丹附

小雲石脫忽憐，畏吾人，仕其國爲吾魯愛兀赤，猶華言大臣也。太祖時，與其父來歸。從征回回國還，事睿宗於潛邸。眞定，睿宗分地，以爲本路斷事官。

子八丹，事世祖爲寶兒赤，鷹房萬戶。從征哈剌張有功，賜男女各一人、金一鋌，及銀甕等物。征阿里不哥，戰於昔門禿，日三合，殺獲甚衆，賜金一鋌。後以鷹房萬戶從裕宗北征，至鎭海你里溫，賜銀椅及鈔一萬五千貫，命歸守眞定。

未幾，命行省揚州，八丹辭曰：「臣自幼未嘗去陛下，願留侍左右。」改隆興府達魯花赤，遙授中書右丞，諭之曰：「是朕舊所居，汝往居之。」八丹又辭，帝不允。居三年，海都叛，奉旨從甘麻剌太子往征之，師還，以功賜金一鋌。卒贈銀青(光)〔榮〕祿大夫、〔六〕司徒。

子阿里，鷹房千戶；石得，安西王相府官；德眼，汝定府達魯花赤；〔七〕阿散，甘肅行省平章政事；臘眞，由會同舘使同知通政院，有政蹟，官至榮祿大夫、中書省平章政事，兼翰林學士承旨、通政院使，卒。子察乃，金紫光祿大夫、中書省平章政事。察乃子十人：老章，知樞密院事；撒馬篤，中書省參知政事。

斡羅思

斡羅思，康里氏。曾祖哈失伯要，國初款附，爲莊聖太后宮牧官。祖海都，從憲宗征釣魚山，歿于陣。父明里帖木兒，世祖時爲必闍赤，後爲太府少監。

斡羅思，至元十九年爲內府必闍赤。二十一年，拜監察御史。遷雲南行省理問，領雲南王府事。後以忤桑哥被譖，籍其家，唯金玉帶各一、黃金五十兩，皆上所賜者。乃以公用係官孳畜，加之罪，帝曰：「口腹之事，其寢之。」二十六年，置八番羅甸宣慰司，進嘉議大夫、宣慰使。時諸蠻叛服不常，斡羅思平之，乃立安撫等司以守焉。二十八年，平楊都要等。九月，進中奉大夫，錫虎符。明年，爲八番順元等處宣慰使、都元帥，賜三珠虎符。大德六年，授通奉大夫、羅羅思宣慰使，兼管軍萬戶。進正奉大夫。武宗立，召還，授資善大夫、中書左丞，領武衞親軍都指揮使，大都屯田府事。尋進榮祿大夫、中書右丞，兼翰林國史承旨，仍領武衞屯田。屢奉旨賜貲產第宅，固辭。遷四川行省平章政事。至大二年，召還，以瘴癘臥病不起。皇慶二年卒，年五十有六。贈光祿大夫、益國公。

子博羅普化，初直宿衞，爲速古兒赤。至大元年，爲翰林侍講學士，以父疾歸侍。延祐四年，復入侍爲速古兒赤扎撒孫。至治元年，爲速古兒赤五十人之長，兼領皇后宮寶兒赤。二年，襲授河南府同知。子察罕不花，領其所掌宿衞。天曆元年，見文宗于汴，入直宿衞，爲溫都赤。拜監察御史，繼遷御史臺經歷、中書右司郎中。授中憲大夫、隆禧總管府副達魯花赤。

朵羅台

朵羅台，唐兀氏。祖小丑，太祖既定西夏，括諸色人匠，小丑以業弓進，賜名怯延兀蘭，命爲怯憐口行營弓匠百戶，徙居和林，卒。父塔兒忽台襲職。阿里不哥叛，塔兒忽台從戰于失畝里禿之地，死之。

朶羅台從萬戶也速䚟兒、玉哇赤等累戰有功，授前衞親軍百戶。積官昭信校尉、芍陂屯田千戶所達魯花赤，後以疾退。

朶羅台之弟闊闊出，亦業弓，嘗獻所造弓，帝稱善，問其父何名，闊闊出對曰：「塔兒忽台，臣之父也。」帝見其狀貌魁偉，且問其能射乎？左右對曰：「能。」試之，果然，遂命爲近侍。明年，武備寺臣復以其弓獻，且奏用之。帝曰：「孔子言三綱五常。人能自治，而後能治人；能齊家，而後能治國。汝可以此言諭之，而後用之。」俄擢爲大同路廣勝庫達魯花赤。廣勝者，貯兵器之所。時總管唐兀海牙以庫作公署，置甲仗於虛廡中，多被蟲鼠之害，闊闊出言於帝，復之，且責其償兵器之旣壞者。使者薛綽不花、納速魯丁以檄取鷹房軍衣甲弓矢若干，闊闊出責其入文書，領去。時憲副速魯蠻令毋入文書，且命有司封鑰其庫，將點視之，闊闊出不從。事聞，帝命答速魯蠻，罷之。

大德元年，陞大同路武州達魯花赤，兼管本州諸軍奧魯勸農事。又監建州、利州，改僉四川道廉訪司事，拜監察御史，累官中大夫、大寧路總管，卒于官。

朶羅台之子脫歡，初直宿衞，歷御史臺譯史，拜監察御史。遷四川行省左右司員外郎、四川廉訪司僉事、樞密院都事，陞斷事官。其在四川時，嘗上疏曰：「內外修寺，雖支官錢，而一椽一瓦，皆勞民力，百姓嗟怨，感傷和氣。宜且停罷，仍減省供佛飯僧之費，以紓國用。如此則上應天心，下合民志，不求福而福自至矣。回回戶計，多富商大賈，宜與軍民一體應役，如此則賦役均矣。爲國以善爲寶，凡子女、玉帛、羽毛、齒革、珍禽、奇獸之類，皆喪德喪志之具。今後回回諸色人等，不許齎寶中賣，以虛國用，違者罪而沒之。如此則富商大賈無所施其奸僞，而國用有畜積矣。」其辭懇直剴切，當時稱之。

也先不花

也先不花，蒙古怯烈氏。祖曰昔剌斡忽勒，兄弟四人，長曰脫不花，次曰怯烈哥，季曰哈剌阿忽剌。方太祖微時，怯烈哥已深自結納，後兄弟四人皆率部屬來歸。太祖以舊好，遇之特異他族，命爲必闍赤長，朝會燕饗，使居上列。昔剌斡忽勒早世，其子孛魯歡幼事睿宗，入宿衞。憲宗卽位，與蒙哥撒兒密贊謀議，拜中書右丞相，遂專國政。賜眞定之束鹿爲其食邑。至元元年，以黨附阿里不哥論罪伏誅。子四人：長曰也先不花；次曰木八剌，初立御史臺，爲中丞；次曰答失蠻，累官至銀青榮祿大夫；次曰不花帖木兒，拜榮祿大夫、四川省平章政事。

也先不花初世其職，爲必闍赤長。裕宗封燕王，世祖命也先不花爲之傅，且謂之曰：「也先不花，吾舊臣子孫，端方明信，閑習典故，爾每事問之，必不使爾爲不善也。」

二十三年，拜上柱國、光祿大夫、雲南諸路行中書省平章政事。時阿郎、可馬丁諸種㸚夷爲變，討平之。遂立登雲等路、府、州、縣六十餘所，得戶二十餘萬，官其酋長，定其貢稅，邊境以寧。

大德二年，遷湖廣行省平章。爲政不怒而威，不察而明。大事集議，衆論不齊，徐決一言，切中事理，咸出人意表。會汴梁行省有妖獄，飛語連湖廣平章政事劉(漢)〔國〕傑、〔八〕右丞燕公楠，朝廷(譯)〔驛〕召二人者入。〔九〕二人與也先不花嘗有違言，也先不花急遣使附奏，明其無他，二人皆得釋。八年，遷平章河南行省，河洪落黎堤，勢甚危，督有司先士卒以備之，汴以無患。九年，進拜上柱國、銀青榮祿大夫、湖廣等處行中書省左丞相，賞賜無虛月，方面以安。至大二年卒。天曆二年，贈推忠守正佐運翊戴功臣、太師、開府儀同三司、上柱國、恒陽王，謚文貞。子五人：曰亦憐眞，曰禿魯，曰答思，曰怯烈，曰按攤。

亦憐眞，事裕宗於東宮，爲家令。累拜銀青榮祿大夫、湖南等處行中書省左丞相。延祐元年卒。天曆元年，贈推誠輔治宣化保德功臣、太傅、開府儀同三司、上柱國，追封武昌王，謚忠定。

禿魯，歷事四朝，起家宗正府也可扎魯花赤，拜開府儀同三司、中書右丞相、御史大夫、太傅、錄軍國重事，薨。天曆二年，贈懷忠秉義昭宣弼亮功臣、太師、開府儀同三司、上柱國，追封廣陽王。

答思，仕至資德大夫、湖南宣慰使。怯烈，仕至中政使。

按攤，事成宗，襲長宿衞，有旨給七乘傳，使往侍其父也先不花于湖廣。諸道憲司以按攤孝行聞，拜中奉大夫、海北海南道宣慰使、都元帥。海康與安南、占城諸夷接境，海島生黎叛服不常，按攤威望素著，夷人帖服，生黎王高等二十餘洞，皆願輸貢稅。在鎭期年，以省親辭去。至大二年，拜資德大夫、中書右丞，行浙東道宣慰使司都元帥。未幾，奔父喪于武昌，以哀毀致疾卒。天曆二年，贈秉義效忠著節佐治功臣、太保、開府儀同三司、上柱國，追封特進趙國公、中書左丞相，謚貞孝。

子阿榮，〔一〇〕由宿衞起家，湖南道宣慰副使，歷拜奎章閣大學士、榮祿大夫、太禧宗禋院使都典制神御殿事。

校勘記

〔一〕月〔乃合〕〔合乃〕 據本書卷一四三馬祖常傳及石田集附許有壬馬祖常神道碑銘改正。下同。石田集卷一三馬公神道碑作「月忽乃」，黄金華集卷四三馬氏世譜作「月忽難」。「月合乃」，也里可溫教名。

〔二〕（靜）〔淨〕州之天山　見卷一校勘記〔一四〕。

〔三〕曾孫祖常　考異云：「案馬祖常既別爲立傳，此復附見六十餘言，贅矣。」馬祖常傳見卷一四三。

〔四〕〔千奴〕　據本書原目錄補。

〔五〕十（三）〔二〕年　按本書卷八世祖紀至元十二年三月壬辰、四月丙午條、卷一二九李恒傳，元兵下岳州、沙市在至元十二年，據改。下文有「十三年」。

〔六〕銀青（光）〔榮〕祿大夫　據黄金華集卷二四亦輦眞神道碑改。按本書卷九一百官志，文散官四十二階無「銀青光祿大夫」。新元史已校。

〔七〕汝定府　道光本改作「汝寧府」。按元無「汝定府」，汝寧府隸河南江北行省。

〔八〕劉（漢）〔國〕傑　據本書卷一六二劉國傑傳改。蒙史已校。

〔九〕朝廷（譯）〔驛〕召二人者入　從北監本改。

〔一〇〕子阿榮　考異云：「當云『阿榮自有傳』。『由宿衞起家』以下三十七字皆可删。」阿榮傳見卷一四三。

元史卷一百三十五

列傳第二十二

鐵哥朮

鐵哥朮，高昌人。世居五城，後徙京師。曾祖父達釋，〔一〕有謀略，爲國人所信服。太祖西征，高昌國主懼，以錦衣、白貂帽召達釋與謀。達釋知天命有歸，勸其主執贄稱臣，以安其國，由是號爲尙書。太祖班師，諸王言於帝曰：「達釋之子野里朮驍勇善戰，所將部落又强大。聞其人每思率衆效順而未有機便，盍致之乎？」太祖是其議，卽詔給驛馬五百，迎與俱來。旣至，引見，甚器重之。丙午，太祖西征，〔二〕野里朮別從親王按只台與敵戰有功，甚見親遇。王方以絳蓋障日而坐，及聞野里朮議事，喜見顏色，稱善久之，旣退，撤其蓋送之十里。遂得兼長四環衞之必闍赤。壬辰，從國兵討金，以戰功最多，賞賚優渥。甲午，副忽都虎籍漢戶口，籌其賦役，分諸功臣以地，人服其敏。

鐵哥朮，野里朮長子也，尤沉鷙有才。嘗有擁兵叛者，鐵哥朮率族人與戰于魚兒濼。時軍興，簿檄繁急，鐵哥朮一以其國書識之，無遺失者，帝甚嘉焉。至元中，擢爲（隸）〔棣〕州達魯花赤，〔三〕遷德安府達魯花赤。適土人蔡知府者以衆叛，鐵哥朮率衆先登，冒矢石，身被數槍，猶戰不已，遂討平之。主將怒，將屠其城。鐵哥朮請曰：「叛者蔡知府數人而已，城中之人何預焉。盍誅其黨與而止，毋令濫及非辜。」主將嘉其誠懇，城遂得全。累官至嘉議大夫、婺州路達魯花赤，所在咸著政蹟。大德己亥卒，成宗敕其孫海壽載其柩歸葬京師，贈榮祿大夫、江浙行省平章政事、柱國，封雲國公，謚簡肅。

子四人：義堅亞禮，幼給事裕宗宮。至元十五年，爲中書省宣使。嘗使河南，適汴、鄭大疫，義堅亞禮命所在村郭搆室廬，備醫藥，以畜病者，由是軍民全活者衆。遷直省舍人。承中書檄徵考上都儲偫，及還，帝賜錦衣貂裘一襲，以旌其能。出爲湖州路達魯花赤，卒于官。月連朮，同知安陸府事。八扎，同知宣政院事。孫九人，海壽，義堅亞禮子也。由宿衛世祖朝累官至太中大夫、杭州路達魯花赤，招復流民有恩惠。卒，贈翰林直學士，封范陽郡侯，謚惠斂。

塔出

塔出，布兀剌子也。幼孤，長善騎射。至元元年，入侍世祖，占對多稱旨，賜以寶貨衣物。四年，給以察罕食邑賦稅之半，又還其所俘逋戶三十。七年，降金虎符，授昭勇大將軍、山東統軍使，鎮莒、密、膠、沂、郯、邳、宿、卽墨等城，設方略，謹斥候，宋人不敢北嚮。九年，詔更統軍司爲行樞密院，改僉樞密院事。數將兵攻下瀕淮堡栅，略地漣海，獲人畜萬計。宋人蔣德勝來降，塔出表言宜加賞賚以勸來者，於是賜黃金五十兩，白金倍之。

十年，改僉淮西等處行樞密院事，城正陽以扼淮海諸州兵。宋陳奕率安豐、廬、壽等州兵數撓其役，塔出選精銳日十數戰，奕遁去，卒城正陽。宋人復造戰艦於六安，欲攻正陽，塔出詗知之，率騎兵焚其艦。餽饟久不繼，出兵據險，潛取安豐麥以餉軍，宋兵壁橫河口，塔出將奇兵大破之。

十一年，朝議：「淮上諸郡，宋之北藩，城堅兵精，攻之不可猝下，徒老我師。宜先渡江翦其根本，留兵淮甸絕其救援，則長江可乘虛而渡也。」於是以塔出爲鎮國上將軍、淮西行省參知政事，帥師攻安豐、廬、壽等州，俘生口萬餘來獻，賜蒲萄酒二壺，仍以曹州官園爲第宅，給城南閑田爲牧地。

宋夏貴帥舟師十萬圍正陽，決淮水灌城，幾陷，帝遣塔出往救之。道出潁州，遇宋兵攻潁，戍卒僅數百人，盛暑，塔出卽發公庫弓矢，驅市人出戰，預度潁之北關攻易破，乃急徙民入城伏兵以待。是夜，宋人果焚北關，火光屬天，塔出率衆從暗中射之，矢下如雨，宋軍退走至沙河，大破之，溺死者不可勝計。明日，長驅直走正陽，時方霖雨，突圍入城，遂堅壁不出。俄復開霽，與右丞阿塔海分帥鋭師以出，渡淮至中流，皆殊死戰，宋軍大潰，追數十里，斬首數千級，奪戰艦五百餘艘，遂解正陽之圍。塔出乃上奏：「方事之殷，宜明賞罰，俾將士有所懲勸。」帝納其言，頒賞有差。秋八月，淮西行省復爲行院。塔出引兵渡淮，屯廬、揚間。

十二年，從丞相伯顏以舟師與宋軍戰，宋軍大潰，其臣賈似道奔揚州，遂分兵四出，克池州，取太平，順流東下，至建康、丹徒、江陰、常州，皆望風迎降。時揚州未附，諜告揚州人將夜襲丹徒，守將乞援，塔出設伏以待，揚州軍果夜至，塔出扼西津邀擊之，殺獲溺死者甚衆。入朝，帝賜玉帶旌其功，授淮東左副都元帥，仍佩金虎符。十三年，加通奉大夫、參知政事，領淮西行中書省事。時沿淮諸州新附，塔出禁侵掠，撫瘡痍，練士卒，備姦宄，境内帖然。俄遷江西都元帥，征廣東，塔出宣布恩信，所至溪峒納款，廣東遂平。

十四年，加賜雙虎符，爲江西宣慰使。宋益王昰、廣王昺走保嶺海，復改江西宣慰司爲行中書省，遷治贛州，授塔出資政大夫、中書(左)〔右〕丞，行中書省事。〔四〕

十五年，以二王事入議。帝命張弘範、李恒總兵進討，塔出留後，以供軍費。初江西甫定，帝命隳其城，塔出卽表言：「豫章諸郡皆瀕江爲城，霖潦泛溢，無城必至墊溺，隳之不便。」帝從之。降附之初，有謀畔者，旣敗獲矣，塔出謂同僚曰：「撫治乖方之所致也，中間豈無詿誤。」止誅其渠魁，盡釋餘黨。瑞州張公明愬左丞呂師夔謀爲不軌，塔出廉知其誣，曰：「狂夫欲脅求貨耳，若以曖昧言遽聞之朝廷，則人獄茲興，連及無辜。且師夔旣居相職，詎肯爲狂妄之事！若遲疑不決，恐彼驚疑，反生異謀。」乃斬公明而後聞，帝是之。十七年，入覲，賜勞有加，復命行省於江西，尋以疾卒於京師，時年三十七。妻明理氏，以貞節稱，旌其門閭。

二子：長宰牙，襲爵中奉大夫、江西宣慰使；次必宰牙，仕至征東行中書省左丞，妻伯牙倫，泰安郡武穆王孛魯歡之女，亦守義有賢行。

塔里赤

塔里赤，康里人。其父也里里白，太祖時以武功授帳前總校，奉旨南征至洛陽，得唐白樂天故址，遂家焉。

塔里赤幼穎異，好讀書，尤善騎射。襲父職，參佐戎幕，調度軍馬，動合事宜。行省奏充斷事官。時南北民戶主客良賤雜糅，蒙古軍牧馬草地互相占據，命塔里赤至其地理之，軍民各得其所，由是世祖知其能。俾領蒙古軍圍樊襄，塔里赤躬冒矢石，所向摧陷，樊城破，襄陽降。從丞相伯顏渡江，駐臨安，尋命平章奧魯赤等分爲六路，追襲宋二王。塔里赤領軍至福建，所過秋毫無犯，降者如歸，宋都統陳宗榮率衆來降。以功遷福建招討使。

時諸郡盜起，其最盛者陳吊眼，擁衆五萬，陷漳州。行省承制命塔里赤爲閩廣大都督、征南都元帥，總四省軍，復漳州，生擒陳吊眼戮于市，餘黨悉伏誅。繼從征交趾，擊敗黃聖許等，積功加鎭國上將軍、三珠虎符、廣西兩江道宣慰使都元帥。賀州盜起，塔里赤討平之。改福建宣慰使，又改浙東。金瘡發卒，贈輔國上將軍、浙東道宣慰使都元帥、護軍，追封臨安郡公。

子二人：脫脫木兒，邵武汀州新軍萬戶府達魯花赤；萬奴，廣西宣慰使都元帥。

塔海帖木兒

塔海帖木兒，答答里帶人。其先在太祖時事國王木華黎，將左手大萬戶下蒙古軍，鎭太原以西八州。破金將王公佐軍，斬公佐。從攻陝右，征河西，滅金，皆有功，賜種田戶二百七十。曾祖忒木勒哥嗣，從都元帥塔海紺卜征蜀，死於興元。祖扎剌帶嗣。扎剌帶卒，父拜答兒尙幼，從祖扎里、答朮相繼襲其職。扎里從都元帥大答征蜀，以所統軍二百人破宋軍于巴州，斬首三百級，生擒五十餘人。答朮以西川行樞密院檄領兵三千人救碉門，大敗宋軍，斬首三百餘級，俘百餘人以歸。拜答兒既長，始以父官從行省也速帶兒征建都，死軍中。

塔海帖木兒襲父職，初從行院忽敦圍嘉定，嘉定降。進圍重慶，守將張珏出師迎敵，塔海帖木兒力戰陷陣，功最多。十五年，又以都魯軍二百人破宋軍於白水江，〔五〕奪戰船一，俘其衆十三人。陞宣武將軍、管軍總管。從也速答兒征亦奚不薛，又從征都掌蠻，皆以爲前鋒，殺獲甚衆。

九溪蠻、散猫、大盤蠻尚木的世用等叛，從行省曲立吉思帥師往討，皆擒之，及殺其酋長頭狗等。也速答兒、藥剌罕率兵萬人會雲南兵討烏蒙蠻，至閼奄，其酋長阿蒙率五百餘衆奔麻布蠻地，塔海帖木兒以四百人追至山箐中，大敗之，擒阿蒙以歸。二十六年，又從也速答兒西征，不知所終。

口兒吉

口兒吉，阿速氏。憲宗時，與父福得來賜俱直宿衞，領阿速軍二十戶。世祖時，口兒吉以百戶從元帥阿朮伐宋有功，賜以白金等物。宋平，命充大宗正府也可扎魯花赤，領阿速軍從征海都，以功授上賞。師還，成宗命宣撫湖廣等處，訪求民瘼，還仍舊職。至大元年，武宗命充左衞阿速親軍都指揮使，進階廣威將軍。四年，卒。

子的迷的兒，由玉典赤改百戶，領阿速軍，從指揮玉爪失征叛王乃顏，却金剛奴軍于鑾寶直之地，降哈丹禿魯干，累以功受賞。至大四年，襲父職，授明威將軍、阿速親軍都指揮使。子香山，事武宗、仁宗，直宿衞。天曆元年九月，兵興，從戰宜興，擊殺敵兵七人，自旦至暮，却敵兵凡一十三處。以功賜金帶一，授左阿速衞都指揮使。

忽都

忽都，蒙古兀羅帶氏。父孛罕，事太祖，備宿衞。至太宗時爲鎭西行省，領蒙古、漢軍從攻河中、潼關、河南，與拜只思、扎忽歹、阿思蘭攻秦鞏及仁和諸堡，又與拜只思守京兆。歲乙未，授左手萬戶，從都元帥答海紺卜出征，卒軍中。

憲宗命忽都將其軍從都元帥大答攻巴州，又從都元帥紐璘渡馬湖江，破宋敍州兵於老君山下。中統元年，宋將以舟師二千犯成都新津，忽都逆擊敗之，斬首百五十級。至元元年，授蒙古漢軍總管。二年，從都元帥百家奴敗宋將夏貴於懷安。五年，卒。

子扎忽帶，時在宿衞，弟忽都答立襲其職。忽都答立卒，札忽帶嗣，爲千戶，從行樞密院圍重慶。重慶守張珏遣勁兵數千出挑戰，札忽帶力戰大破之。回軍圍瀘州，未下，行樞密院遣入朝計事，授宣武將軍、管軍總管。復還攻瀘，登城，與瀘兵搏戰而死。子阿都赤嗣。

孛兒速

孛兒速，脫脫忒氏。世祖時直宿衞，扈駕征哈剌章還，帝駐蹕高阜，見河北有駕舟而來者，顧謂左右曰：「是賊也，奈何？」孛（思）〔兒〕速進曰：〔六〕「臣請禦之。」卽解衣徑渡，揮戈刺死舟尾二人，挐其舟就岸，舟中之人倉惶失措，帝命左右悉擒之。哈剌章平，以功論賞。從征子答答呵兒，從征孛可有功，由宿衞陞武德將軍、揭只揭烈溫千戶所達魯花赤。從征叛王乃顏、也不干等，奮戈擊死數人，擒也不干，收其所管欽察之民。武宗時，進懷遠大將軍、元帥，卒。

月舉連赤海牙

月舉連赤海牙，畏兀兒〔人〕。〔七〕從憲宗征釣魚山，奉命修麴藥以療師疫，賞白金五十兩。繼從太子滿哥都征雲南，戰數勝。中統三年，火都暨答離叛，領兵與討平之。至元十二年，佩虎符，爲隴右河西道提刑按察使。兀朗孫火石顏謀亂，從皇太子安西王往鎭之，皇太子賜以白金五十兩。十五年，與伯速帶平土魯，皇子復賜金衣腰帶金椀，且以其功聞。十七年，進官嘉議大夫，仍居舊職。二十年，進中奉大夫、四川等處行中書省參知政事，尋以疾歸秦州。大德八年卒。至順中，贈推忠宣力定遠功臣、資善大夫、陝西行省左丞、護軍，追封威寧郡公，謚襄靖。

阿答赤

阿答赤，阿速氏。父昂和思，〔八〕憲宗時佩虎符爲萬戶。

阿答赤扈從憲宗南征，與敵兵戰于劍州，以功賞白銀。阿里不哥叛，從也兒怯等征之，有功。世祖中統三年，從征李璮，身二十餘戰，累功授金符千戶。丞相伯顏、平章阿朮之平江南也，阿答赤皆在行中，著戰功，歿于陣，帝憐之，特賜鈔七十錠、白金五百兩，爲葬具，仍賜鎭巢之民一千五百三十九戶，命其子伯答兒襲職。

伯答兒從別急列迷失北征，與瓮吉剌只兒瓦台戰于牙里伴朶之地，以功受上賞。尋進定遠大將軍、後衞都指揮使，兼右阿速衞事，將阿速軍往征別失八里，與敵兵累戰累捷。樞密臣以其功聞，賞白金、貂裘、弓矢、鞍轡等，尋復以銀坐椅賜之。

子斡羅思，由宿衞陞僉隆鎭衞都指揮使司事，賜一珠虎符。天曆元年，諭降上都軍凡若干數，特賜三珠虎符，陞本衞都指揮使。

明安

明安，康里氏。至元十三年，世祖詔民之蕩析離居及僧道、漏籍諸色人不當差徭者萬餘人充貴赤，令明安領之。明安歲扈駕出入，克勤于事。二十年，授定遠大將軍、中衞親軍都指揮使。明年，賜佩虎符，領貴赤軍北〔征〕。〔九〕又明年，立貴赤親軍都指揮使司，命爲本衞達魯花赤。尋奉旨領蒙古軍八千北征，明年，至別失八剌哈思之地，與海都軍戰有功。

二十六年冬十二月，別乞憐叛，刼取官站脫脫火孫塔剌海等，明安率衆追擊之，五戰五捷，悉還之。至杭海，强民闊闊台、撒兒塔台等率衆作亂，奪三站地，刼脫脫火孫，明安引兵又追擊之，却其軍。二十七年秋七月，布四麻、當先別乞失、出春伯駙馬、兀者台、朶羅台、兀兒答兒、塔里雅赤等掠四怯薛牛馬畜牧，及刼滅烈太子昔博赤并斡脫、布伯各投下民殆盡。明安將兵追擊于汪吉昔博赤之城，賊軍敗走，還所掠之民并獲其牛馬畜牧等以歸。時出伯、伯都所領軍乏食，奉旨以明安所獲畜牧濟之。二十九年，以功陞定遠大將軍、貴赤親軍都指揮使司達魯花赤。時別失八剌哈孫盜起，詔以兵討之，戰于別失八里禿兒古闌，有功，賊軍再合四千人於忽蘭兀孫，明安設方略與戰，大敗之。大德二年，復將兵北征，與海都戰。七年，歿于軍。子曰帖哥台，曰孛蘭奚。

帖哥台，初爲昭勇大將軍、貴赤親軍都指揮使司達魯花赤。及改充萬戶，則以其叔父脫迭出代之。帖哥台後以萬戶改中衞親軍都指揮使，進銀青榮祿大夫、平章政事。子曰普顏忽里，曰善住。普顏忽里，懷遠大將軍、貴赤親軍都指揮使司達魯花赤。善住，初直宿衞，歷中書直省舍人、諸色人匠達魯花赤，遷奉議大夫、僉中衞親軍都指揮使司事。天曆元年九月，賜佩一珠虎符，從丞相燕帖木兒禦敵檀州等處，又率其家人那海等一十一人，自出乘馬與遼軍戰，却其軍，俘八十四人以歸。丞相嘉之。

孛蘭奚，昭武大將軍、中衞親軍都指揮使，積官銀青榮祿大夫、太尉。子桑兀孫，中衞親軍都指揮使。桑兀孫卒，弟乞答海襲職。

忽林失

忽林失，八魯剌觓氏。曾祖不魯罕罕劄，事太祖，從平諸國，充八魯剌思千戶，以其軍與太赤溫等戰，重傷墜馬，帝親勒兵救之，以功陞萬戶，賜黃金五十兩、白金五百兩，俾直宿衞。祖許兒台，年十五能馳射賊，以勇略稱。從定宗〔征〕欽察，〔一〇〕爲千戶。領兵下西番。

從世祖伐宋，至亳州，與宋人迎敵，敗之。父瓮吉剌帶，初爲軍器監官，從世祖親征阿里不哥，以功受上賞。俄奉旨使西域，籍地產，悉得其實。帝方欲大用之而卒。

忽林失初直宿衛，後以千戶從征乃顔，馳馬奮戈，衝擊敵營，矢下如雨，身被三十三創。成宗親督左右出其鏃，命醫療之，以其功聞。世祖以克宋所得銀甕及金酒器等賜之，命領太府監。後以千戶從皇子闊闊出出征，還，留鎮軍中。

後從成宗與海都、都瓦等戰有功，成宗嘉之，特命爲翰林承旨，俄改萬戶。與叛王斡羅思、察八兒等戰，以功授榮祿大夫、司徒，賜銀印。武宗嘗曰：「羣臣中能爲國宣力如忽林失者實鮮，其厚賚之。」於是遣使召見。未幾武宗崩，仁宗卽位，念其舊勳，賞賚特厚。

子燕不倫，初奉興聖太后旨，充千戶。俄改充萬戶，代其父職。尋罷，歸其父所受司徒印及萬戶符於有司，仍直宿衛。致和元年秋八月，在上都，思武宗之恩，與同志合謀奉迎文宗。會同事者見執，乃率其屬奔還大都。特賜龍衣一襲，命爲通政院使。天曆元年九月，同丞相燕帖木兒敗王禪等兵于紅橋，又戰于白浮，又戰于昌平東，又戰于石槽。帝嘉其功，拜榮祿大夫知樞密院事，以世祖常御金帶賜之。

失剌拔都兒

失剌拔都兒，阿速氏。父月魯達某，憲宗時領阿速十人入覲，充阿塔赤，從世祖至哈剌〔章〕之地，〔一〕戰數勝，兀里羊哈台以其功聞，賜所俘人一口以賞之，後以金瘡發卒。失剌拔都兒至自脫別之地，帝特賜白金、楮幣、牛馬等物。至元〔二〕十一年，從丞相伯顏南征有功，〔三〕仍充阿塔赤。帝嘗命放海青，曰：「能獲新者賞之。」失剌拔都兒即援弓射一兔二禽以獻，賞沙魚皮雜帶及貂裘，且命於尚乘寺爲少卿、於阿速爲千戶。二十四年，授武略將軍，管阿速軍千戶，賜金符。乃顏叛，從諸王和元魯往征之，力戰有功。乃顏平，帝賞以金腰帶及銀交牀等。二十五年，進武德將軍、尚乘寺少卿，兼阿速千戶。征哈答安等，敗之，獲其駝馬等物。成宗嘉其功，以軍二千益之。討叛王脫脫，擒之，以功受賞。大德六年卒。

子那海產，襲其職。至大二年，進宣武將軍、右衞阿速親軍都指揮使，賜三珠虎符。泰定二年，覃加明威將軍。

徹里

徹里，阿速氏。父別吉八，在憲宗時從攻釣魚山，以功受賞。徹里事世祖，充火兒赤。從征海都，奮戈擊其前鋒，官軍二人陷陣，掖而出之，以功受賞。後從征杭海，獲其牛馬畜牧，悉以給軍食。帝嘉之，賞鈔三千五百錠，仍以分賚士卒。

成宗時，盜據博落脫兒之地，命將兵討之，獲三千餘人，誅其酋長還。奉命同客省使拔都兒等往八兒胡之地，以前所獲人口畜牧悉給其主。軍還，帝特賜鈔一百錠。武宗居潛邸，亦以銀酒器賞之。至大二年，立左阿速衞，授本衞僉事，賜金符。皇慶二年，從湘寧王北征，以功賜一珠虎符。

子失列門，直宿衞。致和元年秋八月，從知院脫脫木兒至潮河川，獲完者八都兒、愛的斤等十二人，戮八人，執四人歸京師。復於宜興遇失剌、乃馬台等，迎戰，奮戈擊死二人，以功賞白金、楮幣。天曆元年，從擊禿滿台兒之兵于兩家店，殺其四人，復以功受賞。從戰薊州，又殺其四人。十一月，又追殺十二人于檀子山，以功授左衞阿速親軍都指揮使司僉事。

曷剌

曷剌，兀速兒吉氏。至元九年，見世祖，詔入太官直。從討叛王乃顏，賜白金、楮幣、甲冑、橐駝、鞍馬。以其才堪使遠，成宗時使高麗，使和林，使江西、福建，不失使指。授忠勇校尉、中書直省舍人。出監息州，遷奉訓大夫。武宗詔曰：「曷剌世祖舊臣，可授奉議大夫、都水監卿。」明年，加嘉議大夫。又明年，佩金虎符，兼直東水韃靼女直萬戶府達魯花赤。延祐元年，特授資善大夫、遼陽等處行中書省左丞，仍監其軍。三年，召還，特授榮祿大夫、大司農。卒，年六十三，贈推誠宣力保德功臣、太師、開府儀同三司、上柱國，追封薊國公，謚安穆。

子不花，宿衞仁宗潛邸。及卽位，特授中順大夫、中書直省舍人，改客省副使，遷太中大夫、典瑞太監，改左司員外郎、參議中書省事，拜中奉大夫、中書參知政事，資德大夫、宣徽副使、同知宣徽事，改典瑞院使，兼世其父監軍，佩金虎符，改翰林學士。至治元年，仍翰林學士，監軍，領東蕃諸部奏事。

乞台

乞台，察台氏。〔一三〕至元二十四年爲欽察衞百戶，從土土哈征叛王失烈吉及乃顏有功，賜金符，陞千戶。從征忽剌出，戰于阿里台之地。元貞二年，以疾卒。

子哈贊赤襲職，從創兀兒於魁烈兒之地，與哈答安戰有功。大德五年，從戰杭海。從武宗親征哈剌阿答。復從創兀兒征不別、八憐，爲前鋒，以功受賞賚。皇慶二年，授金符，爲千戶。明宗居潛邸，延祐四年命從西征，與禿滿帖木兒戰于失剌塔兒馬失之地，以功復受厚賞，居其地十五年。〔一四〕天曆二年，賜金符，授昭勇大將軍、同知大都督府事。卒。

脫因納

脫因納，答答叉氏。世祖時從征乃顏，以功受上賞。大德七年，授欽察衞親軍千戶所達魯花赤、武德將軍，賜金符。八年，改太僕少卿。十年，遷阿兒魯軍萬戶府達魯花赤，易金虎符，進階懷遠大將軍。尋改中奉大夫、太僕少卿，仍兼前職。至大二年，拜甘肅行尚書省參知政事、通奉大夫。四年，入爲太僕卿，陞正奉大夫。皇慶元年，授阿兒魯萬戶府襄陽漢軍達魯花赤，仍領太僕卿。延祐三年，拜資德大夫、甘肅行中書右丞。至治二年，改通政使，轉會福院使，尋復通政。致和元年，分院上都。秋八月，爲倒剌沙所殺。文宗卽位，特贈宣力守義功臣、榮祿大夫、上柱國、中書平章政事，追封冀國公，謚忠景。

有子曰定童、只（沈）〔兒〕哈朗。〔一五〕定童襲父職，阿兒魯萬戶府襄陽萬戶府漢軍達魯花赤，佩金虎符，明威將軍。只（沈）〔兒〕哈朗，初授欽察親軍千戶所達魯花赤，佩金符，武略將軍。改授朝列大夫、通政院副使，歷同知，陞院使，積官中奉大夫。

和尚

和尚，蒙古乃蠻台氏。祖海速，充昔烈木千戶所蒙古軍百戶。伯父兀魯不花，初充蒙古軍五十戶。至元七年，從昔烈木千戶南征，以功命權百戶，從僉省阿（速）〔剌〕海牙攻樊城。〔一六〕十一年，從攻新城，又從攻鄂東門，攻處州，屢立戰功。二十五年，賜銀符，授敦武校尉、後衞親軍百戶。是年秋卒。父怯烈吉襲。怯烈吉卒，和尚襲。

至大三年，進忠翊校尉、後衞親軍副千戶，賜金符。延祐二年，江西寧都寇起，殺守土官吏，從元帥乞住等總兵討之，生擒賊酋蔡五九誅之，擣其巢穴。致和元年八月，西安王以兵討倒剌沙，命從丞相燕帖木兒擒烏伯都剌，分兵備禦。

天曆元年九月，從戰通州，以功賞名馬。從擊犯紅橋之兵，手戈刺死二人，敗之，奪紅橋。及紐（鄰）澤大夫等力戰於白浮，〔一七〕殺其四人。和尚白丞相曰：「兩軍相戰，當有辨，今號纓俱黑，無辨，我軍宜易以白。」丞相然之。戰于昌平栗園，殺二人。又與亞失帖木兒戰于石槽，殺三人。十月，從擊禿滿台兒於檀州南桑口，敗之。又從丞相追擊其軍于檀州之北，有功。十一月，命領八衞把總金鼓都鎮撫司事。

校勘記

〔一〕曾祖父達釋　考異云：「案下文云達釋之子野里朮；又云鐵哥朮，野里朮之長子；則此云曾祖父者誤也。」

〔二〕丙午太祖西征　按丙午爲元定宗貴由元年，此處顯訛。元太祖西征在十四年至十八年。道光本改作「己卯」。

〔三〕（隸）〔棣〕州　按元無「隸州」，此誤。道光本作「棣州」，從改。

〔四〕中書（左）〔右〕丞　本證云：「繼培案，紀至元十四年置行中書省于江西，以塔出爲右丞，麥朮丁爲左丞，忙兀台、哈剌䚟、張榮實傳並作右丞，此作左丞誤。」本證是，從改。

〔五〕都魯軍二百人　按本書卷九九兵志有「又名忠勇之士曰霸都魯」。「霸都魯軍」即死士。此處當脫「霸」字。

〔六〕孛（思）〔兒〕速　據前文改。蒙史已校。

〔七〕畏兀兒〔人〕　從道光本補。

〔八〕父昂和思　本證云：「案卽杭忽思，自有傳，幷敍阿答赤事彼傳作阿塔赤，此複。」杭忽思傳見卷一三二。

〔九〕領貴赤軍北〔征〕　原空闕，從北監本補。

〔一〇〕從定宗〔征〕欽察　從道光本補。

〔一一〕從世祖至哈剌〔章〕之地　按本書卷一二一速不台傳附兀良合台傳，卷一二三趙阿哥潘傳、阿兒思蘭傳皆載元世祖、兀里羊哈台征哈剌章，據補。哈剌章，漢譯烏蠻。蒙史已校。

〔一二〕至元〔二〕十一年從丞相伯顏南征有功　按伯顏南征在至元十一年，「二」字衍，今刪。蒙史已校。

〔一三〕察台氏　蒙史云：「舊傳作察台氏，乃欽察台氏之脫誤。」

〔一四〕居其地十五年　按自延祐四年至天曆二年當爲十三年。蒙史改「五」爲「三」，疑是。

〔一五〕只(沈)〔兒〕哈朗　「只沈哈朗」，於蒙古、突厥語無釋，「沈」爲「兒」字之誤，今改。下同。「只兒哈朗」蒙古語，言「幸福」。

〔一六〕從僉省阿(速)〔剌〕海牙　按本書卷七世祖紀至元八年正月己卯條、卷一二八阿里海牙傳，此即同僉河南等路行中書省事阿里海牙。卷七、八世祖紀至元九年九月甲子、十二年二月辛酉條，卷一七三崔彧傳又作「阿剌海牙」，據改。

〔一七〕紐(鄰)澤大夫　據本書卷三一明宗紀天曆元年九月、卷三二文宗紀致和元年八月己未條、卷一三八燕鐵木兒傳刪。蒙史已校。

元史卷一百三十六

列傳第二十三

哈剌哈孫

哈剌哈孫，斡剌納兒氏。曾祖啓昔禮，始事王可汗脫斡璘。王可汗與太祖約爲兄弟，〔一〕及太祖得衆，陰忌之，謀害太祖。啓昔禮潛以其謀來告，太祖乃與二十餘人一夕遁去，諸部聞者多歸之，還攻滅王可汗，并其衆。擢啓昔禮爲千戶，賜號答剌罕。從平河西、西域諸國。祖博理察，太宗時從太弟睿宗攻河南，取汴、蔡，滅金，賜順德以爲分邑。父囊加台，從憲宗伐蜀，卒于軍。

哈剌哈孫威重，不妄言笑，善騎射，工國書，又雅重儒術。至元九年，世祖錄勳臣後，命掌宿衞，襲號答剌罕。自是人稱答剌罕而不名。帝嘗諭之曰：「汝家勳載王府，行且大用汝矣。」又語皇太子曰：「答剌罕非常人比，可善遇之。」十八年，割欽、廉二州，益其食邑。二十二年，拜大宗正。用法平允，審錄寃滯，所活數百人。時相請以江南獄隸宗正。哈剌哈孫曰：「江南新附，敎令未孚，且相去數千里，欲遙制其刑獄，得無寃乎。」事遂止。

二十八年，拜榮祿大夫、湖廣行省平章政事。臺臣言其在宗正決獄平，卽去，恐難其繼者。帝曰：「湖廣之地，朕嘗駐蹕，非斯人不可。」遂行。時江湖間盜賊出沒，剽取商旅貨財。哈剌哈孫至，則發卒悉擒誅之，水陸之途始皆無梗。初，樞密置行院於各省，分兵民爲二，奸人植黨自蔽。後因入覲極陳其不便，帝爲罷之。因問曰：「風憲之職，人多言其撓吏治，信乎？」對曰：「朝廷設此以糾奸慝，貪吏疾之，妄爲謗耳。」帝然其言。

三十年，平章劉國傑將兵征交趾，哈剌哈孫戒將吏無擾民。會有奪民魚菜者，杖其千戶，軍中肅然。俄有旨發湖湘富民萬家，屯田廣西，以圖交趾。哈剌哈孫密遣使奏曰：「往年遠征無功，瘡痍未復，今又徙民瘴鄉，必將怨叛。」吏莫知其奏，抱卷請署，弗答。吏再請，則曰：「姑緩之。」未幾，使還報罷，民皆感悅。及廣西元帥府請募南丹五千戶屯田，事上行省，哈剌哈孫曰：「此士著之民，誠爲便之，內足以實空地，外足以制交趾之寇，可不煩士卒而饋餉有餘。」卽命度地立爲五屯，統以屯長，給牛種農具與之。湖南宣慰張國紀建言，欲按唐、宋末徵民間夏稅。哈剌哈孫曰：「亡國弊政，失寬大之意，聖朝其可行耶？」奏止其議。

大德二年，入朝上都，成宗拜光祿大夫、江浙行省左丞相。視政七日，徵拜中書左丞相，進階銀青(光)〔榮〕祿大夫。〔三〕既拜命，斥言利之徒，一以節用愛民爲務。有大政事，必引儒臣雜議。京師久闕孔子廟，而國學寓他署，乃奏建廟學，選名儒爲學官，采近臣子弟入學。又集羣議建南郊，爲一代定制。

五年，同列有以雲南行省左丞劉深計倡議曰：「世祖以神武一海內，功蓋萬世。今上嗣大歷服，未有武功以彰休烈，西南夷有八百媳婦國未奉正朔，請往征之。」哈剌哈孫曰：「山嶠小夷，遼絕萬里，可諭之使來，不足以煩中國。」不聽，竟發兵二萬，命深將以往。道出湖廣，民疲於餽餉。及次順元，深脅蛇節求金三千兩、馬三千匹。蛇節因民不堪，舉兵圍深於窮谷，首尾不能相救。事聞，遣平章劉國傑往援，擒蛇節，斬軍中，然士卒存者纔十一二，轉餉者亦如之，訖無成功。帝始悔不用其言。會赦，有司議釋深罪。哈剌哈孫曰：「徼名首釁，喪師辱國，非常罪比，不誅無以謝天下。」奏誅之。

七年，進中書右丞相。嘗言治道必先守令，近用多不得其人，於是精加遴選，定官吏贓罪十二章及丁憂、婚聘、盜賊等制，禁獻戶及山澤之利。每歲車駕幸上都，哈剌哈孫必留守京師。時帝弗豫，制出中宮，羣邪黨附，哈剌哈孫以身匡之，天下晏然。十年，加開府儀同三司、監修國史，置僚屬。冬十一月，帝寢疾篤甚，入侍醫藥，出總宿衞。藩王欲入侍疾者不聽；日理機務如故。

十一年春，成宗崩。時武宗撫軍北邊，仁宗侍太后在懷慶，諸奸臣謀斷北道，請成后垂簾聽政，立安西王阿難答。哈剌哈孫密遣使北迎武宗，南迎仁宗，悉收京城百司符印，封府庫，稱疾臥闕下，內旨日數至，並不聽，文書皆不署。衆欲害之，未敢發。及仁宗至近郊，衆猶未知也。三月朔，列牘請署，后決以三月三日御殿聽政，乃立署之，衆大喜，莫知所爲。明日，迎仁宗入，執左丞相阿忽台及安西王阿難答等就誅，內難悉平。自冬至春，未嘗一至家休沐。夏五月，武宗至自北，卽皇帝位，拜太傅、錄軍國重事，仍總百揆，賜宅一區，以其子脫歡入侍。

初仁宗之入也，阿忽台有勇力，人莫敢近，諸王禿剌實手縛之，以功封越王，三宮盡幸其第，賜與甚厚，以慶元路爲其食邑。哈剌哈孫力爭之，曰：「祖宗之制，非親王不得加一字之封。禿剌疏屬豈得以一日之功廢萬世之制哉。」帝不聽。禿剌因譖於帝曰：「方安西王謀干大統，哈剌哈孫亦嘗署文書。」由是罷相出鎮北邊。詔曰：「和林爲北邊重鎮，今諸部降者又百餘萬，非重臣不足以鎮之，念無以易哈剌哈孫者。」賜黃金三百兩、白銀三千五百兩、鈔十五萬貫、帛四萬端、乳馬六十匹，以太傅、（右）〔左〕丞相行和林省事。〔三〕太后亦賜帛二百端、鈔五萬貫。

至鎮，斬爲盜者一人。分遣使者賑降戶。奏出鈔帛易牛羊以給之，近水者敎取魚食。

會大雪，民無取得食，命諸部置傳車，相去各三百里，凡十傳，轉米數萬石以餉饑民，不足則益以牛羊。又度地置內倉，〔四〕積粟以待來者。浚古渠，溉田數千頃。治稱海屯田，教部落雜耕其間，歲得米二十餘萬。北邊大治。至大元年，賜大帳，如諸王諸藩禮。〔五〕十一月，寢疾，語其屬曰：「吾不復能佐理國事矣。行省之務，汝曹勉之，毋貽朝廷憂。」薨，年五十二。帝聞之，驚悼曰：「喪我賢相。」賻鈔二萬五千貫。詔歸葬昌平，追贈推誠履政佐運功臣、太師、開府儀同三司、上柱國，追封順德王，謚忠獻。

子脫歡，由太子賓客拜御史中丞，襲號答剌罕，進御史大夫，行臺江南。尋拜平章，行省江浙，進左丞相，兼領行宣政院。重厚有父風，喜讀書，爲政不尙苛暴，得衆心。致和元年，卒于官，年三十七。子鑾鑾。

阿沙不花

阿沙不花者，康里國王族也。初，太祖拔康里時，其祖母苦滅古麻里氏新寡，有二子，曰曲律、牙牙，皆幼，而國亂家破無所依，欲去而歸朝廷，念無以自達。一夕有數駝皆重負突入營中，驅之不去。旦乃繫駝營外，置所負其旁，夜復納營中，候有求者歸之。如是十餘日，終無求者。乃發視其裝，皆西域重寶。驚曰：「殆天欲資我而東耶，不然，此豈吾所宜有。」遂驅馳載二子越數國至京師。時太祖已崩，太宗立，盡獻其所有，帝深異之，命有司治邸舍、具廩餼以居焉。居二年，聞國中已定，謁帝欲歸。帝曰：「汝昔何爲而來，今何爲而去？」且問其所欲。對曰：「臣妾昔以國亂無主，遠歸陛下，今賴陛下威德，聞國已定，欲歸守墳墓耳。妾惟二子，雖愚無知，願留事陛下。」帝大喜，立召二子入宿衞，而禮遣之。後十三年復來，則二子已從憲宗伐蜀矣。逮至和寧，聞憲宗崩，諸將皆還，而二子獨後，心方以爲憂。過一古廟，因入禱焉，若聞神語，連稱「好好」而不知其故，問其國人通漢語者，知爲吉語。還至舍，則二子已至矣。遂留居焉。

曲律無子。牙牙後封康國王，生六子，阿沙不花最賢，年十四，入侍世祖。世祖賜土田、給奴隸，使居興和之天城。會西蕃遣使者有所奏請，既諭遣之，後數日，帝問近侍諸大臣曰：「前日西使何請，朕何辭以遣？」諸大臣莫能對，阿沙不花從旁代對甚詳悉。帝因怒諸大臣曰：「卿等任天下之重，如此反不若一童子耶？」嘗扈從上都，方入朝，而宮草多露，跣足而行，帝御大安閣，望而見之，指以爲侍臣戒。一日，故命諸門衞勿納阿沙不花。阿沙不花至，諸門衞皆不納，乃從水竇中入。帝問故，以實對，且曰：「臣一日不入侍，身將何歸？」帝大悅，更諭諸門衞聽其出入。命飭四宿衞兵器，無敢或慢；復使掌門，無敢闌入。帝曰：「可用矣。」

乃顏叛，諸王納牙等皆應之。帝問計將安出，對曰：「臣愚以爲莫若先撫安諸王，乃行天討，則叛者勢自孤矣。」帝曰：「善，卿試爲朕行之。」卽北說納牙曰：「大王聞乃顏反耶？」曰：「聞之。」曰：「大王知乃顏已遣使自歸耶？」曰：「不知也。」曰：「聞大王等皆欲爲乃顏外應，今乃顏旣自歸矣，是獨大王與主上抗。幸主上聖明，亦知非大王意，置之不問。然二三大臣不能無惑，大王何不往見上自陳，爲萬全計。」納牙悅許之。於是諸王之謀皆解。阿沙不花還報，帝乃議親征，命徵兵遼陽，以千戶帥昔寶赤之衆從行。

及乃顏平，阿沙不花以大同、興和兩郡當車駕所經有帷臺嶺者，數十里無居民，請詔有司作室嶺中，徙邑民百戶居之，割境內昔寶赤牧地使耕種以自養，從之。阿沙不花旣領昔寶赤，帝復欲盡徙興和桃山數十村之民，以其地爲昔寶赤牧地。阿沙不花固請存三千戶以給鷹食，帝皆聽納。民德之，至今飲食必祭。

至元三十年，海都叛，成宗以皇孫撫軍於北。阿沙不花從行，踰金山戰杭海有功。成宗卽位，會大宗正扎魯火赤脫兒速以贓污聞，詔鞫問之，脫兒速伏罪，就命代之。成宗目之曰阿卽剌。阿卽剌，譯言閻羅王也。有訴朱清、張瑄陰私，旣抵罪，帝遣兵馬都指揮使忽剌朮籍沒其家，以受賂誅。更命阿沙不花往，具以實聞，賜宅一區、鈔萬五千緡，兼兩城兵馬都指揮使事。武宗時爲懷寧王，總軍漠北，問：「今日材可大用者爲誰？」對曰：「母弟脫脫將相才也，無以易之。」遂命從行，後果爲名臣。

成宗崩，安西王阿難答乘間謀繼大統，成后及丞相阿忽台、諸王迷里帖木兒皆陰爲之助。時武宗猶在北邊，太后及仁宗亦在懷孟未至。適武宗遣脫脫計事京師，丞相哈剌哈孫令急還報武宗，而成后已密諭通政使只兒哈郎止其驛馬。阿沙不花知事急，與同知通政院事察乃謀，作先日署文書給馬去。只兒哈郎聞脫脫已去，方詰問吏，閱案牘乃止。太后及仁宗旣至京師，有言安西王謀以三月三日僞賀仁宗千秋節，因以舉事者。阿沙不花言之哈剌哈孫，且曰：「先人者勝，後人者敗。后一垂簾聽政，我等皆受制於人矣，不若先事而起。」哈剌哈孫曰：「善。」乃前二日白仁宗，詐稱武宗遣使召安西王計事，至卽執送上都。盡誅丞相阿忽台以下諸姦臣。與哈剌哈孫皆居禁中。

仁宗以太子監國，遣使北迎武宗，而武宗遲迴不進，遣使還報太后曰：「非阿沙不花往不可。」乃遣奉衣帽、尙醞以往，至野馬川，見武宗，備道兩宮意，及陳安西王謀變始末，且言：「太子監國所以備他變，以待陛下，臣萬死保其無他。」武宗大悅，解衣衣之，拜中書平章政事，軍國大事並聽裁決。因奏平內難之有功者燕只哥以下十人爲兵馬指揮、爲直省舍人。詔先奉蒲萄酒及錦綺還報兩宮。仁宗卽日率羣臣出迎。

武宗入上都，加阿沙不花特進、太尉，依前平章政事。命與丞相塔思不花還京師治安西王黨，諸連坐囊加眞等三十餘人，皆釋之。嘗命出太府金分賜諸王貴戚及近侍，方出朝，見一人倉皇若有所懼狀，曰：「此必盜金者。」召詰問之，果得黃金五十兩、白金百兩以聞，就以金賜之，命誅盜者。辭曰：「盜誅固當，金非臣所宜得，願還金以贖盜死。」帝悅而從之。有近臣蹴踘帝前，帝卽命出鈔十五萬貫賜之。阿沙不花頓首言曰：「以蹴踘而受上賞，則奇技淫巧之人日進，而賢者日退矣，將如國家何。臣死不敢奉詔。」乃止。

帝又嘗御五花殿，丞相塔思不花、三寶奴，中丞伯顏等侍。阿沙不花見帝容色日悴，乃進曰：「八珍之味不知御，萬金之身不知愛，此古人所戒也。陛下不思祖宗付託之重，天下仰望之切，而惟麯蘖是沉，姬嬪是好，是猶兩斧伐孤樹，未有不顚仆者也。且陛下之天下，祖宗之天下也，陛下之位，祖宗之位也，陛下縱不自愛，如宗社何？」帝大悅曰：「非卿孰爲朕言。繼自今毋愛於言，朕不忘也。」因命進酒。阿沙不花頓首謝曰：「臣方欲陛下節飮而反勸之，是臣之言不信於陛下也，臣不敢奉詔。」左右皆賀帝得直臣。遂進開府儀同三司、中書右丞相，行御史大夫。

俄復平章政事、錄軍國重事，兼廣武〔康里〕侍衞親軍都指揮使，〔六〕封康國公。有以左道惑衆者，諸世臣大家多信趨之，竟置于法。遷知樞密院事。以至大二年十月薨于位，年四十七。至正元年，贈純誠一德正憲保大功臣、開府儀同三司、中書右丞相、上柱國，追封順寧王，諡忠烈。

其繼室別哥倫氏，亦有至行，寡居三十年，未嘗妄言笑，身不服華綵。詔旌其門，與元配達海的斤氏並封順寧王夫人。

子伯嘉訥，廉直剛敏，憂國如憂家。嘗爲京尹，屯儲衞誘小民梅凍兒誣首海商一百十有六人爲盜而掠其貲，獄具，械送刑部，命伯嘉訥審錄之，盡得其寃狀，白丞相釋之，還其貲。後遷翰林侍讀學士。

拜住

拜住，安童孫也。五歲而孤，太夫人教養之。稍長，宏遠端亮有祖風。至大二年，襲爲宿衞長。仁宗卽位，延祐二年，拜資善大夫、太常禮儀院使。四年，進榮祿大夫、大司徒。五年，進金紫光祿大夫。六年，加開府儀同三司，餘並如故。每議大政，必問曰：「合典故否？」同官有異見者，曰：「大朝止說典故耶？」拜住微笑曰：「公試言之，國朝何事不依典故？」同官不能對。太常事簡，每退食必延儒士諮訪古今禮樂刑政、治亂得失，盡日不倦。嘗曰：「人之仕宦，隨所職司，事皆可習。至於學問有本，施於事業，此儒者之能事，宰相之資也。」英宗在東宮，問宿衞之臣於左右，咸稱拜住賢。遣使召之，欲與語。拜住謂使者曰：

「嫌疑之際，君子所愼，我長天子宿衞而與東宮私相往來，我固得罪，亦豈太子福耶？」竟不往。英宗登極，拜中書平章政事。會諸侯王于大明殿，詔進讀太祖金匱寶訓，威儀整暇，語音明暢，莫不注目竦聽。夏五月，（宣徽）〔徽政〕使失烈門、〔七〕要束木妻也里失八等謀爲逆，帝密得其事，御穆清閣，召拜住謀之。對曰：「此輩擅權亂政久矣，今猶不懲，陰結黨與，謀危社稷，宜速施天威，以正祖宗法度。」帝動容曰：「此朕志也。」命率衞士擒斬之，其黨皆伏誅。

拜中書左丞相。先時，近侍傳旨以姓名赴中書銓注者六七百員，選曹爲之壅滯。拜住奏閣之，注授一依選格次第，吏無容姦。刑曹事有情可矜者寬恕之，貪暴不法必不少容。帝常諭左右曰：「汝輩愼之，苟陷國法，我雖曲赦，拜住不汝恕也。」

至治元年春正月，帝欲結綵樓於禁中，元夕張燈設宴。時居先帝喪，參議張養浩上疏，拜住謂當進諫，卽袖其疏入奏，帝悅而止，仍賜養浩帛，以旌直言。三月，從幸上都，次察罕腦兒。帝以行宮亨麗殿制度卑隘，欲更廣之。奏曰：「此地苦寒，入夏始種粟黍，陛下初登大寶，不求民瘼，而遽興大役以妨農務，恐失民望。」從之。帝嘗謂拜住曰：「朕委卿以大任者，以乃祖木華黎從太祖開拓土宇，安童相世祖克成善治也。卿念祖宗令聞，豈有不盡心者乎。」拜住再拜曰：「陛下委臣以大任，臣有所畏者三：畏辱祖宗，畏天下事大，識見有所未盡；畏年少不克負荷，無以上報聖恩。惟陛下垂閔，時加訓飭，幸甚。」

延祐間，朔漠大風雪，羊馬駝畜盡死，人民流散，以子女鬻人爲奴婢。拜住以興王根本之地，其民宜加賑卹，請立宗仁衞總之，命縣官贖置衞中，以遂生養。至元十四年，始建太廟于大都，至是四十年，親享之禮未暇講肄。拜住奏曰：「古云禮樂百年而後興，郊廟祭享此其時矣。」帝悅曰：「朕能行之。」預敕有司，以親享太室儀注禮節，一遵典故，毋擅增損。冬十月，始有事于太廟。二年春正月，孟享，始備法駕，設黃麾大仗，帝服通天冠、絳紗袍，出自崇天門。拜住攝太尉以從。帝見羽衞文物之美，顧拜住曰：「朕用卿言舉行大禮，亦卿所共喜也。」對曰：「陛下以帝王之道化成天下，非獨臣之幸，實四海蒼生所共慶也。」致齋大次，行酌獻禮，升降周旋，儼若素習，中外肅然。明日還宮，鼓吹交作，萬姓聳觀，百年廢典一旦復見，有感泣者。拜住率百僚稱賀于大明殿，執事之臣賜金帛有差。又奏建太廟前殿，議行祫禘配享等禮。帝從容謂拜住曰：「朕思天下之大，非朕一人思慮所及，汝爲朕股肱，毋忘規諫，以輔朕之不逮。」拜住頓首謝曰：「昔堯、舜爲君，每事詢衆，善則舍己從人，萬世稱聖。桀、紂爲君，拒諫自賢，悅人從己，好近小人，國滅而身不保，民到于今稱爲無道之主。臣等仰荷洪恩，敢不竭忠以報。然事言之則易，行之則難。惟陛下力行，臣等不言，則臣之罪也。」帝嘉納之。

時右丞相鐵木迭兒貪濫譎險，屢殺大臣，鬻獄賣官，廣立朋黨，凡不附己者必以事去之，尤惡平章王毅、右丞高昉，因在京諸倉糧儲失陷，欲奏誅之。拜住密言於帝曰：「論道經邦，宰相事也，以金穀細務責之可乎？」帝然之，俱得不死。鐵木迭兒復引參知政事張思明爲左丞以助己。思明爲盡力，忌拜住方正，每與其黨密語，謀中害之。左右得其情，乘間以告，且請備之。拜住曰：「我祖宗爲國元勳，世篤忠貞，百有餘年。我今年少，叨受寵命，蓋以此耳。大臣協和，國之利也。今以右相讎我，我求報之，非特吾二人之不幸，亦國家之不幸。吾知盡吾心，上不負君父，下不負士民而已。死生禍福，天實鑒之，汝輩毋復言。」未幾，奉旨往立忠憲王碑于范陽。鐵木迭兒久稱疾，聞拜住行，將出蒞省事，入朝，至內門，帝遣速速賜之酒，且曰：「卿年老宜自愛，待新年入朝未晚。」遂怏怏而還。然其黨猶布列朝中，事必稟于其家，以拜住故不得大肆其奸，百計傾之，終不能遂。

在京倉漕管庫之職，歲終例應注代。時張思明亦稱疾不出，衆皆顧望。拜住雖朝夕帝前，以事不可緩，乃日坐省中謂僚屬曰：「左丞病，省事遂廢乎？」郎中李處恭曰：「金穀之職，須愼選擇，不得其人，未敢遽擬。」拜住曰：「汝爲賣官之計耳。」遣人善慰思明，乃出共畢銓事。

拜住每以學校政化大源，似緩實急，而主者不務盡心，遂致廢弛，請令內外官議拯治之。有言佛教可治天下者，帝問之，對曰：「清淨寂滅，自治可也。若治天下，捨仁義，則綱常亂矣。」又嘗謂拜住曰：「今亦有如唐魏徵之敢諫者乎？」對曰：「槃圓則水圓，盂方則水方。有太宗納諫之君，則有魏徵敢諫之臣。」帝並善之。六月壬寅，敕賜平江腴田萬畝。拜住辭曰：「陛下命臣釐正庶務，若先受賜田，人其謂何？」帝曰：「汝勳舊子孫，加以廉愼，人或援例，朕自諭之。」秋七月，奏召張思明詣上都，數其罪，杖而逐之，鐵木迭兒繼亦病卒。拜住哭之慟。

初，浙民吳機以累代失業之田賣於司徒劉夔，夔賂宣政使八剌吉思買置諸寺，以益僧廩，矯詔出庫鈔六百五十萬貫酬其直。田已久爲他人之業，鐵木迭兒父子及鐵失等上下蒙蔽，分受之，爲贓鉅萬。眞人蔡道泰以奸殺人，獄已成，鐵木迭兒納其金，令有司變其獄。拜住舉奏二事。命臺察鞫之，盡得其情，以田歸主，劉、蔡、八剌吉思等皆坐死，餘論罪有差。特赦鐵失。

冬十二月，進右丞相、監修國史。帝欲爵以三公，懇辭，遂不置左相，獨任以政。首薦張珪，復平章政事，召用致仕老臣，優其祿秩，議事中書。不次用才，唯恐少後，日以進賢退不肖爲重務。患法制不一有司無所守，奏詳定舊典以爲通制。帝幸五臺，拜住奏曰：「自古帝王得天下以得民心爲本，失其心則失天下。錢穀，民之膏血，多取則民困而國危，薄斂則民足而國安。」帝曰：「卿言甚善。朕思之，民爲重，君爲輕，國非民將何以爲君？今理民之事卿等當熟慮而愼行之。」

三年春二月，將進仁宗實錄，先一日，詣翰林國史院聽讀。首卷書大德十一年事，不書左丞相哈剌哈孫定策功，惟書越王禿剌勇決從容。謂史官曰：「無左丞相，雖百越王何益？錄鷹犬之勞，而略發蹤指示之人，可乎？」立命書之。其他筆削未盡善者，一一正之，人皆服其識見。

夏六月，拜住以海運糧視世祖時頓增數倍，今江南民力困極，而京倉充滿，奏請歲減二十萬石。帝遂併鐵木迭兒所增江淮糧免之。時鐵木迭兒過惡日彰，拜住悉以奏聞。帝悟，奪其官，仆其碑。姦黨鐵失等甚懼。帝在上都，夜寐不寧，命作佛事。拜住以國用不足諫止之。旣而懼誅者復陰誘羣僧言：「國當有厄，非作佛事而大赦無以禳之。」拜住叱曰：「爾輩不過圖得金帛而已，又欲庇有罪耶？」姦黨聞之益懼，乃生異謀。晉王也孫帖木兒時鎭北邊，鐵失濳遣人至王所，告以逆謀，約事成推王爲帝。王命囚之，遣使赴上都告變，未至，車駕南還，次南坡，鐵失與赤斤鐵木兒等夜以所領阿速衞兵爲外應，殺拜住，遂弒帝於行幄。晉王卽位，鐵失等伏誅。詔有司備儀衞，百官耆宿前導，輿拜住畫相於海雲寺，大作佛事，觀者萬數，無不歎惜泣下。

拜住憂國忘家，常直內庭，知無不言。太官以酒進，則憂形于色。有盜其家金器百餘兩，他寶直鉅萬，繼而獲盜得金，家僮來告，色無喜慍。自延祐末，水旱相仍，民不聊生。及拜住入相，振立紀綱，修舉廢墜，裁不急之務，杜僥倖之門，加惠兵民，輕徭薄斂。英宗倚之，相與勵精圖治。時天下晏然，國富民足，遠夷有古未通中國者皆朝貢請吏，而奸臣畏之，卒搆禍難云。

母怯烈氏，年二十二，寡居守節。初，拜住爲太常禮儀院使，年方二十，吏就第請署字，適在後圃閱羣戲，出稍後，母厲聲呵之曰：「官事不治，若爾所爲豈大人事耶？」拜住深自克責。一日入內侍宴，英宗素知其不飲，是日强以數巵，既歸，母戒之曰：「天子試汝量，故强汝飲。汝當日益戒懼，無酣于酒。」又常代祀睿宗原廟，歸侍左右，母問之曰：「眞定官府待汝若何？」對曰：「所待甚重。」母曰：「彼以天子威靈、汝先世勳德故耳，汝何有焉？」拜住之賢，母之敎也。後封東平王夫人。

泰定初，中書奏丞相拜住盡忠效節，殞于羣兇，乞賜褒崇以光後世。制贈清忠一德〔佐運〕功臣、〔六〕太師、開府儀同三司、上柱國，追封東平王，謚忠獻。至正初，改至仁孚道一德佐運功臣，餘如故。子篤麟鐵穆爾。

校勘記

〔一〕王可汗與太祖約爲兄弟　考異云：「案太祖紀，尊汪罕爲父，蓋約爲父子，非約爲兄弟也。」此處史文當有脫誤。

〔二〕進階銀青（光）〔榮〕祿大夫　據元文類卷二五劉敏中哈剌哈孫碑改。按元制散官無「銀青光祿大夫」。

〔三〕以太傅（右）〔左〕丞相行和林省事　據元文類卷二五劉敏中哈剌哈孫碑改。按當時行省右丞相爲月赤察兒。蒙史已校。

〔四〕又度地置內倉　按元文類卷二五劉敏中哈剌哈孫碑，「內」當作「兩」。類編已校。

〔五〕〔閏〕十一月　據元文類卷二五劉敏中哈剌哈孫碑及本書卷二二武宗紀至大元年閏十一月甲寅條補。類編已校。

〔六〕兼廣武〔康里〕侍衞親軍都指揮使　據黃金華集卷二八康里氏先塋碑及本書卷二二武宗紀至大元年七月庚申條補。蒙史已校。

〔七〕（宣徽）〔徽政〕使失列門　據本書卷二七英宗紀延祐七年二月戊寅、五月戊戌條及卷一七五張珪傳改。類編已校。

〔八〕淸忠一德〔佐運〕功臣　據黃金華集卷二四拜住神道碑及元文類卷一二袁桷拜住贈謚制補。

元史卷一百三十七

列傳第二十四

察罕

察罕，西域板勒紇城人也。父伯德那，歲庚辰，國兵下西域，舉族來歸。事親王旭烈，授河東民賦副總管，因居河中猗氏縣，後徙解州。贈榮祿大夫、宣徽使、柱國、芮國公。

察罕魁偉穎悟，博覽强記，通諸國字書，爲行軍府奧魯千戶。奧魯赤參政湖廣，辟爲蒙古都萬戶府知事。奧魯赤進平章，復辟爲理問，政事悉委裁決，且令諸子受學焉。至元二十四年，從鎮南王征安南，師次瀘江。安南世子遣其叔父詣軍門自陳無罪，王命察罕數其罪而責之，使者辭屈，世子舉衆逃去。二十八年，授樞密院經歷。〔一〕未幾從奧魯赤移治江西。寧都民言：「某鄉石上雲氣五色，有物焉，視之玉璽也。不以兵取，恐爲居人所有。」衆惑之。察罕曰：「妄也，是必搆害仇家者。」覈問之果然。前後從奧魯赤出入湖廣、江西兩省，凡二十一年，多著勳績。成宗大德四年，御史臺奏僉湖南憲司事，中書省奏爲武昌路治中。丞相哈剌哈孫曰：「察罕廉潔，固宜居風憲。然武昌大郡，非斯人不可治。」竟除武昌。廣西妖賊高仙道以左道惑衆，平民詿誤者以數千計。既敗，湖廣行省命察罕與憲司雜治之，鞫得其情，議誅首惡數人，餘悉縱遣，且焚其籍。衆難之。察罕曰：「吾獨當其責，諸君無累也。」以治最聞，擢河南省郎中。

成宗崩，仁宗自藩邸入誅羣臣之爲異謀者，迎武宗于邊。河南平章囊加台薦察罕，即驛召至上都，賜廐馬二匹、鈔一千貫、銀五十兩，曰：「卿少留，行用卿矣。」武宗卽位，立仁宗爲皇太子，授察罕詹事院判，進僉詹事院事，賜銀百兩、錦二匹。遣先還大都立院事。仁宗至，謂曰：「上以故安西王地賜我，置都總管府，卿其領之，愼揀僚屬，勿以詹事位高不屑此也。」察罕叩頭謝曰：「都府之職，敢不恭命，進秩非所敢當。」固辭，改正奉大夫，授以銀印。進卿秩資德大夫。

至大元年，閱戶口江南諸省，還進太子府正，加昭文館大學士，遷家令。武宗崩，仁宗哀慟不已。察罕再拜啓曰：「庶民修短，尙云有數，聖人天命，夫豈偶然。天下重器懸於殿下，縱自苦，如宗廟太后何。」仁宗輟泣曰：「曩者大喪必命浮屠。何益？吾欲發府庫以賑鰥寡孤獨若何？」曰：「發政施仁，文王所以爲聖。殿下行之幸甚。」東宮故有左右衞兵，命囊加台、察罕總右衞，且令審擇官屬。

仁宗卽位，拜中書參知政事，但總持綱維，不屑細務，識者謂得大臣體。帝嘗賜枸杞酒，曰：「以益卿壽。」又語宰相曰：「察罕清素，可賜金束帶、鈔萬貫。」前後賞賚不可勝計。皇慶元年，進榮祿大夫、平章政事、商議中書省事。乞歸解州立碑先塋，許之。暮年，居德安白雲山別墅，以白雲自號。嘗入見，帝望見曰：「白雲先生來也。」其被寵遇如此。帝嘗問張良何如人，對曰：「佐高帝，興漢，功成身退，賢者也。」又問狄仁傑，對曰：「當唐室中衰，能卒保社稷，亦賢相也。」因誦范仲淹所撰碑詞甚熟。帝歎息良久曰：「察罕博學如此邪。」嘗譯貞觀政要以獻。帝大悅，詔繕寫徧賜左右。且詔譯帝範。又命譯脫必赤顏名曰聖武開天紀，及紀年纂要、太宗平金始末等書，俱付史館。嘗以病請告，暨還朝，帝御萬歲山圓殿，與平章李孟入謝。帝曰：「白雲病愈邪？」頓首對曰：「老臣衰病，無補聖明，荷陛下哀矜，放歸田里，幸甚，不覺沉痾去體爾。」命賜茵以坐。顧李孟曰：「知止不辱，今見其人。朕始以答剌罕、不憐吉台、囊加台等言用之，誠多裨益。有言察罕不善者，其人卽非善人也。」又語及科舉幷前古帝王賜姓命氏之事，因賜察罕姓白氏。

初，察罕生於河中，其夜，天氣淸肅，月白如晝。相者賀曰：「是兒必貴。」國人謂白爲察罕，故名察罕。察罕天性孝友，田宅之在河中者，悉分與諸昆弟。昆弟貧來歸者，復分與田宅奴婢，縱奴爲民者甚衆。故人多稱長者。既致仕，優游八年，以壽終。

子外家奴，太中大夫、武岡路總管；李家奴，早卒；忽都篤，承直郎、高郵府判官。孫九人，仕者二人：闊闊不花、哈撒。

曲樞

曲樞，西土人。曾祖達不台，祖阿達台，父質理花台，世贈功臣，追封王爵。曲樞七歲失怙恃。既壯，沉密靜專，爲徽仁裕聖皇太后宮臣。仁宗幼時，以曲樞可任保傅，左右擁翼。曲樞入則佐視食飲，出則抱負游衍，鞠躬盡力，夙夜匪懈。大德三年，武宗總戎北邊。九年，讒人亂國。仁宗侍皇太后之國于懷，未幾，復之雲中，連年奔走不暇。曲樞櫛風沐雨，跋涉艱險，無倦色。

成宗崩，仁宗奉太后入朝，殲姦黨，迎武宗卽皇帝位，仁宗爲皇太子，天下以安。拜曲樞榮祿大夫、平章政事，行大司農。未幾，進光祿大夫，領詹事院事，加特進，封應國公。至大元年，拜開府儀同三司、太子詹事、平章軍國重事、上柱國，依前大司農、應國公。進太子太保，領典醫監事。四年，授太保、錄軍國重事、集賢大學士，兼大司農，領崇祥院、司天臺事，官爵勳封如故。後以疾薨于位。

子二人。長伯都，大德十一年特授翰林學士、嘉議大夫，遷中奉大夫、典寶監卿，加資德大夫、治書侍御史。至大元年，陞榮祿大夫，遙授中書平章政事，改侍御史。明年，拜中書參知政事，進右丞，年三十二而卒。子咬住。

次伯帖木兒，大德十一年，特授正議大夫、懷孟路總管府達魯花赤，兼管諸軍奧魯管內勸農事，改府正。至大二年，遷中奉大夫、陝西等處行尚書省參知政事。明年，入爲太子家令，遷正奉大夫。明年，遷資德大夫、大都留守，兼少府監。擬擢侍御史，改除翰林學士承旨、知制誥兼修國史。未幾復爲大都留守，兼少府監、武衞親軍都指揮使，佩金虎符。皇慶元年，加榮祿大夫。子二人：桓澤都，蠻子。

阿禮海牙

阿禮海牙，畏吾氏，集賢大學士脫列之子也。兄野訥，事仁宗於潛邸。大德九年，仁宗奉興聖太后出居懷州。從者單弱，多懷去計。野訥獨無所畏難。成宗崩，權臣阿附中宮，不遣使告哀宗藩。仁宗有聞，將自懷州入京，宮臣或持不可。野訥屏人密啓曰：「天子晏駕而皇子已早卒，天下無主，邪謀方興。懷寧王及殿下，世祖、裕皇賢孫，人心所屬久矣。宜急奉太母入定大計，邪謀必止。迎立懷寧王以正神器，在此行矣。」仁宗即白太后，以二月至京師，遂誅柄臣二人，遣使迎武宗。武宗即位，召野訥，賜玉帶，授嘉議大夫、祕書監。仁宗居東宮，兼太子右庶子，遷侍御史、崇祥院使，兼將作院使。闔有綉工，工官大集民間子女居肆督責，吏因爲奸利，野訥奏罷之，闔人感悅。尋兼太醫院使。仁宗即位，請召文武老臣，咨以朝政。又請以中都苑囿還諸民。拜樞密院副使，進同知樞密院事。命爲中書平章政事，辭不拜。野訥之在臺及侍禁中，於國家事有不便，輒言之，言無不納。然韜晦惡盈，不泄於外。延祐四年卒，年四十。贈推誠保節翊運功臣、金紫光祿大夫、行中書省左丞相、上柱國、趙國公，謚忠靖。

阿禮海牙亦早事武宗、仁宗，爲宿衞，以淸愼通敏與父兄並見信任。十餘年間，歘歷華近，入侍帷幄，出踐省闥，廷無間言。至治初，出爲平章政事，歷鎭江浙、湖廣、河南、陜西四省，皆有惠政，汴人尤懷思之。歸朝拜翰林學士承旨。丁父憂，解官家居。

天曆元年秋，文宗入承大統。阿禮海牙即易服南迎，至於汴郊見焉。帝命復鎭汴省。時當艱難之際，阿禮海牙高價糴粟，以峙糧儲，命近郡分治戎器，閱士卒，括馬民間，以備不虞。先是，文宗即位之詔已播告天下，而陜西官府結連靖安王等起兵，東擊潼關。阿禮海牙開府庫，量出鈔二十五萬緡，屬諸行省參政河南淮北蒙古軍都萬戶朶列圖、廉訪副使萬家閭犒軍河南以禦之。令都鎭撫卜伯率軍吏巡行南陽、高門、武關、荆子諸隘，南至襄、川二江之口，督以嚴備。萬戶博羅守潼關，不能軍。是月二十五日，只兒哈率小汪總帥、脫帖木兒萬戶等之兵，突出潼關，東掠閿鄉，掖靈寶，盪陝州、新安諸郡邑，放兵四劫，迤邐前進。河南告急之使狎至，而朶列圖亦以兵寡爲言。

十月一日，阿禮海牙集省憲官屬，問以長策，無有言者。阿禮海牙曰：「汴在南北之交，使西人得至此，則江南三省之道不通，丁幾甸，軍旅應接何日息乎。夫事有緩急輕重，今重莫如足兵，急莫如足食。吾徵湖廣之平陽、保定兩翼軍，與吾省之鄧新翼、廬州、沂、郯砲弩手諸軍，以備虎牢；裕州哈剌魯、鄧州孫萬戶兩軍，以備武關、荆子口。以屬郡之兵及蒙古兩都萬戶、左右兩衞、諸部丁壯之可入軍者，給馬乘㒼裝，立行伍，以次備諸隘。芍陂等屯兵本自襄、鄧諸軍來田者，還其軍，益以民之丁壯，使守襄陽、白土、峽州諸隘。別遣塔海以備自蜀至者，以汴、汝、荆、襄、兩淮之馬以給之，府庫不足，則命郡縣假諸殷富之家。安豐等郡之粟，遡黃河運至于陝，糴諸汴、汝，近郡者，則運諸滎陽以達於虎牢。吾與諸軍各奮忠義以從王事，宜無不濟者。」衆曰：「唯。」命卽日部分行事。自伯顏不花王以下省都事李元德等，凡省之屬吏與有官而家居者，各授以事而出。廉訪使董守中、僉事沙沙在南陽，右丞脫帖木兒、廉訪使卜顏在虎牢，分遣兵馬以聽其調用。餽餉之行，千車相望，阿禮海牙親閱實之，必豐必良，信以期會。自虎牢之南至於襄、漢，無不畢給。蓋爲粟二十萬石，豆如之，兵甲五十五萬，芻萬萬。是時，朝廷置行樞密院以總西事。襄、漢、荆湖、河南郡縣皆缺官，阿禮海牙便宜擇材以處之，朝廷皆從其請。

是月，西兵逼河南，行院使來報，曰：「西人北行者度河中以趨懷、孟、磁；南行者帖木哥，過武關，掠鄧州而殘之，直趨襄陽，攻破郡邑三十餘，橫絕數千里，所過殺官吏，焚廬舍，虜民人婦女財物，賊虐殄盡，西結囊家觡以蜀兵至矣。」阿禮海牙益督餉西行，遣行院官塔海領兵攻帖木哥，而又設備於江、黃，置鐵縆於峽口，作舟艦以待戰。十九日，師與西兵遇於鞏縣之石渡，而湖廣所徵太原之兵最爲可用。甫至，未及食，或趣之倍道以進，轉戰及暮，兩軍殺傷與墮澗谷死者相等，而虎牢遂爲敵有。兵儲巨萬，阿禮海牙盡其心、民殫其力者，一旦悉亡焉。行省院與諸軍斂兵退。二十二日至汴，民大恐。阿禮海牙前後遣使告于朝，輒爲也先捏留不遣，不得朝廷音問已二十日，阿禮海牙亦憂之，親出行撫其民。乃修城闕以備衝突，立四門以通往來，戒卒伍以嚴守衛。時雖甚危急，阿禮海牙朝夕出入，聲色不動，怡然如平時，衆賴以安。

十一月六日，西師逼城將百里而近，阿禮海牙召行院將帥、憲司與凡在官者，而告之曰：「吾荷國厚恩，唯有一死以報上耳。行院之出，唯敵是圖，而退保吾城，不亦怯乎？然敵亦烏合之衆，何所受命而敢犯我乎？且吾甲兵非不堅勁，芻峙非不豐給，而弗利者，太平日久，將校不知兵，吏士不練習，彼所以得披猖至此。彼誠知我聖天子之命，則衆沮而散爾，何足慮乎。吾今遣使告于朝，請降詔大赦脅從詿誤。比詔下，先募士，以卽位詔及朝廷招諭之文入其軍，明示利害。吾整大軍西嚮以征之，別遣驍將率精騎數千上龍門，繞出其後，使之進無所投，退無所歸，成擒於鞏、洛之間必矣。而我軍所獲陝西官吏，命有司羈而食之，一無所戮。」衆曰：「諾，唯命。」卽日與行院整兵南薰門外以行。

會有使者自京師還，言齊王已克上都，奉天子寶璽來歸，刻日至京矣。阿禮海牙乃置酒高會於省堂以賀，發書告屬郡，報諸江南三省，而募士得蘭住者齎書諭之。西人猶搒掠蘭住，訊以其實，而朝廷亦遣都護月魯帖木兒從十餘人奉詔放散西軍之在虎牢者。西人殺其從者之半，械都護以送諸荆王所。荆王時在河南之白馬寺，以是西人雖未解散，各已駭悟。又聞行省院以兵至，猶豫不敢進。朝廷又使參政馮不花親諭之，乃信服。靖安王遣使四輩與蘭住來請命，逡巡而去，難平。阿禮海牙乃解嚴報捷，斂餘財以還民，從陝西求民人之被俘掠者歸其家，凡數千人。陝西官吏被獲者，皆遣還其所。

阿禮海牙自始至鎭，迨乎告功，居汴省者數月。後以功遷陝西行御史大夫，復拜中書省平章政事。

奕赫抵雅爾丁

奕赫抵雅爾丁字太初，回回氏。父亦速馬因，仕至大都南北兩城兵馬都指揮使。奕赫抵雅爾丁幼穎悟嗜學，所讀書一過目卽終身不忘。尤工其國字語。初爲中書掾，以年勞授江西行省員外郎，入爲吏部主事，不再閱月，固辭。擢刑部員外郎，四方所上獄，反復披閱成牘，多所平反。遷陝西漢中道肅政廉訪司僉事，不赴。改中書右司員外郎，尋陞郎中。

一日，其同列共議獄，有異其說者，奕赫抵雅爾丁曰：「公等讀律，苟不能變通以適事宜，譬之醫者，雖熟於方論，而不能切脈用藥，則於疾痛奚益哉。」同列雖不平，識者服其爲名言。大德八年肆赦，廷議惟官吏因事受賕者不預。奕赫抵雅爾丁曰：「不可。恩如雨露，萬物均被，贓吏固可嫉，比之盜賊則有間矣。宥盜而不宥吏，何耶？」

刑部嘗有獄事，上讞旣論決，已而丞相知其失，以譴右司主者。奕赫抵雅爾丁初未嘗署其案，因取成案閱之，竊署其名於下。或訝之曰：「玆獄之失，公實不與，丞相方譴怒而公反追署其案，何也？」奕赫抵雅爾丁曰：「吾偶不署此案耳，豈有與諸君同事而獨幸免哉。」丞相聞而賢之，同列因以獲免。

遷左司郎中。時左司闕一都事，平章梁暗都剌謂奕赫抵雅爾丁曰：「人之材幹固嘗有之，惟篤實不欺爲難得，公當以所知舉。」奕赫抵雅爾丁遂以王毅、李迪爲言，一時輿論莫不稱允。又嘗論朝士，如王仁卿、賈元播、高彥敬、敬威卿、李淸臣輩可大用，時諸公處下僚，後皆如其言。遷翰林侍講學士、知制誥兼修國史，轉中奉大夫、集賢大學士。

未幾，除江東建康道肅政廉訪使。始視事，見以獄具陳列庭下甚備，問之，乃前官創製以待有罪者。奕赫抵雅爾丁蹙然曰：「凡逮至臬司，皆命官及有出身之吏，廉得其情，則將服罪，獄具毋庸施也。」卽屏去之。監憲一年，贓吏削跡。

至大初元，立尙書省，拜參議尙書省事，召至京師，懇辭不就。改立中書省，復拜參議中書省事，亦以疾辭。延祐元年卒，年四十有七。

脫烈海牙

脫烈海牙，畏吾氏。世居別失拔里之地。曾祖闊華八撒朮，當太祖西征，導其主亦都護迎降。帝嘉其有識，欲官之，辭以不敏。祖八剌朮，始徙眞定，仕至帥府鎭撫。富而樂施，或貸不償，則火其券，人稱（於）〔爲〕長者。〔一〕父闊里赤，性純正，知讀書。

脫烈海牙幼嗜學，警敏絕人。性整暇，雖居倉卒，未嘗見其急遽。喜從文士游，犬馬聲色之娛，一無所好。由中書宣使，出爲寧晉主簿。改隆平縣達魯花赤，均賦興學，劭農平訟，橋梁、水防、備荒之政，無一不舉。及滿去，民勒石以紀其政。拜監察御史。時江西胡參政殺其弟，訟久不決，脫烈海牙一訊竟伏其辜。出僉燕南道肅政廉訪司事，務存大體，不事苛察。在任六年，黜汚吏百四十有奇。召爲戶部郎中，轉右司員外郎，陞右司郎中。贊畫之力居多。仁宗在東宮，知其嗜學，出祕府經籍及聖賢圖像以賜，時人榮之。母霍氏卒，哀毀骨立，事聞，賜鈔五萬貫，給葬事。起爲吏部尙書，量能敍爵，以平允稱。改禮部尙書，領會（通）〔同〕館事。〔三〕進中奉大夫、荆湖北道宣慰使。適峽人艱食，脫烈海牙先發廩賑之，而後以聞。朝議韙之。

至治三年，遷淮東宣慰使。七月，以疾卒于廣陵，年六十有七，贈通奉大夫、河南江北等處行中書省參知政事、護軍，追封恒山郡公。弟觀音奴，廉明材幹，亦仕至淸顯云。

校勘記

〔一〕樞密院經歷　按雪樓集卷一八伯德那神道碑作「行樞密經歷」，蒙史補「行」字，疑是。

〔二〕稱（於）〔爲〕長者　從北監本改。

〔三〕領會（通）〔同〕館事　據本書卷八五百官志改。會同館，本書多見。蒙史已校。

元史卷一百三十八

列傳第二十五

康里脫脫

康里脫脫，父曰牙牙，由康國王封雲中王，阿沙不花之弟也。脫脫姿貌魁梧，少時從其兄斡禿蠻獵於燕南，斡禿蠻使歸獻所獲，世祖見其骨氣沉雄，步履莊重，歎曰：「後日大用之才，已生於今。」卽命入宿衞。成宗初，丞相伯顏在北鄙，脫脫奉詔以名鷹賜伯顏。伯顏見之，驚問曰：「汝爲何人子？」脫脫以實對，伯顏語之曰：「吾老矣，他日可大用者，未見汝比。」

大德三年，武宗以皇子撫軍北鄙，脫脫從行。五年，叛王海都犯邊，脫脫從武宗討之。師次杭海，進擊海都，大破其衆，脫脫手斬一士之首，連背胛以獻，武宗壯之。兵之始交也，武宗銳欲出戰，脫脫執轡力諫，武宗怒，揮鞭抶其手，不退，乃止。已而武宗與大將朶兒答哈語及之，朶兒答哈曰：「太子在軍中，如身有首，如衣有領，脫有不虞，衆安所附？脫脫之諫可謂忠矣。」武宗深然之。

成宗大漸，丞相哈刺哈孫答剌罕稱疾臥直廬中。脫脫適以使事至京師，即俾馳告武宗以國恤，語在阿沙不花傳。

時仁宗奉興聖太后至自懷孟，既定內難，而太后以兩太子星命付陰陽家推算，問所宜立者，曰：「重光大荒落有災，旃蒙作噩長久。」重光爲武宗年幹，旃蒙爲仁宗年幹。於是太后頗惑其言，遣近臣朶耳諭旨武宗曰：「汝兄弟二人皆我所出，豈有親疏？陰陽家所言運祚修短，不容不思。」武宗聞之，默然，進脫脫而言曰：「我捍禦邊陲，勤勞十年，又次序居長，神器所歸，灼然何疑。今太后以星命休咎爲言，天道茫昧，誰能豫知？設使我即位之後，所設施者上合天心，下副民望，則雖一日之短，亦足垂名萬年，何可以陰陽之言而乖祖宗之託哉！此蓋近日任事之臣，擅權專殺，恐我他日或治其罪，故爲是奸謀動搖大本耳。脫脫，汝爲我往察事機，疾歸報我。」脫脫承命即行。武宗親率大軍由西道進，按灰由中道，牀兀兒由東道，各以勁卒一萬從。

脫脫馳至大都，入見太后，道武宗所授旨以聞。太后愕然曰：「修短之說雖出術家，爲太子周思遠慮乃出我深愛。貪愍已除，宗王大臣議已定，太子不速來何爲？」時諸王禿列等侍，咸曰：「臣下翊戴嗣君，無二心者。」旣而太后、仁宗屏左右，留脫脫與語曰：「太子天性孝友，中外屬望。今聞汝所致言，殆有讒間。汝歸速爲我彌縫闕失，使我骨肉無間，相見怡愉，則汝功爲不細矣。」脫脫頓首謝曰：「太母、太弟不煩過慮，臣侍藩邸歷年，頗見信任，今歸當卽推誠竭忠以開釋太子。」後日三宮共處，靡有嫌隙，斯爲脫脫所報效矣。」

先是，太后以武宗遲迴不至，已遣阿沙不花往道諸王羣臣推戴之意。及是脫脫繼往，行至旺古察，武宗在馬轎中望見其來，趣使疾馳，與之共載。脫脫具致太后、仁宗之語，武宗乃大感悟，釋然無疑。遂遣阿沙不花還報。仁宗卽日命駕奉迎于上都。武宗正位宸極，尊太后爲皇太后，立仁宗爲皇太子，三宮協和，脫脫兄弟之力爲多。

脫脫之至京師也，武宗嘗命其同知樞密院，比還，問曾視事否，脫脫對曰：「今正殿未御，宗親未見，爲扈從之臣攙取名位，誠恐有累聖德，是以未敢祗事。」武宗嘉歎久之。知樞密院只兒哈忽在潛邸時嘗有不遜語，將置于法，脫脫諫曰：「陛下新正位，大信未立而輒行誅戮，知者以爲彼自有罪，不知者以爲報仇，恐人人自危。況只兒哈忽習於先朝典故，今固不可少也。」乃宥之。繼海都而王者曰察八兒，素服武宗威名，至是率諸王內附，詔特設宴於大庭。故事，凡大宴，必命近臣敷宣王度，以爲告戒。脫脫薦只兒哈忽，令具其言以進，果稱旨。武宗歎曰：「博爾忽、博爾朮前朝人傑，脫脫今世人傑也。」卽以所進之言授脫脫。

及諸王大臣被宴服就列，脫脫卽席陳西北諸藩始終離合之由、去逆效順之義，辭旨明暢，聽者傾服。自同知樞密院事進中書平章政事，拜御史大夫。遷江南行臺御史大夫。尋召拜錄軍國重事、中書左丞相。脫脫知無不言，言無不行，中外翕然稱爲賢相。

至大三年，尙書省立，遷右丞相。三寶奴等勸武宗立皇子爲皇太子。脫脫方獵于柳林，遣使亟召之還。三寶奴曰：「建儲議急，故相召耳。」脫脫驚曰：「何謂也？」曰：「皇子寖長，聖體近日倦勤，儲副所宜早定。」脫脫曰：「國家大計不可不愼。曩者太弟躬定大事，功在宗社，位居東宮，已有定命，自是兄弟叔姪世世相承，孰敢紊其序者！我輩臣子，於國憲章縱不能有所匡贊，何可隳其成。」三寶奴曰：「今日兄已授弟，後日叔當授姪，能保之乎？」脫脫曰：「在我不可渝，彼失其信，天實鑒之。」三寶奴雖不以爲然，而莫能奪其議也。

是時，尙書省賜予無節，遷敍無法，財用日耗，名爵日濫。脫脫進言曰：「爵賞者，帝王所以用人也。今爵及比德，賞及罔功，緩急之際何所賴乎！中書所掌，錢糧、工役、選法、刑獄十有二事。若從臣言，恪遵舊制，則臣願與諸賢黽勉從事。不然，用臣何補！」遂有詔俾濫受宣敕者赴所屬繳納。僥倖之路旣塞，奔競之風頓衰。中臺有贓罰鈔五百萬緡，脫脫請出以賑孤寡老疾諸窮而無告者。宗王南忽里部人告其主爲不軌，脫脫辯其誣，抵告者罪。宗王牙忽禿徵其舊民於齊王八不沙部中，鄰境諸王欲奉齊王攻牙忽禿，齊王懼奔牙忽禿以避之，遂告齊王反。脫脫簿問得實，乃釋齊王而徙諸王于嶺南。邊將脫火赤請以新軍萬人益宗王丑漢，廷議俾脫脫往給其資裝。脫脫謂時方寧謐，不宜挑變生事，辭不行。遂遣丞相禿忽魯等二人往給之，幾以激變。四年正月，復爲中書左丞相。

仁宗卽位，眷待彌篤，欲使均逸于外，二月，拜江浙行省左丞相。下車，進父老問民利病，咸謂杭城故有便河通于江滸，堙廢已久，若疏鑿以通舟楫，物價必平。僚佐或難之，脫脫曰：「吾陛辭之日，密旨許以便宜行事。民以爲便，行之可也。」俄有旨禁勿興土功，脫脫曰：「敬天莫先勤民，民蒙其利則災沴自弭，土功何尤。」不一月而成。

是時，鐵木迭兒爲丞相，欲固位取寵，乃議立仁宗子英宗爲皇太子，而明宗以武宗子封周王，出鎭于雲南。又譖脫脫爲武宗舊臣。詔逮至京師。居數日，脒兀兒、失列門傳兩宮旨諭脫脫曰：「初疑汝親於所事，故召汝。今察汝無他，其復還鎭。」脫脫入謝太后曰：「臣雖被先帝知遇，而受太后及今上恩不爲不深，豈敢昧所自乎。」還江浙。未幾，遷江西行省左丞相。

英宗嗣位，召拜御史大夫。時帖赤先爲大夫，陰忌之，奏改江南行臺御史大夫。復嗾言者劾其擅離職守，將徙之雲南，會帖赤伏誅，乃解。家居不出者五年。泰定四年薨，年五十六。至正初，贈推誠全德守義佐運功臣、太師、開府儀同三司、上柱國，追封和寧王，謚忠獻。

脫脫嘗卽宣德別墅延師以訓子，鄉人化之，皆向學。朝廷賜其精舍額曰景賢書院，爲設學官。其沒也，卽其中祠焉。

子九人，其最顯者二人：曰鐵木兒塔識，曰達識帖睦邇，各有傳。

燕鐵木兒〔撒敦　唐其勢〕〔一〕

燕鐵木兒，欽察氏，牀兀兒第三子，世系見土土哈傳。武宗鎭朔方，備宿衞十餘年，特愛幸之。及卽位，拜正奉大夫、同知宣徽院事。皇慶元年，襲左衞親軍都指揮使。泰定二年，加太僕卿。三年，遷同僉樞密院事。致和元年，進僉書樞密院事。

泰定帝崩于上都，丞相倒剌沙專政，宗室諸王脫脫、王禪附之，利於立幼。燕鐵木兒時總環衞事，留大都，自以身受武宗寵拔之恩，其子宜纂大位，而一居朔漠，一處南陲，實天之所置，將以啓之。由是與公主察吉兒、族黨阿剌帖木兒及腹心之士孛倫赤、剌剌等議，以八月甲午昧爽，率勇士納只禿魯等入興聖宮，會集百官，執中書平章烏伯都剌、伯顏察兒，兵皆露刃，誓衆曰：「祖宗正統屬在武皇帝之子，敢有不順者斬。」衆皆潰散。遂捕姦黨下獄，而與西安王阿剌忒納失里入守內庭，分處腹心於樞密，自東華門夾道重列軍士，使人傳命往來其中，以防漏泄。卽命前河南行省參知政事明里董阿、前宣政院使答剌麻失里乘驛迎文宗于中興，且令密以意喻河南行省平章伯顏選兵備扈從。

於是封府庫，拘百司印，遣兵守諸要害。推前湖廣行省左丞相別不花爲中書左丞相，詹事塔失海涯爲平章，前湖廣行省右丞速速爲中書左丞，前陝西行省參政王不憐吉台爲樞密副使，蕭忙古解仍爲通政院使，與中書右丞趙世延、樞密同僉燕鐵木兒、通政院使寒食分典庶務。貸在京寺觀鈔，募死士，買戰馬，運京倉粟以餉守禦士卒，復遣使於各行省徵發錢帛兵器。

當時有諸衞軍無統屬者，又有謁選及罷退軍官，皆給之符牌，以待調遣。旣受命，未知所謝，注目而立，乃指使南向拜，衆皆愕然，始知有定向矣。燕鐵木兒宿衞禁中，夜則更遷無定居，坐以待旦者，將一月。弟撒敦、子唐其勢時留上都，密遣塔失帖木兒召之，皆棄其妻子來歸。丁酉，再遣撒里不花、鎖南班往中興趣大駕早發，令塔失帖木兒設爲南使云：「諸王帖木兒不花、寬徹普化，湖廣、河南省臣及河南都萬戶合軍扈駕，旦夕且至，民勿疑懼。」丁未，命撒敦以兵守居庸關，唐其勢屯古北口。戊申，復令乃馬台爲北使，稱明宗從諸王兵整駕南轅，中外乃安。辛亥，撒里不花至自中興，云乘輿已啓塗，詔拜燕鐵木兒知樞密院事。丙辰，率百官備法駕郊迎。丁巳，文宗至京師，入居大內。

己未，上都王禪及太尉不花、丞相塔失帖木兒、平章買閭、御史大夫紐澤等軍次榆林。九月庚申，詔燕鐵木兒帥師禦之，撒敦先驅，至榆林西，乘其未陣薄之，北軍大敗。甲子，詔還都。戊辰，遼東平章禿滿迭兒以兵犯遷民鎮，斬關以入。遣撒敦往拒，至薊州東沙流河，累戰敗之。燕鐵木兒以爲擾攘之際，不正大名，不足以係天下之志，與諸王大臣伏闕勸進。文宗固辭曰：「大兄在朔方，朕敢紊天序乎。」燕鐵木兒曰：「人心向背之機，間不容髮，一或失之，噬臍無及。」文宗悟，乃曰：「必不得已，當明詔天下，以著予退讓之意而後可。」壬申，文宗卽位，改元天曆，赦天下。

癸酉，封燕鐵木兒爲太平王，以太平路爲其食邑。甲戌，加開府儀同三司、上柱國、錄軍國重事、中書右丞相、監修國史、知樞密院事；賜黃金五百兩、白金二千五百兩、鈔一萬錠、金素織段色繒二千匹、海東白鶻一、青鶻二、豹一、平江官地五百頃。卽日詔將兵出薊州拒禿滿迭兒。乙亥，次三河，而王禪等軍已破居庸關，遂進屯三塚。丙子，燕鐵木兒蓐食倍道而還。丁丑，抵榆河，（關）〔聞〕帝出都城，〔二〕將親督戰，燕鐵木兒單騎請見，曰：「陛下出，民心必驚，凡剪寇事一以責臣，願陛下亟還宮以安黎庶。」文宗乃還。明日丁丑，〔三〕阿速衞指揮使忽都不花、塔海帖木兒，同知太不花構變，事覺，械送京師斬以徇。己卯，與王禪前軍遇于榆河北，我師奮擊敗之，追至紅橋北。王禪將樞密副使阿剌帖木兒、指揮忽都帖木兒引兵會戰。阿剌帖木兒執戈入刺，燕鐵木兒側身以刀格其戈就斫之，中左臂。部將和尙馳擊忽都帖木兒亦中左臂。二人驍將也，敵爲奪氣，遂卻。因據紅橋。兩軍阻水而陣，命善射者射之，遂退，師于白浮南。命知院也速答兒、八都兒、亦訥思等分爲三隊，張兩翼以角之，敵軍敗走。辛巳，敵軍復合，鏖戰于白浮之野，周旋馳突，戈戟戛摩。燕鐵木兒手斃七人。會日晡，對壘而宿。夜二鼓，遣阿剌帖木兒、孛倫赤、岳來吉將精銳百騎鼓譟射其營，敵衆驚擾，互自相擊，至旦始悟，人馬死傷無數。明日，天大霧，獲敵卒二人，云王禪等脫身竄山谷矣。癸未，天淸明，王禪集散卒成列出山，我師駐白浮西，堅壁不動。是夜，又命撒敦潛軍繞其後，部曲八都兒壓其前，夾營吹銅角以震盪之，敵不悟而亂，自相撾擊，三鼓後乃西遁。遲明，追及昌平北，斬首數千級，降者萬餘人。

帝遣賜上尊，諭旨曰：「丞相每戰親冒矢石，脫有不虞，其若宗社何！自今後但憑高督戰，察將士之用命不用命者以賞罰之可也。」對曰：「臣以身先之，爲諸將法。敢後者軍法從事。託之諸將，萬一失利，悔將何及。」是日，敵軍再戰再北，王禪單騎亡命。也速答兒、也不倫、撒敦追之，就命也速答兒及僉院徹里帖木兒統卒三萬守居庸關，還至昌平南。

俄報古北口不守，上都軍掠石槽。丙戌，遣撒敦爲先驅，燕鐵木兒以大軍繼其後，至石槽。敵軍方炊，掩其不備，直蹂之，大軍幷進，追擊四十里，至牛頭山，擒駙馬孛羅帖木兒，平章蒙古答失、牙失帖木兒，院使撒兒討溫等，獻俘闕下，戮之。各衞將士降者不可勝紀，餘兵奔竄。夜遣撒敦襲之，逐出古北口。

丁亥，禿滿迭兒及諸王也先帖木兒軍陷通州，將襲京師，燕鐵木兒急引軍還。十月己丑朔，日將昏，至通州，乘其初至擊之，敵軍狼狽走渡潞河。庚寅，夾河而軍。敵列植黍稭，衣以氈衣，然火爲疑兵，夜遁。辛卯，率師渡河追之。癸巳，駐檀子山之棗林，也(速)〔先〕帖木兒、〔四〕禿滿迭兒合陽翟王太平、國王朶羅台、平章塔海軍來鬭，士皆殊死戰。至晚，唐其勢陷陣，殺太平，死者蔽野，餘兵宵潰。已而撒敦將輕兵要之，弗及而還。

乙未，上都諸王忽剌台，指揮阿剌鐵木兒、安童入紫荊關，犯良鄉，游騎逼南城。燕鐵木兒卽率諸將兵循北山而西，令脫銜繫囊，盛莝豆以飼馬，士行且食，晨夜兼程，至于盧溝河，忽剌台聞之，望風西走。是日凱旋，入自肅清門，都人羅拜馬首，以謝更生之惠。燕鐵木兒曰：「此皆天子威靈，吾何力焉。」入見，帝大悅，賜燕興聖殿，盡懽而罷。賜太平王黃金印，并降制書及賜玉盤、龍衣、珠衣、寶珠、金腰帶等物。

是日，撒敦遣報禿滿迭兒軍復入古北口，燕鐵木兒遂以師赴之，戰于檀州南野，敗之。東路蒙古萬戶哈剌那懷率麾下萬人降，餘兵東潰，禿滿迭兒走還遼東。獲忽剌台、阿剌帖木兒、安童、朶羅台、塔海等戮之。

先是，齊王月魯帖木兒、東路蒙古元帥不花帖木兒聞文宗卽位，乃起兵趨上都圍之。時上都屢敗勢蹙。壬寅，倒剌沙肉袒奉皇帝寶出請死。齊王調兵護送至京師。庚戌，文宗御興聖殿，受皇帝寶，下倒剌沙于獄。兩都平。丁巳，加燕鐵木兒以答剌罕之號，使其世世子孫襲之。仍賜珠衣二、七寶束帶一、白金甕一、黃金瓶二、海東白鶻一、青鶻三、白鷹一、豹二十。十二月，置龍翊衞，命領其事。

先是，至治二年，以欽察衞士多，爲千戶所者凡三十五，故分置左右二衞，至是又析爲龍翊衞。二年，立都督府，以統左、右欽察、龍翊三衞，哈剌魯東路蒙古二萬戶府，東路蒙古元帥府，而以燕鐵木兒兼統之，尋陞爲大都督府。燕鐵木兒乞解相印還宿衞，帝勉之曰：「卿已爲省院，惟未入臺，其聽後命。」二月，遷御史大夫，依前開府儀同三司、上柱國、錄軍國重事、太平王。未幾，復拜中書右丞相、監修國史、知樞密院事、領都督府龍翊侍衞親軍都指揮使司事，就佩元降虎符，依前開府儀同三司、上柱國、錄軍國重事、答剌罕、太平王。

先是，文宗以天下旣定，可行初志，遣治書侍御史撒迪迎大兄明宗于漠北。三月辛酉，乃詔燕鐵木兒護璽寶北上。明宗嘉其功。五月，特拜開府儀同三司、上柱國、錄軍國重事、中書右丞相、監修國史、大都督、領龍翊親軍都指揮使事、答剌罕、太平王。六月，加拜太師，餘如故。從明宗南還。八月朔，明宗次王忽察都之地，文宗以皇太子見。庚寅，明宗暴崩。燕鐵木兒以皇后命奉皇帝璽寶授文宗，疾驅而還，晝則率宿衞士以扈從，夜則躬擐甲胄繞幄殿巡護。癸巳，達上都。遂與諸王大臣陳勸復正大位。己亥，文宗復卽位於上都。

十二月丁亥，文宗以燕鐵木兒有大勳勞于王室，封其曾祖父班都察溧陽王，曾祖妣玉龍徹溧陽王夫人，祖父土土哈昇王，祖妣太塔你昇王夫人，父牀兀兒揚王，母也先帖你、公主察吉兒並爲揚王夫人。三年二月，文宗欲昭其勳，詔命禮部尚書馬祖常製文立石於北郊。至順元年五月乙丑，帝又以屢頒寵數未足以報大勳，下詔命獨爲丞相以尊異之。略曰：「燕鐵木兒勳勞惟舊，忠勇多謀，奮大義以成功，致治平於期月，宜專獨運，以重秉鈞。授以開府儀同三司、上柱國、太師、太平王、答剌罕、中書右丞相、錄軍國重事、監修國史、提調燕王宮相府事、大都督、領龍翊親軍都指揮使司事。凡號令、刑名、選法、錢糧、造作，一切中書政務，悉聽總裁。諸王、公主、駙馬、近侍人員，大小諸衙門官員人等，敢有隔越聞奏，以違制論。」

六月，知樞密院事闊徹伯、脫脫木兒等十人惡其權勢之重，欲謀害之。也的迷失、脫迷以其謀告燕鐵木兒，卽率欽察軍掩捕按問，皆誅之。二年二月，爲建第於興聖宮之西南。三月，賜鷹坊百人。十一月癸未，詔養其子塔剌海爲子。辛酉，以燕鐵木兒兼奎章閣大學士，領奎章閣學士院事。〔三〕賜龍慶州之流盃園池水磑土田。又賜平江、松江、江陰蘆場、蕩山、沙塗、沙田等地。因言平江、松江圩田五百頃有奇，糧七千七百石，願增爲萬石入官，以所得餘米贍弟撒敦，詔從之。

四年，文宗大漸，遺詔立兄明宗之子。已而文宗崩，明宗次子懿璘質班卽位，四十三日而崩。文宗后臨朝。燕鐵木兒與羣臣議立文宗子燕帖古思。文宗后曰：「天位至重，吾兒年方幼冲，豈能任耶！明宗有子妥懽貼睦爾，出居廣西，今年十三矣，可嗣大統。」於是奉太后命，召還京師，至良鄉，具鹵簿迎之。燕鐵木兒與之並馬而行，於馬上舉鞭指畫，告以國家多難遣使奉迎之故。而妥懽貼睦爾卒無一語酬之。燕鐵木兒疑其意不可測，且明宗之崩，實與逆謀，恐其卽位之後追舉前事，故宿留數月，而心志日以瞀亂。

先是，燕鐵木兒自秉大權以來，挾震主之威，肆意無忌。一宴或宰十三馬，取泰定帝后爲夫人，前後尚宗室之女四十人，或有交禮三日遽遣歸者，而後房充斥不能盡識。一日宴趙世延家，男女列坐，名鴛鴦會。見座隅一婦色甚麗，問曰：「此爲誰？」意欲與俱歸。左右曰：「此太師家人也。」至是荒淫日甚，體羸溺血而薨。

燕鐵木兒既死，妥懽貼睦爾始卽位，是爲順帝。乃以撒敦爲左丞相，唐其勢爲御史大夫。元統二年四月，命唐其勢總管高麗女直漢軍萬戶府達魯花赤。授撒敦開府儀同三司、上柱國、錄軍國重事、答剌罕、榮王、太傅、中書左丞相，賜廬州路爲食邑，宥世世子孫九死。贈燕鐵木兒太師公忠開濟弘謨同德協運佐命功臣、開府儀同三司、太師、中書右丞相、上柱國，追封德王，謚忠武。至元元年三月，立燕鐵木兒女伯牙吾氏爲皇后。

是時，撒敦已死，唐其勢爲中書左丞相，伯顏獨用事。唐其勢忿曰：「天下本我家天下也，伯顏何人而位居吾上。」遂與撒敦弟答里潛蓄異心，交通所親諸王晃火帖木兒，謀援立以危社稷。帝數召答里不至。郯王徹徹禿遂發其謀。六月三十日，唐其勢伏兵東郊，身率勇士突入宮闕。伯顏及完者帖木兒、定住、闊里吉思等掩捕獲之。唐其勢及其弟塔剌海皆伏誅。而其黨北奔答里所，答里卽應以兵，殺使者哈兒哈倫、阿魯灰用以釁旗。帝遣阿弼諭之，又殺阿弼，而率其黨和尚、剌剌等逆戰，爲撒思監、火兒灰、哈剌那海等所敗，遂奔晃火帖木兒。命孛羅、晃火兒不花追襲之，力窮勢促，阿魯渾察執答里等送上都戮之。晃火帖木兒自殺。怯薛官阿察赤亦預唐其勢之謀，欲殺伯顏，後擒付有司，具伏其辜，伏誅。

初，唐其勢事敗被擒，攀折殿檻不肯出。塔剌海走匿皇后坐下，后蔽之以衣，左右曳出斬之，血濺后衣。伯顏奏曰：「豈有兄弟爲逆而皇后黨之者！」并執后。后呼帝曰：「陛下救我。」帝曰：「汝兄弟爲逆，豈能相救邪！」乃遷皇后出宮，尋酖之于開平民舍，遂籍錄唐其勢家。

伯顏

伯顏，蔑兒吉䚟氏。曾大父探馬哈兒，給事宿衞。大父稱海，從憲宗伐宋，歿於王事。父謹只兒，總宿衞隆福太后宮。

伯顏弘毅深沉，明達果斷。年十五，奉成宗命侍武宗于藩邸。大德三年，從北征海都。五年，從至迭怯里古之地，力戰，又至哈剌塔之地，累捷，功爲諸將先。十年，斡羅思、失班等逃奔察八兒之地，武宗命伯顏追降之。十一年，武宗大會諸王駙馬於和林，錫號曰伯顏拔都兒。

武宗卽位，拜吏部尙書，俄改尙服院使，又拜御史中丞。至大二年十一月，拜尙書平章政事，特賜蛟龍虎符，領右衞阿速親軍都指揮使司達魯花赤。三年，加特進。延祐三年，仁宗命爲周王常侍府常侍。四年，拜江南行臺御史中丞。五年，就陞御史大夫。六年，拜江浙行省平章政事。七年，拜陝西行臺御史大夫。至治二年，復遷南臺御史大夫。泰定二年，遷江西行省平章政事。三年，遷河南行省平章政事。舊所賜河南田五千頃，以二千頃奉帝師祝釐，八百頃助給宿衞，自取不及其半。宿姦頑豪嘗毒民者，必深治之。

致和元年七月，泰定帝崩。八月，丞相燕鐵木兒遣明里董阿迎立武宗子懷王於江陵，道過河南，使以謀密告伯顏。伯顏嘆曰：「此吾君之子也。吾夙荷武皇厚恩，委以心膂，今爵位至此，非覬萬一爲己富貴計，大義所臨，曷敢顧望。」卽集僚屬明告以故。於是會計倉廩、府庫、穀粟、金帛之數，乘輿供御、牢餼膳羞、徒旅委積、士馬芻糒供億之須，以及賞賚犒勞之用，靡不備至。不足，則檄州縣募民折輸明年田租，及貸商人貨貲，約倍息以償。又不足，則邀東南常賦之經河南者，輒止之以給其費。徵發民丁，增置驛馬，補城櫓，浚濠池，修戰守之具，嚴徼邏斥堠，日被堅執鋭，與僚佐曹掾籌其便宜。卽遣蒙哥不花以其事馳告懷王。又使羅里報燕鐵木兒曰：「公盡力京師，河南事我當自效。」伯顏別募勇士五千人以迎帝于南，而躬勒兵以俟。參政脫別台曰：「今蒙古軍馬與宿衞之士皆在上都，而令探馬赤軍守諸隘，吾恐此事之不可成也。我等圖保性命，他何計哉？」伯顏不從其言。其夜，脫別台手刃欲殺伯顏爲變，伯顏覺，遂拔劍殺之，奪其所部軍器，收馬千二百騎。懷王命撒里不花拜伯顏河南行省左丞相。懷王至河南，伯顏屬橐鞬，擐甲冑，與百官父老導入，咸俯伏稱萬歲，卽上前叩頭勸進。懷王解金鎧、御服、寶刀及海東白鶻、文豹賜伯顏。明日扈從北行。

九月，懷王卽皇帝位，是爲文宗，特加伯顏銀青榮祿大夫，仍領宿衞。尋加太尉，賜黃金二百五十兩、白金一千兩、楮幣二十五萬緡，進開府儀同三司、錄軍國重事、御史大夫、中政院使。天曆二年正月，拜太保。二月，加授儲慶使，加賜虎符，特授忠翊侍衞親軍都指揮使。未幾，明宗卽位，文宗居東宮，拜太子詹事、太保，開府如故。八月，拜中書左丞相。明宗崩，文宗嗣位，加儲政院使。三年正月，拜知樞密院事。至順元年，文宗以伯顏功大，不有異數不足以報稱，特命尙世祖闊〔闊〕出太子女孫曰卜顏的斤，〔六〕分賜虎士三百：怯薛丹百、默而吉軍百、阿速軍百，隸左右宿衞。又賜黃金雙龍符，鐫文曰「廣忠宣義正節振武佐運功臣」，組以寶帶，世爲明券。又命凡宴飲視諸宗王禮。二年八月，進封浚寧王，特加授侍正府侍正，追封其先三世爲王。又加伯顏昭功宣毅萬戶、忠翊侍衞都指揮使。三年，拜太傅，加徽政使。八月，文宗崩。十月，伯顏奉太皇太后命，立明宗之子懿璘質班，是爲寧宗。十一月，寧宗崩。

四年六月，順帝至自南服，入踐大位，嘉伯顏翊戴之功，拜中書右丞相、上柱國、監修國史。元統二年，〔七〕進太師、奎章閣大學士，領太史院，兼領司天監、威武、阿速諸衞。奏復經筵，加知經筵事。十一月，進封秦王。繼領太禧宗禋院、中政院、宣政院、隆祥使司、宮相諸內府，總領蒙古、欽察、斡羅思諸衞親軍都指揮使。三年六月，唐其勢及其弟塔剌海私蓄異志，謀危社稷，伯顏奉詔誅之。餘黨稱兵，又親率師往上都，擊破其衆。七月，伯顏鴆殺皇后伯牙吾氏，爲匿唐其勢、塔剌海于后宮。伯顏怒曰：「豈有兄弟謀不軌而姊妹黨之者乎！」遂鴆之。詔諭天下，用國初故事，賜伯顏以答剌罕之號，俾世襲之。

至元元年，伯顏贊帝率遵舊章，奏寢妨農之務，停海內土木營造四年，息彰德、萊蕪冶鐵一年，蠲京圻漕戶雜徭，減河間、兩淮、福建鹽額歲十八萬五千有奇，賑沙漠貧戶及南北饑民至千萬計，帝允而行之。其知經筵日，當進講，必與講官敷陳格言，以盡啓沃之道。太皇太后賜第時雍坊，有旨雄麗視諸王邸，伯顏力辭，制度務從損約。四年，求解政柄，三宮交勉留。五年十月，詔爲大丞相，加號元德上輔，賜七寶玉書龍虎金符，〔八〕鐫刻如前。先數日，伯顏面奏請以賜田歲入所積鈔一萬錠，賑帖列堅、末隣、納隣三道驛置，及闕北十三驛之困乏者。

然伯顏自誅唐其勢之後，獨秉國鈞，專權自恣，變亂祖宗成憲，虐害天下，漸有姦謀。帝患之。初，伯顏欲以其姪脫脫宿衞，伺帝起居，懼涉物議，乃以樞密知院汪家奴、翰林承旨沙剌班同侍禁近，實屬意脫脫。故脫脫政令日修而衞士拱聽約束。伯顏自領諸衞精兵，以燕者不花爲屏蔽，導從之盛，塡溢街衢。而帝側儀衞反落落如晨星。勢燄薰灼，天下之人惟知有伯顏而已。脫脫深憂之，乘間自陳忘家徇國之意，帝猶未之信。遣阿魯、世傑班日以忠義與之往復論難，益知其心無他，遂聞于帝，帝始無疑。是年，車駕自上都還京，伯顏數以兵巡行紅城諸處，歸輒在後。三人謀益堅，伯顏不知，益逞凶虐，搆陷郯王徹徹篤，奏賜死，帝未允，輒傳旨行刑。復奏貶宣讓王帖木兒不花、威順王寬徹普化，辭色憤厲，不待旨而行。帝益忿之。伯顏且日益立威，鍛鍊諸獄延及無辜。

六年二月，伯顏自領兵衞，請帝出田。脫脫告帝托疾不往。伯顏固請太子燕帖古思出次柳林。脫脫欲有所爲，遂與世傑班、阿魯合議，白于帝。戊戌，脫脫悉拘門鑰，受密旨領軍，阿魯、世傑班侍帝側傳命。是夜，帝御玉德殿，主符檄，發號令，詳見脫脫傳。中夜二鼓，遣太子怯薛月可察兒率三十騎抵太子營，取之入城，夜半見帝。四鼓，命只兒瓦歹奉詔往柳林，出伯顏爲河南行省左丞相。己亥，伯顏遣人來城下問故。脫脫倨城門上宣言，有旨黜丞相一人，諸從官無罪，可各還本衞。伯顏奏乞陛辭，不許，遂行。道出眞定，父老奉觴酒以進。伯顏問曰：「爾曾見子殺父事耶？」父老曰：「不曾見子殺父，惟見臣殺君。」伯顏俛首有慚色。三月辛未，詔徙南恩州陽春縣安置，病死于龍興路驛舍。

馬札兒台

馬札兒台，世系見兄伯顏傳。馬札兒台蚤扈從武宗，後侍仁宗於潛邸，出入恭謹，涖事敏達，仁宗說之。及立爲皇太子，以爲中順大夫、典用太監。尋遷吏部郎中，陞侍郎，進兵部尙書，遷利用卿，進度支卿，轉同知典瑞院事，陞院使，歷大都路達魯花赤，佩虎符，領虎賁親軍都指揮使。

活甚衆。泰定四年，拜陝西行臺治書侍御史，關陝大饑，賑貸有不及者，盡出私財以周貧民，所漢軍萬戶府達魯花赤。轉太府卿，又轉都功德使，改宣政使。三遷皆仍太府卿，佩元降虎符，領高麗女直花赤，提調承徽寺。拜御史大夫，仍領高麗女直漢軍，兼右衞阿速親軍都指揮使司達魯兒千戶所；又仍以知樞密院事，兼前職，加提調武備寺事，加金牌，領欽察闖闖帖木尋遷知樞密院事，加鎮守海口侍衞親軍屯儲都指揮使司達魯花赤，餘如故。

至元三年，議進爵封王，辭以兄伯顏既封秦王，兄弟不宜並王，乃拜太保，分樞密院，往鎮北邊。至鎮，邊民歲有徭役，悉蠲除之，後爲定例。六年，伯顏既罷黜，召拜太師、中書右丞相。奏罷各處船戶提舉、廣東採珠提舉二司。兼領右衞阿速軍，又兼領羣牧監。未幾，以疾辭，帝優詔起之。其請益堅，遂以太師就第。明年，以其子脫脫爲右丞相，而封馬扎兒台爲忠王。至正七年，別兒怯不花譖于帝，詔安置甘肅，以疾薨，年六十三。

馬扎兒台所至不以察察爲明，赫赫爲威，僚屬各效其勤，至於事功既成，未嘗以爲己出也。以仁宗寵遇之深，忌日必先百官詣原廟致敬，或一食一果之美，必持獻廟中。仁宗嘗建寺雲州九峯山，未成而崩，馬扎兒台以私財成之，曰：「是雖未足以報先帝之恩，而先帝嘗駐蹕於茲，誠不忍過其所而坐視蕪廢也。」又建寺都城健德門東。十二年，特命改封德王，令翰林儒臣製詞立碑，仍賜旌忠昭德之額。長子脫脫，次子也先帖木兒。

〔脱脱〕〔九〕

脱脱字大用，生而岐嶷，異於常兒。及就學，請於其師浦江吴直方曰：「使脱脱終日危坐讀書，不若日記古人嘉言善行服之終身耳。」稍長，膂力過人，能挽弓一石。年十五，爲皇太子怯憐口怯薛官。天曆元年，襲授成製提舉司達魯花赤。二年，入覲，文宗見之悦，曰：「此子後必可大用。」遷内宰司丞，兼前職。五月，命爲府正司丞。至順二年，授虎符、忠翊侍衞親軍都指揮使。元統二年，同知宣政院事，兼前職。五月，遷中政使。六月，遷同知樞密院事。

至元元年，唐其勢陰謀不軌，事覺伏誅，其黨荅里及剌剌等稱兵外應。脱脱選精鋭與之戰，盡禽以獻。歷太禧宗禋院使，拜御史中丞、虎符親軍都指揮使，〔一〇〕提調左阿速衞。四年，進御史大夫，仍提調前職，大振綱紀，中外肅然。扈從上都還，至鷄鳴山之渾河，帝將畋于保安州，馬蹶。脱脱諫曰：「古者帝王端居九重之上，日與大臣宿儒講求治道，至於飛鷹走狗，非其事也。」帝納其言，授金紫光禄大夫，兼紹熙宣撫使。

是時，其伯父伯顔爲中書右丞相，既誅唐其勢，益無所忌，擅爵人，赦死罪，任邪佞，殺無辜，諸衞精兵收爲己用，府庫錢帛聽其出納。帝積不能平。脱脱雖幼養於伯顔，常憂其敗，私請於其父曰：「伯父驕縱已甚，萬一天子震怒，則吾族赤矣。曷若於未敗圖之。」其父以爲然，復懷疑久未決。質之直方，直方曰：「傳有之，『大義滅親』。大夫但知忠於國家耳，餘復何顧焉。」當是時，帝之左右前後皆伯顏所樹親黨，獨世傑班、阿魯爲帝腹心，日與之處。脫脫遂與二人深相結納。而錢唐楊瑀嘗事帝潛邸，爲奎章閣廣成局副使，得出入禁中，帝知其可用，每三人論事，使瑀參焉。

五年秋，車駕留上都，伯顏時出赴應昌。脫脫與世傑班、阿魯謀欲禦之東門外，懼弗勝而止。會河南范孟矯殺省臣，事連廉訪使段輔，伯顏風臺臣言漢人不可爲廉訪使。時別兒怯不花亦爲御史大夫，畏人之議己，辭疾不出，故其章未上。伯顏促之急，監察御史以告脫脫。脫脫曰：「別兒怯不花位吾上，且掌印，我安敢專邪？」別兒怯不花聞之懼，且將出。脫脫度不能遏，謀於直方。直方曰：「此祖宗法度，決不可廢，盍先爲上言之。」脫脫入告于帝，及章上，帝如脫脫言。伯顏知出於脫脫，大怒，言於帝曰：「脫脫雖臣之子，其心專佑漢人，必當治之。」帝曰：「此皆朕意，非脫脫罪也。」及伯顏擅貶宣讓、威順二王，帝不勝其忿，決意逐之。一日，泣語脫脫，脫脫亦泣下，歸與直方謀。直方曰：「此宗社安危所繫，不可不密。議論之際，左右爲誰？」曰：「阿魯及脫脫木兒。」直方曰：「子之伯父，挾震主之威，此輩苟利富貴，其語一泄，則主危身戮矣。」脫脫乃延二人于家，置酒張樂，晝夜不令出。遂與世傑班、阿魯議，候伯顏入朝禽之。戒衞士嚴宮門出入，螭坳悉爲置兵。伯顏見之大驚，召脫脫責之。對曰：「天子所居，防禦不得不爾。」伯顏遂疑脫脫，益增兵自衞。

六年二月，伯顏請太子燕帖古思獵于柳林。脫脫與世傑班、阿魯合謀以所掌兵及宿衞士拒伯顏。戊戌，遂拘京城門鑰，命所親信列布城門下。是夜，奉帝御玉德殿，召近臣汪家奴、沙剌班及省院大臣先後入見，出五門聽命。又召瑀及江西范匯入草詔，數伯顏罪狀。詔成，夜已四鼓，命中書平章政事只兒瓦歹齎赴柳林。己亥，脫脫坐城門上，而伯顏亦遣騎士至城下問故。脫脫曰：「有旨逐丞相。」伯顏所領諸衞兵皆散，而伯顏遂南行。詳見伯顏傳中。事定，詔以馬扎兒台爲中書右丞相；脫脫知樞密院事，虎符，忠翊衞親軍都指揮使，提調武備寺、阿速衞千戶所，兼紹熙等處軍民宣撫都總使、宣忠兀羅思護衞親軍都指揮使司達魯花赤、昭功萬戶府都總使。十月，馬扎兒台移疾辭相位，詔以太師就第。

至正元年，遂命脫脫爲中書右丞相、錄軍國重事，詔天下。脫脫乃悉更伯顏舊政，復科舉取士法，復行太廟四時祭，雪郯王徹徹禿之寃，召還宣讓、威順二王，使居舊藩，以阿魯圖正親王之位，開馬禁，減鹽額，蠲負逋，又開經筵，遴選儒臣以勸講，而脫脫實領經筵事。中外翕然稱爲賢相。二年五月，用參議孛羅〔帖木兒〕等言，〔二〕於都城外開河置閘，放金口水，欲引通州船至麗正門，役丁夫數萬，訖無成功。事見河渠志。

三年，詔修遼、金、宋三史，命脫脫爲都總裁官。又請修至正條格頒天下。帝嘗御宣文閣，脫脫前奏曰：「陛下臨御以來，天下無事，宜留心聖學。頗聞左右多沮撓者，設使經史不足觀，世祖豈以是敎裕皇哉？」卽祕書監取裕宗所授書以進，帝大悅。皇太子愛猷識理達臘嘗保育于脫脫家，每有疾飲藥，必嘗之而進。帝嘗駐蹕雲州，遇烈風暴雨，山水大至，車馬人畜皆漂溺，脫脫抱皇太子單騎登山，乃免。至六歲還，帝慰撫之曰：「汝之勤勞，朕不忘也。」脫脫乃以私財造大壽元忠國寺於健德門外，爲皇太子祝釐，其費爲鈔十二萬二千錠。

四年閏月，領宣政院事。諸山主僧請復僧司，且曰：「郡縣所苦，如坐地獄。」脫脫曰：「若復僧司，何異地獄中復置地獄邪？」時有疾漸羸，且術者亦言年月不利，乃上表辭位，帝不允，表凡十七上始從之。有旨封鄭王，食邑安豐，賞賚巨萬，俱辭不受。乃賜松江田，爲立稻田提領所以領之。

七年，別兒怯不花爲右丞相，以宿憾譖其父馬扎兒台。詔徙甘肅。脫脫力請俱行，在道則閱騎乘廬帳，食則視其品之精粗，及至其地，馬扎兒台安之。復移西域撒思之地，〔三〕至河，召還甘州就養。十一月，馬扎兒台薨。帝念脫脫勳勞，召還京師。

八年，命脫脫爲太傅，提調宮傅，綜理東宮之事。九年，朶兒只、太平皆罷相，遂詔脫脫復爲中書右丞相，賜上尊、名馬、襲衣、玉帶。脫脫旣復入中書，恩怨無不報。時開端本堂，皇太子學於其中，命脫脫領端本堂事。又提調阿速、欽察二衞、內史府、宣政院、太醫院事。

十年五月，居母薊國夫人憂。帝遣近臣喻之，俾出理庶務。於是脫脫用烏古孫良楨、龔伯遂、汝中柏、伯帖木兒等爲僚屬，皆委以腹心之寄，小大之事悉與之謀，事行而羣臣不知也。吏部尙書偰哲篤建言更造至正交鈔，脫脫信之，詔集樞密院、御史臺、翰林、集賢院諸臣議之，皆唯唯而已，獨祭酒呂思誠言其不可，脫脫不悅。既而終變鈔法，而鈔竟不行。事見思誠傳。

河決白茅堤，又決金堤，方數千里，民被其患，五年不能塞。脫脫用賈魯計請塞之，以身任其事。出告羣臣曰：「皇帝方憂下民，爲大臣者職當分憂。然事有難爲，猶疾有難治，自古河患卽難治之疾也，今我必欲去其疾。」而人人異論，皆不聽。乃奏以賈魯爲工部尙書，總治河防，使發河南北兵民十七萬役之，築決堤成，使復故道。凡八月功成。事見河渠志。於是天子嘉其功，賜世襲答剌罕之號。又敕儒臣歐陽玄製河平碑以載其功。仍賜淮安路爲其食邑，郡邑長吏聽其自用。

已而汝、潁之間妖寇聚衆反，以紅巾爲號，襄、樊、唐、鄧皆起而應之。十一年，脫脫乃奏以弟御史大夫也先帖木兒爲知樞密院事，將諸衞兵十餘萬討之。克上蔡。既而駐兵沙河，軍中夜驚。也先帖木兒盡棄軍資器械，北奔汴梁，收散卒，屯朱仙鎭。朝廷以也先帖木兒不習兵，詔別將代之。也先帖木兒徑歸，昏夜入城，仍爲御史大夫。陝西行臺監察御史十二人劾其喪師辱國之罪，脫脫怒，乃遷西行臺御史大夫朶兒直班爲湖廣行省平章政事，而御史皆除各府添設判官，由是人皆莫敢言事。

十二年，紅巾有號芝麻李者，據徐州。脫脫請自行討之，以逯魯曾爲淮南宣慰使，募鹽丁及城邑趫捷，通二萬人，與所統兵俱發。九月，師次徐州，攻其西門。賊出戰，以鐵翎箭射馬首，脫脫不爲動，麾軍奮擊之，大破其衆，入其外郛。明日，大兵四集，亟攻之，賊不能支，城破，芝麻李遁去。獲其黃繖旗鼓，燒其積聚，追擒其僞千戶數十人，遂屠其城。帝遣中書平章政事普化等卽軍中命脫脫爲太師，依前右丞相，趣還朝，而以樞密院同知禿赤等進師平潁、亳。師還，賜上尊、珠衣、白金、寶鞍。皇太子錫燕于私第。詔改徐州爲武安州，而立碑以著其績。

十三年三月，脫脫用左丞烏古孫良楨、右丞悟良哈台議，屯田京畿，以二人兼大司農卿，而脫脫領大司農事。西至西山，東至遷民鎭，南至保定、河間，北至檀、順州，皆引水利，立法佃種，歲乃大稔。

十四年，張士誠據高郵，屢招諭之不降。詔脫脫總制諸王諸省軍討之。黜陟予奪一切庶政，悉聽便宜行事；省臺院部諸司，聽選官屬從行，稟受節制。西域、西番皆發兵來助。旌旗累千里，金鼓震野，出師之盛，未有過之者。師次濟寧，遣官詣闕里祀孔子，過鄒縣祀孟子。十一月，至高郵。辛未至乙酉，連戰皆捷。分遣兵平六合，賊勢大蹙。俄有詔罪其老師費財，以河南行省左丞相太不花、中書平章政事月闊察兒、知樞密院事雪雪代將其兵，削其官爵，安置淮安。

先是，脫脫之西行也，別兒怯不花欲陷之死。哈麻屢言于帝，召還近地，脫脫深德之，至是引爲中書右丞。而是時脫脫信用汝中柏，由左司郎中參議中書省事，平章以下見其議事莫敢異同，惟哈麻不爲之下。汝中柏因譖之脫脫，改爲宣政院使，位居第三，於是哈麻深銜之。哈麻嘗與脫脫議授皇太子冊寶禮，脫脫每言：「中宮有子將置之何所？」以故久不行。脫脫將出師也，以汝中柏爲治書侍御史，使輔也先帖木兒居中。汝中柏恐哈麻必爲後患，欲去之。脫脫猶豫未決，令與也先帖木兒謀。也先帖木兒以其有功於己，不從。哈麻知之，遂譖脫脫於皇太子及皇后奇氏。會也先帖木兒方移疾家居，監察御史袁賽因不花等承哈麻風旨，上章劾之，三奏乃允；奪御史臺印，出都門外聽旨，以汪家奴爲御史大夫；而脫脫亦有淮安之命。

十二月辛亥，詔至軍中，參議龔伯遂曰：「將在軍，君命有所不受。且丞相出師時，嘗被密旨，今奉密旨一意進討可也。詔書且勿開，開則大事去矣。」脫脫曰：「天子詔我而我不從，是與天子抗也，君臣之義何在？」弗從。既聽詔，脫脫頓首謝曰：「臣至愚，荷天子寵靈，委以軍國重事，蚤夜戰兢，懼弗能勝。一旦釋此重負，上恩所及者深矣。」卽出兵甲及名馬三千，分賜諸將，俾各帥所部以聽月闊察兒、雪雪節制。客省副使哈剌答曰：「丞相此行，我輩必死他人之手，今日寧死丞相前。」拔刀刎頸而死。初命脫脫安置淮安，俄有旨移置亦集乃路。

十五年三月，臺臣猶以謫輕，列疏其兄弟之罪，於是詔流脫脫于雲南大理宣慰司鎭西路，流也先帖木兒于四川碉門。脫脫長子哈剌章，肅州安置；次子三寶奴，蘭州安置。家產簿錄入官。脫脫行至大理騰衝，知府高惠見脫脫，欲以女事之，許築室一程外以居，雖有加害者可以無虞。脫脫曰：「吾罪人也，安敢念及此！」巽辭以絕之。九月，遣官移置阿輕乞之地，高惠以脫脫前不受其女，故首發鐵甲軍圍之。十二月己未，哈麻矯詔遣使鴆之，死，年四十二。訃聞，中書遣尙舍卿七十六至其地，易棺衣以殮。

脫脫儀狀雄偉，頎然出於千百人中，而器宏識遠，莫測其蘊。功施社稷而不伐，位極人臣而不驕，輕貨財，遠聲色，好賢禮士，皆出於天性。至於事君之際，始終不失臣節，雖古之有道大臣，何以過之。惟其惑於羣小，急復私讎，君子譏焉。

二十二年，監察御史張冲等上章雪其寃，於是詔復脫脫官爵，幷給復其家產。召哈剌章、三寶奴還朝。而也先帖木兒先是亦已死，乃授哈剌章中書平章政事，封申國公，分省大同；三寶奴知樞密院事。二十六年，監察御史聖奴、也先、撒都失里等復言：「奸邪構害大臣，以致臨敵易將，我國家兵機不振從此始，錢糧之耗從此始，盜賊縱橫從此始，生民之塗炭從此始。設使脫脫不死，安得天下有今日之亂哉！乞封一字王爵，定謚及加功臣之號。」朝廷皆是其言。然以國家多故，未及報而國亡。

校勘記

〔一〕〔撒敦唐其勢〕　據本書原目錄補。

〔二〕抵榆河〔關〕〔聞〕帝出都城　按榆河非關。石田集卷一四燕帖木兒定策元勳之碑作「趨榆河，未戰。聞大駕出宮」。「關」係「聞」字之誤，據改。蒙史已校。

〔三〕明日丁丑　按前文已書「丁丑」，此處不當再有「明日丁丑」。蒙史改爲「是日」。

〔四〕也〔速〕〔先〕帖木兒　據前文及石田集卷一四燕帖木兒定策元勳之碑改。蒙史已校。

〔五〕辛酉以燕鐵木兒兼奎章閣大學士領奎章閣學士院事　考異云：「此事據文宗紀在至順三年二月辛酉。傳繫於二年十一月，誤也。又據上文書十一月癸未，癸未至辛酉三十九日，不得在一月之內。」按至順二年十一月壬申朔，無辛酉日。考異說是。

〔六〕特命尚世祖闊〔闊〕出太子女孫曰卜顏的斤　據石田集卷一四伯顏佐命元勳之碑補。按元世祖諸子無闊出。蒙史已校。

〔七〕元統二年　按本書卷三八順帝紀元統元年六月辛未、十一月辛亥、十二月庚申各條及石田集卷一四伯顏佐命元勳之碑，「元統二年」皆作「元統元年」，蒙史改「二」爲「元」，是。

〔八〕龍虎金符　類編改「虎」爲「鳳」，疑是。見卷四〇校勘記〔一〕。

〔九〕〔脫脫〕　據本書原目錄補。

〔一〇〕虎符親軍都指揮使　按元制無「虎符親軍」。本書卷八六百官志、卷九九兵志有「虎賁親軍都指揮使司」，疑「符」或爲「賁」之誤。

〔一一〕孛羅〔帖木兒〕　據本書卷六六河渠志及卷一八二許有壬傳補。本證已校。

〔一二〕復移西域撒思之地　「撒思」似卽指元帝師八思巴故里撒思加，元人貶徙該地者屢見。類編改作「撒思加」，疑是。

元史卷一百三十九

列傳第二十六

乃蠻台

乃蠻台，木華黎五世孫。曾祖曰孛魯；祖曰阿禮吉失，追封莒王，謚忠惠；父曰忽速忽爾，嗣國王，追封薊王。

乃蠻台身長七尺，摯靜有威，性明果善斷，射能貫札。大德五年，奉命征海都、朶哇，以功賜貂裘白金，授宣徽院使，階榮祿大夫。七年，拜嶺北行省右丞。〔一〕舊制，募民中糧以餉邊，是歲中者三十萬石。用事者挾私爲市，殺其數爲十萬，民進退失措。乃蠻台請于朝，凡所輸者悉受之，以爲下年之數，民感其德。

至治二年，改甘肅行省平章政事，佩金虎符。甘肅歲糴糧於蘭州，多至二萬石，距寧夏各千餘里至甘州，自甘州又千餘里始達亦集乃路，而寧夏距亦集乃僅千里。乃蠻台下諭令輓者自寧夏徑趨亦集乃，歲省費六十萬緡。

天曆二年，遷陝西行省平章政事。關中大饑，詔募民入粟予爵。四方富民應命輸粟，露積關下。初，河南饑，告糴關中，而關中民遏其糴。至是關吏乃河南人，修宿怨，拒粟使不得入。乃蠻台杖關吏而入其粟。京兆民掠人而食之，則命分健卒爲隊，捕强食人者，其患乃已。時入關粟雖多，而貧民乏鈔以糴。乃蠻台取官庫未燬昏鈔，得五百萬緡，識以省印，給民行用，俟官給賑饑鈔，如數易之。先時，民或就食他所，多毁牆屋以往。乃蠻台諭之曰：「明年歲稔，爾當復還，其勿毁之。」民由是不敢毁，及明年還，皆得按堵如初。拜西行臺御史大夫，賜金幣、玩服等物。奉命送太宗皇帝舊鑄皇兄之寶於其後嗣燕只哥䚟，乃蠻台威望素嚴，至其境，禮貌益尊。

至順元年，遷上都留守，佩元降虎符，虎賁親軍都指揮使，進階開府儀同三司，知嶺北行樞密院事，封宣寧郡王，賜金印。尋奉命出鎭北邊，錫予尤重。國初，諸軍置萬戶、千戶、百戶，時金銀符未備，惟加纓於槍以爲等威。至是乃蠻台爲請于朝，皆得綰符。後至元三年，詔乃蠻台襲國王，授以金印。繼又以安邊睦鄰之功，賜珠絡半臂幷海東名鷹、西域文豹，國制以此爲極恩。六年，拜嶺北行省左丞相，仍前國王、知行樞密院事。

至正二年，遷遼陽行省左丞相，以年踰六十，上疏辭職歸。念其軍士貧乏，以麥四百石、馬二百匹、羊五百頭徧給之。八年，薨于家，帝聞之震悼，命有司厚致賻儀，詔贈攄忠宣惠綏遠輔治功臣、太師、開府儀同三司、上柱國，追封魯王，諡忠穆。

子二：長野仙溥化，入宿衞，掌速古兒赤，特授朝列大夫、給事中，拜監察御史，繼除河西廉訪副使、淮西宣慰副使，累遷中書參知政事，由御史中丞爲中書右丞；次晃忽而不花。

朶兒只

朶兒只，木華黎六世孫，脫脫子也。朶兒只生一歲而孤，稍長，備宿衞，事母至孝，喜讀書，不屑屑事章句，於古君臣行事忠君愛民之道，多所究心。至治二年，授中奉大夫、集賢學士，時年未及冠。一時同寅如郭貫、趙世延、鄧文原諸老皆器重之。

天曆元年，朶羅台國王自上都領兵至古北口，與大都兵迎敵。事定，文宗殺朶羅台。二年，朶兒只襲國王位，扈蹕上都，詔便道至遼陽之國。順帝至元四年，朶羅台弟乃蠻台恃太師伯顏勢，謂國王位乃其所當襲，愬于朝。伯顏妻欲得朶兒只大珠環，價直萬六千錠。朶兒只無以應，則慨然曰：「王位我祖宗所傳，不宜從人求買。我縱不得爲，設爲之，亦我宗族人耳。」於是乃蠻台以賂故得爲國王，而除朶兒只遼陽行省左丞相。以安靖爲治，民用不擾。

六年，遷河南行省左丞相，爲政如在遼陽時。先是河南范孟爲亂，以詿誤連繫者千百計。朶兒只至，頗知其寃，力欲直之，而平章政事納麟乃元問官，執其說不從。已而納麟還，言于朝，以謂朶兒只心徇漢人。朶兒只爲人寬弘有度，亦不卹也。至正四年，遷江浙行省左丞相。時杭城荐經災燬，別兒怯不花先爲相，庶務寬紓，朶兒只繼之，咸仍其舊，民心翕然。汀州寇竊發，朶兒只調遣將士招捕之，威信所及，數月卽平。帝嘉其績，錫九龍衣、上尊酒。居二年，方面晏然。杭之耆老請建生祠，如前丞相故事。朶兒只辭之曰：「昔者我父平章官浙省，我實生於此，宜爾父老有愛於我，我於爾杭人得無情乎。然今天下承平，我叨居相位於此，唯知謹守法度不辱先人足矣，何用虛名爲？」

七年，召拜御史大夫。會丞相虛位，秋，拜中書左丞相。冬，陞右丞相、監修國史，而太平爲左丞相。是時，朝廷無事，稽古禮文之事，有墜必舉，請賜經筵講官坐，以崇聖學，選清望官專典陳言，以求治道，覈守令六事，沙汰僧尼，舉隱逸士，事見太平傳。歲餘，留守司行致賀禮，其物先留鴻禧觀，將饋二相。朶兒只家臣寓觀中，察知物有豐殺，其致左相者特豐。家臣具白其事，請卻之。朶兒只曰：「彼縱不送我，亦又何怪。」卽命受之。鄭王家產旣籍于官，朶兒只俾掾史錄其數。明日，掾史以復。韓嘉訥爲平章，不知出丞相命，勃然變色，叱掾史曰：「公事須自下而上，何竟白丞相！」令客省使扶出。朶兒只不爲動，知者咸服其量。九年，罷丞相位，復爲國王，之國遼陽。

十四年，詔脫脫總兵南討。中書參議龔伯遂建言：「宜分遣諸宗王及異姓王俱出軍。」吳王朶爾赤厚賂伯遂獲免。朶兒只獨曰：「吾國家世臣，天下有事，政效力之秋也，吾豈暇與小子輩通賄賂哉。」即領兵出淮南，聽脫脫節制。脫脫遣朶兒只攻六合，拔之。既而詔削脫脫官爵，罷其兵權，朶兒只乃以本部兵守揚州。十五年，薨于軍，年五十二。

初，朶兒只爲集賢學士，從其從兄丞相拜住在上都。〔二〕南坡之變，拜住遇害。賊臣鐵失、赤斤鐵木兒等并欲殺朶兒只，其從子朶爾直班方八歲，走詣怯薛官失都兒求免，以故朶兒只得脫於難。朶兒只爲相，務存大體，而太平則兼理庶務，一時政權頗出於太平，趨附者衆，朶兒只處之凝然不與較。然太平亦能推讓盡禮，中外皆號爲賢相云。

二子：朶蠻帖木兒，翰林學士；俺木哥失里，襲國王。

朶爾直班

朶爾直班字惟中，木華黎七世孫。祖曰碩德，父曰別理哥帖木爾。朶爾直班甫晬而孤，育於從祖母。拜住，從父也，〔三〕請于仁宗，降璽書護其家。稍長，好讀書。年十四，見文宗，適將幸上都，親閱御衣，命錄于簿，顧左右無能書漢字者，朶爾直班引筆書之。文宗喜曰：「世臣之家乃能知學，豈易得哉。」命爲尙衣奉御，尋授工部郎中。

元統元年，擢監察御史。首上疏，請親祀宗廟，赦命不宜數。又陳時政五事，其一曰：「太史言三月癸卯望月食既，四月戊午朔，日又食。皇上宜奮乾綱，修刑政，疏遠邪佞，顓任忠良，庶可消弭災變以爲禎祥。」二曰：「親祀郊廟。」三曰：「博選勳舊世臣之子，端謹正直之人，前後輔導，使嬉戲之事不接於目，俚俗之言不及於耳，則聖德日新矣。」四曰：「樞機之臣固宜尊寵，然必賞罰公，則民心服。」五曰：「弭安盜賊，振救饑民。」是時日月薄蝕，烈風暴作，河北、山東旱蝗爲災，乃復條陳九事上之，一曰：「比日倖門漸啓，刑罰漸差，無功者覬覦希賞，有罪者僥倖求免。恐刑政漸隳，紀綱漸紊，勞臣何以示勸，姦臣無所警懼。」二曰：「天下之財皆出于民，民竭其力以佐公上，而用猶不足，則嗟怨之氣上干陰陽之和，水旱災變所由生也。宜顓命中書省官二員督責戶部詳定減省，罷不急之工役，止無名之賞賜。」三曰：「禁中常作佛事，權宜停止。」四曰：「官府日增，選法愈敝，宜省冗員。」五曰：「均公田。」六曰：「鑄錢幣。」七曰：「罷山東田賦總管府。」八曰：「蠲河南自實田糧。」九曰：「禁取姬妾於海外。」

正月元日，朝賀大明殿，朶爾直班當糾正班次，卽上言：「百官踰越班制者，當同失儀論，以懲不敬。」先是，敎坊官位在百官後，御史大夫撒迪傳旨俾入正班，朶爾直班執不可。

撒迪曰：「御史不奉詔耶。」朶爾直班曰：「事不可行，大夫宜覆奏可也。」西僧爲佛事內廷，醉酒失火，朶爾直班劾其不守戒律，延燒宮殿，震驚九重。撒迪傳旨免其罪，朶爾直班又執不可，一日間傳旨者八，乃已。

丞相伯顏、御史大夫唐其勢二家家奴怙勢爲民害，朶爾直班巡歷至漷州，悉捕其人致于法，民大悅。及還，唐其勢怒曰：「御史不禮我已甚，辱我家人，我何面目見人耶。」答曰：「朶爾直班知奉法而已，它不知也。」唐其勢從子馬馬沙爲欽察親軍指揮使，恣橫不法，朶爾直班劾奏之。馬馬沙因集無賴子欲加害，會唐其勢被誅乃罷。遷太府監，改奎章閣學士院供奉學士，進承制學士，皆兼經筵官，又陞侍書學士、同知經筵事。是時朶爾直班甫弱冠，又世家子，乃獨以經術侍帝左右，世以爲盛事。

至正元年，罷學士院，除翰林學士，陞資善大夫。於是經筵亦歸翰林，仍命朶爾直班知經筵事。〔四〕是時康里（巎巎）〔巙巙〕以翰林學士承旨亦在經筵，〔五〕在上前敷陳經義，朶爾直班則爲翻譯，曲盡其意，多所啓沃，禁中語祕不傳。俄遷大宗正府也可扎魯火赤，聽訟之際，引諭律令，曲當事情。有同僚年老者，歎曰：「吾居是官四十年，見公論事殆神人也。」宗王有殺其大母者，朶爾直班與同僚拔實力請于朝，必正其罪，時相難之。出爲淮東肅政廉訪使。遷江南行臺治書侍御史，未行，又遷江西行省左丞，以疾不赴。北還，養疾黃厓山中。

起爲資正院使。

五年，拜中書參知政事、同知經筵事，提調宣文閣。時纂集至正條格，朶爾直班以謂是書上有祖宗制誥，安得獨稱今日年號；又律中條格乃其一門耳，安可獨以爲書名。時相不能從，唯除制誥而已。有以善音樂得幸者，有旨用爲崇文監丞。朶爾直班它擬一人以聞。帝怒曰：「選法盡由中書省耶。」朶爾直班頓首曰：「用倖人居清選，臣恐後世議陛下。今選它人，臣之罪也，省臣無與焉。」帝乃悅。陞右丞，尋拜御史中丞。監察御史劾奏別兒怯不花，章甫上，黜御史大夫懿憐眞班爲江浙行省平章政事。朶爾直班曰：「若此則臺綱安在。」乃再上章劾奏，并留大夫，不允。臺臣皆上印綬辭職。帝諭朶爾直班曰：「汝其毋辭。」對曰：「憲綱隳矣，臣安得獨留。」帝爲之出涕。朶爾直班卽杜門謝賓客。

尋出爲遼陽行省平章政事，階榮祿大夫。至官，詢民所疾苦，知米粟羊豕薪炭諸貨皆藉鄉民販負入城，而貴室僮奴、公府隸卒爭强買之，僅酬其半直。又其俗編柳爲斗，大小不一，豪賈猾儈得以高下其手，民咸病之。卽飭有司厲防禁，齊稱量，諸物乃畢集而價自平。又存恤孤老，平準錢法，淸銓選，汰胥吏，愼勾稽，興廢墜，鉅細畢擧。苟有罪，雖勳舊不貸。王邸百司聞風悚懼。召爲太常禮儀院使，俄遷中政使，又遷資正使。

會盜起河南，帝憂之。拜中書平章政事，階光祿大夫。首言：「治國之道綱常爲重。前西臺御史張桓伏節死義，不污於寇，宜首旌之，以勸來者。」又言：「宜守荆襄、湖廣以絶後患。」又數論：「祖宗之用兵匪專於殺人，蓋必有其道焉，今倡亂者止數人，顧乃盡坐中華之民爲畔逆，豈足以服人心。」其言頗迕丞相脫脫意。時脫脫倚信左司郎中汝中柏、員外郎伯帖木兒，故兩人因擅權用事，而朶爾直班止色立朝無所附麗。適陝州危急，因出爲陝西行臺御史大夫。行至中途，聞商州陷，武關不守，卽輕騎晝夜兼程至奉元，而賊已至鴻門。吏白涓日署事，不許，曰：「賊勢若此，尚何顧陰陽拘忌哉。」卽就署。省、臺素以舉措爲嫌，不相聚論事。朶爾直班曰：「多事如此，惡得以常例論。」乃與行省平章朶朶約五日一會集。尋有旨，命與朶朶便宜同討賊，卽督諸軍復商州。乃修築奉元城壘。募民爲兵，出庫所藏銀爲大錢，射而中的者賞之，由是人皆爲精兵。金、商義兵以獸皮爲矢房，狀如瓠，號毛葫蘆軍，甚精銳，列其功以聞，賜敕書褒奬之，由是其軍遂盛，而國家獲其用。金州由興元、鳳翔達奉元，道里迴遠，乃開義谷，創置七驛，路近以便。

時御史大夫也先帖木兒師敗于河南，西臺御史蒙古魯海牙、范文等十二人劾奏之。朶爾直班當署字，顧謂左右曰：「吾其爲平章湖廣矣。」未幾命下，果然。也先帖木兒者，脫脫之弟，章旣上，脫脫怒，故左遷朶爾直班，而御史十二人皆見黜。關中人遮道涕泣曰：「生我者公也，何遽去我而不留乎？」朶爾直班慰遣之，不聽，乃從間道得出。至重慶，聞江陵陷，道路阻不可行，或請少留以竢之，不從，期必達乃已。

湖廣行省時權治澧州，既至，律諸軍以法，而授納粟者以官，人心翕然。汝中柏、伯帖木兒言於丞相曰：「不殺朶爾直班，則丞相終不安。」蓋謂其帝意所眷屬，必復用耳。乃命朶爾直班職專供給軍食。時官廪所儲無幾，卽延州民有粟者，親予酒諭勸之而貸其粟，約竢朝廷頒鈔至卽還以直，民無不從者。又遣官糴粟河南、四川之境，民聞其名，爭輸粟以助軍餉。右丞伯顏不花方總兵，承順風旨，數侵辱之。朶爾直班不爲動。會官軍復武昌，至蘄、黃。伯顏不花百計徵索，無不給之，猶欲言其供需失期。達剌罕軍帥王不花奮言曰：「平章國之貴臣，今坐不重茵，食無珍味，徒爲我曹軍食耳。今百需立辦，顧猶欲誣之，是無人心也。我曹便當散還鄉里矣。」脫脫遣國子助教完者至軍中，風使害之。完者至，則反加敬禮，語人曰：「平章勳舊之家，國之祥瑞，吾苟傷之，則人將不食吾餘矣。」朶爾直班素有風疾，軍中感霧露，所患日劇，遂卒于黃州蘭溪驛，年四十。

朶爾直班立朝，以扶持名教爲己任，薦拔人才而不以爲私恩。留心經術，凡伊、洛諸儒之書，未嘗去手。喜爲五言詩，於字畫尤精。翰林學士承旨臨川危素，嘗客於朶爾直班，諫之曰：「明公之學，當務安國家、利社稷，毋爲留神於末藝。」朶爾直班深服其言。其在經筵，開陳大義爲多。間采前賢遺言，各以類次，爲書凡四卷，一曰學本，二曰君道，三曰臣職，四曰國政。明道、厚倫、制行、稽古、游藝，五者學本之目也。敬天、愛民、知人、納諫、治內，五者君道之目也。宰輔、臺察、守令、將帥、御，五者臣職之目也。興學、訓農、理財、審刑、議兵，五者國政之目也。帝覽而善之，賜名曰治原通訓，藏于宣文閣。二子：鐵固思帖木而、篤堅帖木而。

阿魯圖

阿魯圖，博爾朮四世孫。父木（忽剌）〔剌忽〕。〔六〕阿魯圖由經正監襲職爲怯薛官，掌環衞，遂拜翰林學士承旨，遷知樞密院事。至元三年，襲封廣平王。

至正四年，脫脫辭相位，順帝問誰可代脫脫爲相者，脫脫以阿魯圖薦。五月，詔拜中書右丞相、監修國史，而別兒怯不花爲左丞相，從駕行幸，每同車出入，一時朝野以二相協和爲喜。時詔修遼、金、宋三史，阿魯圖爲總裁。五年，三史成。十月，阿魯圖等旣以其書進，帝御宣文閣，阿魯圖復與平章政事帖木兒塔識、太平上奏：「太祖取金，世祖平宋，混一區宇，典章圖籍皆歸祕府。今陛下以三國事績命儒士纂修，而臣阿魯圖總裁。臣素不讀漢人文書，未解其義。今者進呈，萬機之暇，乞以備乙覽。」帝曰：「此事卿誠未解，史書所繫甚重，非儒士汎作文字也。彼一國人君行善則國興，朕爲君者宜取以爲法；彼一朝行惡則國廢，朕當取以爲戒。然豈止儆勸人君，其間亦有爲宰相事，善則卿等宜倣效，惡則宜監戒。朕與卿等皆當取前代善惡爲勉。朕或思有未至，卿等其言之。」阿魯圖頓首舞蹈而出。

右司郎中陳思謙建言諸事。阿魯圖曰：「左右司之職所以贊助宰相。今郎中有所言，與我輩共議見諸行事，何必別爲文字自有所陳耶。郎中若居他官，則可建言，今居左右司而建言，是徒欲顯一已自能言耳。將置我輩於何地。」思謙大慙服。一日與僚佐議除刑部尙書，宰執有所舉，或難之曰：「此人柔軟，非刑部所可用。」阿魯圖曰：「廟堂卽今選儈子耶？若選儈子須選强壯人。尙書欲其詳讞刑牘耳，若不枉人，不壞法，卽是好刑官，何必求强壯人耶。」左右無以答。其爲治知大體，類如此。

先是，別兒怯不花嘗與阿魯圖謀擠害脫脫。阿魯圖曰：「我等豈能久居相位，當亦有退休之日，人將謂我何？」別兒怯不花屢以爲言，終不從。六年，別兒怯不花乃諷監察御史劾奏阿魯圖不宜居相位，阿魯圖卽避出城。其姻黨皆爲之不平，請曰：「丞相所行皆善，而御史言者無理，丞相何不見帝自陳，帝必辯焉。」阿魯圖曰：「我博爾朮世裔，豈丞相爲難得耶。但帝命我不敢辭，今御史劾我，我宜卽去。蓋御史臺乃世祖所設置，我若與御史抗，卽與世祖抗矣。爾等無復言。」阿魯圖既罷去，明年，別兒怯不花遂爲右丞相，不久亦去。十一年，阿魯圖復起爲太傅，出守和林邊，薨，無嗣。

紐的該

紐的該，博爾朮之四世孫也。早歲備宿衞，累遷同知樞密院事，旣而廢處于家。順帝至元五年，奉使宣撫達達之地，整理有司不公不法事三十餘條，由是朝廷知其才，陞知嶺北行樞密院事。

至正十五年，召拜中書平章政事，遷知樞密院事。十七年，以太尉總山東諸軍，守鎮東昌路，擊退田豐兵。十八年，田豐復陷濟寧，進逼東昌。紐的該以乏糧棄城，退屯柏鄉，東昌遂陷。還京師，拜中書添設左丞相，與太平同居相位。

紐的該有識量，處事平允。倭人攻金復州，殺紅軍據其州者，卽奏遣人往賞賚而撫安之。浙西張士誠旣降，紐的該處置江南諸事，咸得其宜，士誠大服。興和路富民調戲子婦，繫獄，車載楮幣至京師行賂，以故刑部官持其事久不決。紐的該乃除刑部侍郞爲興和路達魯花赤，俾決其事，富民遂自縊死。凡授官，惟才是選，不用私人，衆稱其有大臣體。

已而遽罷相，遷知樞密院事。嘗臥病，謂其所知曰：「太平眞宰相才也。我疾固不起，而太平亦不能久於位，此可歎也。」朝官至門候疾者，皆謝遣之。二十年正月卒。

校勘記

〔一〕七年拜嶺北行省右丞　考異云：「案此文在大德五年之下，則是大德七年矣。考大德十一年始置和林行省，皇慶元年改嶺北省。是大德以前，未有嶺北行省，傳文當有脫誤。」按此下爲至治二年事，自大德至至治，惟延祐有七年。蒙史作「延祐七年」，疑是。

〔二〕從其從兄丞相拜住　按本書卷一一九木華黎傳、卷一二六安童傳，朵兒只與拜住父兀都帶同輩，疑「從兄」當作「從兄子」。

〔三〕拜住從父也　按本書卷一一九木華黎傳、卷一二六安童傳，拜住與朵爾直班同輩，蒙史改「從父」爲「從兄」，疑是。

〔四〕仍命朵爾直班知經筵事　按前文，朵爾直班元統年間爲「同知經筵事」，後文至正五年仍爲「同知經筵事」。此處「知」上當有「同」字。蒙史已校。

〔五〕康里（巎巎）〔巙巙〕　見卷三四校勘記〔一〕。

〔六〕父木（忽剌）〔剌忽〕　據本書卷一〇八諸王表、卷一一九博爾朮傳附玉昔帖木兒傳改正。考異已校。

元史卷一百四十

列傳第二十七

别兒怯不花

别兒怯不花字大用，燕只吉觕氏。曾祖忙怯禿以千戶從憲宗南征有功。父阿忽台事成宗爲丞相，被誅，後贈和寧忠獻王。

别兒怯不花蚤孤，八歲，以興聖太后及武宗命，侍明宗于藩邸。尋入國子學爲諸生。會明宗以周王出鎭雲南，别兒怯不花從行，至大同而還。仁宗召入宿衞。一日，從殿中望見其儀狀𡧗異，卽召對，慰諭之。八番宣撫司長乃其世職，英宗遂授懷遠大將軍、八番宣撫司達魯花赤。旣至，宣布國家恩信，峒民咸悦。有累歲不服者，皆喜曰：「吾故賢帥子孫也，其敢違命。」率其十四部來受約束。别兒怯不花以其事入奏，天子嘉而留之。

泰定三年，特授同知太常禮儀院事，益從耆老文學之士雍容議論。尋拜監察御史。明年，遷中書右司郎中。又明年，陞參議中書省事。居二年，除吏部尚書。至順元年，其兄治書侍御史自當諫止明里董阿子闍闍不當爲監察御史，幷出別兒怯不花爲廣西兩江道宣慰使司都元帥。未幾，丁內艱還京。起復爲江浙行省參知政事。江浙歲漕米由海道達京師，別兒怯不花董其事。尋除禮部尚書，遷徽政院副使，擢侍御史，特命領宿衞，陞榮祿大夫、宣徽使，加開府儀同三司。凡宿衞士有從掌領官薦用者，往往所舉多其親暱。至別兒怯不花獨推擇歲久者舉之，衆論翕服。宣徽所造酒，橫索者衆，歲費陶瓶甚多。別兒怯不花奏製銀瓶以貯，而索者遂止。至元四年，拜御史大夫、知經筵事，尋遷中書平章。

至正二年，拜江浙行省左丞相。行至淮東，聞杭城大火燒官廨民廬幾盡，仰天揮涕曰：「杭，浙省所治，吾被命出鎭，而火如此，是我不德累杭人也。」疾馳赴鎭，卽下令錄被災者二萬三千餘戶，戶給鈔一錠，焚死者亦如之，人給月米二斗，幼穉給其半。又請日減酒課，爲錢千二百五十緡，織坊減元額之半，軍器、漆器權停一年，泛稅皆停。事聞，朝廷從之。又大作省治，民居附其旁者，增直買其基，募民就役，則厚其傭直。又請歲減江浙、福建鹽課十三萬引。或遇淫雨亢旱，輒出禱于神祠，所禱無不應。在鎭二年，雖兒童女婦莫不感其恩。召還，除翰林學士承旨，仍掌宿衞。

四年，拜中書左丞相。朝廷議選奉使宣撫，使問民疾苦，察吏貪廉，且選習北藩風土及知典故者，俾別兒怯不花周行沙漠，洗宿除弊，不可勝計。又奏發使諭諸王，賜以金衣重寶，使各撫其民，毋踰法制，於是內外震肅。明年，歲大饑，流民載道，令有司賑之，欲還鄉者給路糧。又錄在京貧民，日糶以糧。帝還自上都，遣中使數輩趣使迎謁，比見，帝親酌酒勞之。七年，進右丞相。明年，御史劾奏別兒怯不花，而徽政院使高龍卜在帝側爲解，帝遂不允。乃出御史大夫亦憐眞班爲江浙左丞相，中丞以下皆辭職。詔復加太保。於是兩臺各道言章交至，別兒怯不花益不自安，尋謫居渤海縣。十年正月卒。後子達世帖木而用于朝，遂贈弘仁輔治秉文守正寅亮同德功臣、開府儀同三司、上柱國、太師，追封冀王，謚忠宣。達世帖木而字原理，仕至中書平章政事，有學識，能世其家。

太平

太平字允中，初姓賀氏，名惟一，後賜姓蒙古氏，名太平，仁傑之孫，勝之子也。初，勝以非罪死，太平年尚幼，泰定帝雪其父寃而撫卹之。

太平資性開朗正大，雖在弱齡，儼然如老成人，嘗受業於趙孟頫，又師事雲中呂弼。太平始襲父職，爲虎賁親軍都指揮使，尋擢陝西漢中道廉訪副使。文宗召爲工部尙書，都主管奎章閣工事，又除上都留守同知。順帝元統初，命爲樞密副使，尋陞同知樞密院事，遷御史中丞。時中書有參議佛家閭者，憸人也。御史劾其罪，時宰庇之，事寢不行。太平辭疾臥家。

至正二年，詔起爲中書參知政事，辭。進右丞，又辭。會御史祁君(璧)〔壁〕復劾佛家閭，〔一〕黜之，乃起就職。宗室諸王歲賜廩食衣幣不均，太平請於帝，均其厚薄。守令多失職，請選臺閣名臣充之。仍遣使覈其治行，其治最者則增秩，賜金幣。遼、金、宋三史久未見修，至是太平力贊其事，爲總裁官，修成之。時粟貴而金銀賤，太平請出官本，委官收市之，所得不貲，其後兵興，卒獲其用。四年，陞中書平章政事。五年，遷宣徽院使。宣徽典飲饍，權勢多横索，太平取簿閱之，惟太常禮儀使阿剌不花一無所需，太平因言於帝，請擢居近職，且厚賜之。

六年，拜御史大夫。故事，臺端非國姓不以授，太平因辭，詔特賜姓而改其名。七年，遷中書平章政事，班同列上。國王朶而只爲左丞相，請于帝曰：「臣藉先臣之蔭，蚤襲位國王，昧於國家之理，今備位宰相，非得太平不足與共事。」十一月，拜太平左丞相，朶而只爲右丞相，太平辭，帝不允，仍詔示天下。明年正月，詔修后妃、功臣傳，特命太平同監修國史，蓋異數也。太平請僧道有妻子者勒爲民以減蠹耗，給校官俸以防虛冒，請賜經筵講官坐以崇聖學，立行都水監以治黃河。舉隱士完者篤、執禮哈郎、董立、張樞、李孝光。是時，天下無事，朝廷稽古禮文之典，有墜必舉。平生好訪問人材，不問南北，必記錄于册，至是多進用之。

初，脫脫既罷相，出居西土。會其父馬札兒台卒，太平力請令脫脫歸塟，以全孝道。左右以為難，太平曰：「脫脫乃心王室，大義滅親，今父歿而不克奔訃，為善者不幾於怠乎。」為之固請，以故脫脫得還。脫脫既得還朝，卽拜為太傅，然不知太平之有德於己也，因汝中柏讒間成隙，遽欲中傷之。是時，中書參政孔思立等皆一時名人，太平所拔用者，悉誣以罪黜去。九年七月，罷為翰林學士承旨，既又誣劾其過失，而幷論其子也先忽都不宜僭娶宗室女。脫脫之母聞之，謂脫脫兄弟曰：「太平好人也，何害於汝而欲去之。汝兄弟若違吾言，非吾子也。」侍御史撒馬篤揚言于朝曰：「御史欲害正人，壞臺綱，如天下後世何。」卽臥病不起。故吏田復勸太平自裁。太平曰：「吾無罪，當聽於天，若自殺，則誠有慊矣。」遂還奉元，杜門謝客，以書史自適。

河南盜起。十五年，詔命太平為江浙行省左丞相。未行，改為淮南行省左丞相，兼知行樞密院事，總制諸軍，駐于濟寧。時諸軍久出，糧餉苦不繼。太平命有司給牛具以種麥，自濟寧達于海州，民不擾而兵賴以濟。議立土兵元帥府，輪番耕戰。十六年，移鎭益都。未幾，除遼陽行省左丞相。糴粟以給京帥，處置有法，所致甚多而民不擾。

十七年五月，召爲中書左丞相。時毛貴據山東，明年，由河間入寇，官軍屢敗，漸逼京都，中外大駭，廷議遷都以避之，和者如出一口。太平力爭以爲不可，起同知樞密院事劉哈剌不花于彰德，引兵擊之，大敗賊衆，京城遂安。會張士誠以浙西降，而晉、冀、關陝之間，察罕鐵木兒屢以捷奏聞。於是中外人心翕然，有中興之望矣。

太平又考求，凡死節之臣，雖布衣亦加贈謚，有官者就官其子孫，人尤感動。當時右丞相搠思監家人以造僞鈔事覺，刑部欲連逮搠思監。太平力爲解之，曰：「堂堂宰相烏得有此事，四海聞之，若國體何。」搠思監既劾罷，太平所得俸祿多分饋之。

二皇后奇氏與皇太子謀，欲內禪，遣宦者資正院使朴不花諭意於太平，太平不答。皇后又召太平至宮中，舉酒申前意，太平依違而已。是時，皇太子欲盡逐帝近臣，又令監察御史劾帝親暱臣御史中丞禿魯鐵木兒，未及奏而所劾御史被遷爲他官，皇太子疑也先忽都泄其事，益決意去太平政柄。知樞密院事紐的該聞而歎曰：「善人國之紀也，苟去之，國將何賴乎。」數於帝前左右之，以故皇太子之志未及逞。會紐的該死，皇太子遂令監察御史買住、桑哥失理劾左丞成遵、參政趙中等下獄死，以二人爲太平黨也。太平知勢有不可留，數以疾辭位。二十年二月，拜太保，俾養疾于家。臺臣奏言以謂當時事之艱危，政賴賢材之宏濟，太平以師保兼相職爲宜。帝不能從。

會陽翟王阿魯輝鐵木兒倡亂，騷動北邊，勢逼上都，皇太子乃言于帝，命太平留守上都，實欲置之死地。太平遂往。有同知太常院事脫歡者，也先忽都故將也。聞陽翟王將至，乃引兵縛王至軍前，太平不受，令生致闕下，北邊以寧。太平終不以爲己功。

未幾，詔拜太傅，賜田若干頃，俾歸奉元。帝欲以伯撒里爲丞相，伯撒里辭曰：「臣老不足以任宰相，陛下必以命臣，非得太平同事不可。」於是密旨令伯撒里留太平毋行。太平至沙井，聞命而止，宿留久之。皇太子惡其旣去而復留也，二十三年，令御史大夫普化劾太平故違上命，當正其罪。詔乃悉拘所授宣命及所賜物，俾往陝西之西居焉。搠思監因誣奏之，安置土蕃，尋遣使者逼令自裁，太平至東勝，賦詩一篇，乃自殺。年六十三。二十七年，監察御史辯其非辜，請加褒贈。

也先忽都，名均，字公秉。少好學，有俊才，累遷殿中侍御史、治書侍御史、翰林侍讀學士，皆兼襲虎賁親軍都指揮使。太平之爲相也，務廣延才彥，而也先忽都以丞相子又傾己下士，以故名稱籍然。已而被劾罷，從親還奉元。居六年，召爲兵部尚書、同知樞密院事，除通政院使。太平再相，授知樞密院事，遷太子詹事。

十九年，羣盜由開平東屯遼陽。冬，詔也先忽都以知樞密院事兼太子詹事率師往討。太平以其年少，數請改命，不允。至則遣將拔懿州省治，盜踰遼河東奔。而朝廷讒構日甚，罷爲上都留守。尋改宣政院使，以丁內艱不起。捌思監再相，復奏强起之，卽日監察御史也先帖木、李好直又劾罷之。

已而捌思監徇皇太子旨，搆成大獄，誣老的沙、蠻子、按難達識理、沙加識理、也先忽都及脫懽等不軌，執脫懽煅鍊其獄，連逮不已。帝知其無辜，欲釋其事，特命大赦。而捌思監增入條畫內，獨不赦前獄。唯老的沙逃于孛羅鐵木兒大同軍中，蠻子、按難達識理等遂皆貶死。也先忽都當貶撒思嘉之地，道由朶思麻。行宣政院使桓州閭素受知太平，因留居其地。執政知其故，奏也先忽都違命，杖死之。年四十四。有詩集十卷。

鐵木兒塔識

鐵木兒塔識字九齡，國王脫脫之子。〔三〕資禀宏偉，補國子學諸生，讀書穎悟絕人。事明宗於潛邸。文宗初，由同知都護府事累遷禮部尚書，進參議中書省事，擢陝西行臺侍御史，留爲奎章閣侍書學士，除大都留守，尋同知樞密院事。後至元六年，拜中書右丞。至正改元，陞平章政事。

伯顏罷相，庶務多所更張，鐵木兒塔識盡心輔贊。每入番直，帝爲出宿宣文閣，賜坐榻前，詢以政道，必夜分乃罷。二年，郊，〔三〕鐵木兒塔識言大祀竣事，必有實惠及民，以當天心，乃賜民明年田租之半。嶺北地寒，不任穡事，歲募富民和糴爲邊餉，民雖稍利，而費官鹽爲多。鐵木兒塔識乃請別輸京倉米百萬斛，儲于和林以爲備。日本商百餘人遇風漂入高麗，高麗掠其貨，表請沒入其人以爲奴。鐵木兒塔識持不可，曰：「天子一視同仁，豈宜乘人之險以爲利，宜資其還。」已而日本果上表稱謝。俄有日本僧告其國遣人刺探國事者。鐵木兒塔識曰：「刺探在敵國固有之，今六合一家，何以刺探爲。設果有之，正可令覩中國之盛，歸告其主，使知嚮化。」兩浙、閩鹽額累增而課愈虧，江浙行省請減額，鐵木兒塔識奏歲減十三萬引。

五年，拜御史大夫。務以靜重持大體，不爲苛嬈以立聲威。建言：「近歲大臣獲罪，重者族滅，輕者籍其妻孥。祖宗聖訓，父子罪不相及。請除之。」著爲令。近畿饑民爭赴京城，奏出贓罰鈔，糴米萬石，即近郊寺觀爲糜食之，所活不可勝計。居歲餘，還平章政事，位居第一。大駕時巡，留鎮大都。舊法：細民糴於官倉，出印券，月給之者，其直三百文，謂之紅貼米；賦籌而給之，盡三月止者，其直五百文，謂之散籌米。貪民買其籌貼以爲利。鐵木兒塔識請別發米二十萬石，遣官坐市肆，使人持五十文即得米一升，姦弊遂絕。

七年，首相去位，帝召鐵木兒塔識諭旨，若曰：「爾先人事我先朝，顯有勞績，爾實能世其家，今命汝爲左丞相。」鐵木兒塔識叩頭固辭，不允，乃拜命。鐵木兒塔識修飭綱紀，立內外通調之法：朝官外補，許得陛辭，親授帝訓，責以成效；郡邑賢能吏，次第甄拔，入補朝闕。分海漕米四十萬石置沿河諸倉，以備凶荒。先是，僧人與齊民均受役于官，其法中變，至是奏復其舊。孔子後襲封衍聖公，階止四品，奏陞爲三品。〔四〕歲一再詣國學，進諸生而獎勵之。中書故事，用老臣預議大政，久廢不設，鐵木兒塔識奏復其規，起腆合、張元朴等四人爲議事平章。曾未半年，救偏補弊之政以次興舉，中外咸悅。從幸上京還，入政事堂甫一日，俄感暴疾薨。年四十六。贈開誠濟美同德翊運功臣、太師、中書右丞相，追封冀寧王，謚文忠。

鐵木兒塔識天性忠亮，學術正大，伊、洛諸儒之書，深所研究。帝嘗問爲治何先，對曰：「法祖宗。」帝曰：「王文統奇才也，朕恨不得如斯人者用之。」對曰：「世祖有堯、舜之資，文統不以王道告君，而乃尚霸術，要近利，世祖之罪人也。使今有文統，正當遠之，又何足取乎。」初，伯顏議罷科舉，鐵木兒塔識時在參議府，訖不署奏牘，及入中書乃議復行之。徵用處士，待以不次之擢，或疑爲太優，鐵木兒塔識曰：「隱士無求於朝廷，朝廷有求於隱士，區區名爵，奚足惜哉。」識者誦之。時修遼、金、宋三史，鐵木兒塔識爲總裁官，多所協贊云。

達識帖睦邇

達識帖睦邇字九成。幼與其兄鐵木兒塔識俱入國學爲諸生，讀經史，悉能通大義，尤好學書。初以世冑補官，爲太府監提點，擢治書侍御史，以言罷。除樞密院同知，陞中書右丞、翰林承旨，遷大司農。至正七年，出爲江浙行省平章政事。明年，又入爲大司農。九年，爲湖廣行省平章政事。沅、靖、柳、桂等路傜、獠竊發，朝廷以溪洞險阻，下詔招諭之。達識帖睦邇謂：「寇情不可料，請置三分省，一治靜江，一治沅、靖，一治柳、桂，以左右丞、參政分兵鎭其地。罷靖州路總管府，改立靖州軍民安撫司，設萬戶府，益以戍兵。」朝廷皆如其言。已而諸傜、獠悉降，召還，復爲大司農。

十一年，台州方國珍起海上。達識帖睦邇奉詔與江浙行省參知政事樊執敬往招諭之。明年，盜起河南。拜河南行省平章政事。至則修城池，飭備禦，賊不敢犯其境。遷淮南行省平章政事。十五年，入爲中書平章政事。時中書庶務多爲吏胥遲留，至則責委提控掾史二人分督左右曹，悉爲剖決。出爲江浙行省左丞相，尋兼知行樞密院事，許以便宜行事。時江淮盜勢日盛，南北阻隔。達識帖睦邇獨治方面，而任用非人，肆通賄賂，賣官鬻爵，一視貨之輕重以爲高下，於是謗議紛然。所部郡縣往往淪陷，亦恬不以爲意。

十六年正月，〔五〕張士誠陷平江。七月，逼杭州，達識帖睦邇卽棄城遁于富陽。萬戶普賢奴力拒之，而苗軍帥楊完者時駐嘉興，亦引兵至，敗走張士誠。達識帖睦邇乃還。初，達識帖睦邇以完者爲海北宣慰使都元帥，尋陞江浙行省參政，至是遂陞右丞。〔六〕而苗軍素無紀律，肆爲鈔掠，所過蕩然無遺，達識帖睦邇方倚完者以爲重，莫敢禁遏，故完者矜驕日肆而不可制。

明年，士誠寇嘉興，屢爲完者所敗。士誠乃遣蠻子海牙以書詐降。蠻子海牙嘗爲南行臺御史中丞，以軍結水寨，屯采石，爲大明兵所敗，因走歸士誠，故士誠使之來。而書詞多不遜。完者欲納之，達識帖睦邇不可，曰：「我昔在淮南，嘗招安士誠，知其反覆，其降不可信。」完者固勸乃許之。士誠始要王爵，達識帖睦邇不許。又請爵爲三公，達識帖睦邇曰：「三公非有司所定，今我雖便宜行事，然不敢專也。」完者又力以爲請，達識帖睦邇雖外爲正詞，然實幸其降，又恐忤完者意，遂授士誠太尉，其弟士德淮南行省平章政事，士信同知行樞密院事，其黨皆授官有差。士德尋爲大明兵所擒。復陞士信淮南行省平章政事。然士誠雖降，而城池府庫甲兵錢穀皆自據如故。於是朝廷以招安張士誠爲達識帖木兒功，詔加太尉。

當是時，徽州、建德皆已陷，完者屢出師不利。士誠素欲圖完者，而完者時又强娶平章政事慶童女，達識帖木兒雖主其婚，然亦甚厭之，乃陰與士誠定計除完者。揚言使士誠出兵復建德，完者營在杭城北，不爲備，遂被圍，苗軍悉潰，完者與其弟伯顏皆自殺。其後事聞于朝，贈完者潭國忠愍公，伯顏衡國忠烈公。完者旣死，士誠兵遂據杭州。十九年，朝廷因授士信江浙行省平章政事。士信乃大發浙西諸郡民築杭城。先是，海漕久不通，朝廷遣使來徵糧，士誠運米十餘萬石達京師。方面之權，悉歸張氏，達識帖睦邇徒存虛名而已。

俄而士誠令其部屬自頌功德，必欲求王爵。達識帖睦邇謂左右曰：「我承制居此，徒藉口舌以馭此輩，今張氏復要王爵，朝廷雖微，終不爲其所脅，但我今若逆其意，則目前必受害，當忍恥含垢以從之耳。」乃爲具文書聞于朝，至再三，不報。士誠遂自立爲吳王，卽平江治宮闕，立官屬。

時答蘭帖木兒爲江浙行省右丞，眞保爲左右司郎中，二人諂事士誠，多受金帛，數媒孼達識帖睦邇之短，以故張氏遂有不相容之勢。二十四年，士信乃使王晟等面數達識帖睦邇過失，勒其移咨省院自陳老病願退。又言：「丞相之任非士信不可。」士信卽逼取其諸所掌符印，而自爲江浙行省左丞相，徙達識帖睦邇居嘉興。事聞朝廷，卽就以士信爲江浙行省左丞相。

達識帖睦邇至嘉興，士信峻其垣牆，錮其門闥，所以防禁之者甚嚴。達識帖睦邇皆不以爲意，日對妻妾飲酒放歌自若。士誠令有司公牘皆首稱「吳王令旨」，又諷行臺爲請實授于朝，行臺御史大夫普化帖木兒皆不從。至是，旣拘達識帖睦邇，卽使人至紹興從普化帖木兒索行臺印章。普化帖木兒封其印置諸庫，曰：「我頭可斷，印不可與。」又迫之登舟，曰：「我可死，不可辱也。」從容沐浴更衣，與妻子訣，賦詩二章，乃仰藥而死。臨死，擲杯地上曰：「我死矣，逆賊當踵我亡也。」後數日，達識帖睦邇聞之，歎曰：「大夫且死，吾不死何爲。」遂命左右以藥酒進，飲之而死。士誠乃使載其柩及妻孥北返于京師。

普化帖木兒字兼善，答魯乃蠻氏，行臺御史大夫帖木哥子也。累遷福建行省平章政事，時境內皆爲諸豪所據，不能有所施設。及還南行臺，又爲張士誠所逼而死。然論者以爲其死視達識帖睦邇爲差勝云。

校勘記

〔一〕祁君（壁）〔璧〕　道光本與永樂大典卷三五二八鄭氏義門合，從改。

〔二〕國王脫脫之子　考異云：「案元時惟木華黎后裔，得襲國王之號，鐵木兒塔識系出康里氏，其父脫脫，雖追封和寧王，不得蒙國王之稱也。」蒙史云：「脫脫之父牙牙，追封康國王，故舊傳云國王脫脫之子，國王上脫康字。」

〔三〕二年郊　按本書卷四一順帝紀至正三年十月己酉條及卷七七祭祀志，皆繫此事于三年。蒙史改「二」爲「三」，疑是。

〔四〕階止四品奏陞爲三品　按本書卷三五文宗紀至順二年七月甲戌條、卷一八〇孔思晦傳，至順間衍聖公已升三品，疑「四」當作「三」。又按卷四一順帝紀至正八年四月乙亥條有「賜衍聖公銀印，升秩從二品」，黄金華集卷二八康里氏先塋碑作「加孔子後嗣襲者秩二品」。蒙史改「三」爲「二」，疑是。

〔五〕十六年正月　按本書卷四四順帝紀至正十六年二月條及輟耕錄卷二九紀隆平，此事在二月。蒙史改「正」爲「二」，疑是。

〔六〕至是遂陞右丞　按本書卷四五順帝紀至正十七年八月乙丑條及輟耕錄卷八志苗，楊完者係陞左丞。此處「右」當作「左」。

元史卷一百四十一

列傳第二十八

太不花

太不花，弘吉剌氏。世爲外戚，官最貴顯。太不花沉厚有大度，以世冑入官，累遷雲南行省右丞，歷通政使、上都留守、遼陽行省平章政事。至正八年，太平爲丞相，力薦太不花可大用，召入爲中書平章政事。明年，太平既罷，脫脫復爲相。太不花因黨於脫脫謀欲害太平，衆由是不平之。

十二年，盜起河南，知樞密院事老章出師久無功，詔拜太不花河南行省平章政事，加太尉，將兵往代之。未期月，平南陽、汝寧、唐、隨，又下安陸、德安等路，招降服叛，動合事宜，軍聲大振。十四年，脫脫以太師、右丞相總大兵征高郵，尋詔奪其兵柄，而陞太不花本省左丞相，與太尉月闊察兒、樞密知院雪雪代總其兵。山東、河北諸軍悉令太不花節制。而太不花乃以軍士乏糧之故，頗驕傲不遵朝廷命令，軍士又往往剽掠爲民患。十五年，監察御史也里忽都等劾其慢功虐民之罪，於是天子下詔盡奪其職，俾率領火赤溫，從平章政事答失八都魯征進。

頃之，復拜湖廣行省左丞相，節制湖廣、荆襄諸軍，招捕沔陽、湖廣等處水陸賊徒。會朝廷復拜太平爲中書左丞相。太不花聞之，意不能平，歎曰：「我不負朝廷，朝廷負我矣。太平漢人，今乃復居中用事，安受逸樂，我反在外勤苦邪。」及擊賊，賊且退，諸將皆欲乘勝渡江，而太不花乃反勒兵而退，以養鋭爲名。其後賊犯汴梁，守臣請援兵，至十往反，太不花乃始率兵援汴梁，而猶按甲不進。時睢、亳、太康俱已陷，邊警日急。或諫之曰：「賊旦夕且至，丞相兵不進何也。」太不花顧左右大言曰：「我在，何物小寇敢犯境邪。若等毋多言，我自有神算也。」既而縱軍出掠，百里之內，蕩然無遺。繼又渡師河北，聲取曹、濮，遂駐于彰德、衞輝。俄而曹、濮之賊奔竄晉、冀，大同亦相繼不守，遂蔓延不可制。朝廷以爲憂，兩遣重臣諭以密旨，授之成算，而太不花恬不爲意。是時，其子壽童以同知樞密院事將兵分討山東，久無功，嘗以事入奏，語言有驕慢意，帝由是惡之。

十八年，山東賊愈充斥，且逼近京畿，於是詔拜太不花中書右丞相，總其兵討山東。既渡河，卽上疏以謂：「賊勢張甚，軍行宜以糧餉爲先，昔漢韓信行軍，蕭何餽糧，方今措畫無如丞相太平者，如令太平至軍中供給，事乃可濟，不然兵不能進矣。」其意實銜太平，欲其至軍中卽害之也。時參知政事卜顔帖木兒、張晉等分省山東，二人者嘗劾壽童不進兵，太不花至，則以其餽運不前斷遣之。又以知樞密院事完者帖木兒爲右丞之日嘗劾其非，亦加以失誤專制之罪，擅改其官，徵至軍欲害之。事聞，廷議喧然。而太平與太不花久有隙，會其疏來上，以其欲害己也，遂諷監察御史迷只兒海等劾其緩師拒命之罪，而於帝前力譖之。於是乃下詔削其官爵，奪其兵柄，安置于蓋州，以知樞密院事悟良哈台總其兵。

太不花聞有詔，夜馳詣劉哈剌不花求救解。劉哈剌不花者，太不花故部將也，以破賊累有功，拜淮南行省平章政事，時駐兵保定。見太不花來，因張樂大宴，舉酒慷慨言曰：「丞相國家柱石，有大勳勞如此，天子終不害丞相，是必讒言間之耳。我當自往見上言之，丞相毋憂也。」哈剌不花卽走至京，首見太平。太平問其來何故，哈剌不花具以其故告之。太平曰：「太不花大逆不道，今詔已下，爾乃敢輒妄言邪。不審處，禍將及爾矣。」哈剌不花聞太平言，畏懼，噤不能發。太平度太不花必在哈剌不花所，卽語之曰：「爾能致太不花以來，吾以爾見上，爾功不細矣。」哈剌不花因許之。太平乃引入見帝，賜賚良渥。初，劉哈剌不花之爲部將於太不花也，與倪晦者同在幕下，太不花每委任晦，而哈剌不花計多阻不行，哈剌不花心嘗以爲怨。及是，知事已不可解，還，縛太不花父子送京師，未至，皆殺之於路。

察罕帖木兒

察罕帖木兒字廷瑞，系出北庭。曾祖闊闊台，元初隨大軍收河南。至祖乃蠻台、父阿魯溫，皆家河南，爲潁州沈丘人。察罕帖木兒幼篤學，嘗應進士舉，有時名。身長七尺，修眉覆目，左頰有三毫，或怒則毫皆直指。居常慨然有當世之志。

至正十一年，盜發汝、潁，焚城邑，殺長吏，所過殘破，不數月，江淮諸郡皆陷。朝廷徵兵致討，卒無成功。十二年，察罕帖木兒乃奮義起兵，沈丘之子弟從者數百人。與信陽之羅山人李思齊合兵，同設奇計襲破羅山。事聞，朝廷授察罕帖木兒中順大夫、汝寧府達魯花赤。於是所在義士俱將兵來會，得萬人，自成一軍，屯沈丘，數與賊戰，輒克捷。

十五年，賊勢滋蔓，由汴以南陷鄧、許、嵩、洛。察罕帖木兒兵日益盛，轉戰而北，遂戍虎牢，以遏賊鋒。賊乃北渡盟津，焚掠至覃懷，河北震動。察罕帖木兒進戰，大敗之，餘黨柵河洲，殲之無遺類，河北遂定。朝廷奇其功，除中書刑部侍郎，階中議大夫。苗軍以滎陽叛，察罕帖木兒夜襲之，虜其衆幾盡，乃結營屯中牟。已而淮右賊衆三十萬，掠汴以西，來擣中牟營。察罕帖木兒結陳待之，以死生利害諭士卒。士卒賈勇決死戰，無不一當百。會大風揚沙，自率猛士鼓譟從中起，奮擊賊中堅，（城）〔賊〕勢遂披靡不能支，〔一〕棄旗鼓遁走，追殺十餘里，斬首無算。軍聲益大振。

十六年，陞中書兵部尚書，階嘉議大夫。繼而賊西陷陜州，斷殽、函，勢欲趨秦、晉。知樞密院事答失八都魯方節制河南軍，調察罕帖木兒與李思齊往攻之。察罕帖木兒即鼓行而西，夜拔殽陵，立栅交口。陜爲城，阻山帶河，險且固，而賊轉南山粟給食以堅守，攻之猝不可拔。察罕帖木兒乃焚馬矢營中，如炊烟狀以疑賊，而夜提兵拔靈寶城。守既備，賊始覺，不敢動，即渡河陷平陸，掠安邑，蹂晉南鄙。察罕帖木兒追襲之，蹙之以鐵騎。賊回扼下陽津，赴水死者甚衆。相持數月，賊勢窮，皆遁潰。以功加中奉大夫、僉河北行樞密院事。

十七年，賊尋出襄樊，陷商州，攻武關，官軍敗走，遂直趨長安，至灞上，分道掠同、華諸州，三輔震恐。陜西省臺來告急。察罕帖木兒即領大衆入潼關，長驅而前，與賊遇，戰輒勝，殺獲以億萬計。賊餘黨皆散潰，走南山，入興元。朝廷嘉其復關陜有大功，授資善大夫、陜西行省左丞。未幾，賊出自巴蜀，陷秦、隴，據鞏昌，遂窺鳳翔。察罕帖木兒即先分兵入守鳳翔城，而遣諜者誘賊圍鳳翔。賊果來圍之，厚凡數十重。察罕帖木兒自將鐵騎，晝夜馳二百里往赴，比去城里所，分軍張左右翼掩擊之。城中軍亦開門鼓噪而出，內外合擊，呼聲動天地。賊大潰，自相踐蹂，斬首數萬級，伏屍百餘里，餘黨皆遁還。關中悉定。

十八年，山東賊分道犯京畿。朝廷徵四方兵入衞，詔察罕帖木兒以兵屯涿州。察罕帖木兒卽留兵戍淸湫、義谷，屯潼關，塞南山口，以備他盜。而自將銳卒往赴召。而曹、濮賊方分道踰太行，焚上黨，掠晉、冀，陷雲中、雁門、代郡，烽火數千里，復大掠南且還。察罕帖木兒先遣兵伏南山阻隘，而自勒重兵屯聞喜、絳陽。賊果走南山，縱伏兵橫擊之，賊皆棄輜重走山谷，其得南還者無幾。乃分兵屯澤州，塞碗子城，屯上黨，塞吾兒谷，屯幷州，塞井陘口，以杜太行諸道。賊屢至，守將數血戰擊却之，河東悉定。進陝西行省右丞，兼陝西行臺侍御史、同知河南行樞密院事。於是天子乃詔察罕帖木兒守禦關陝、晉、冀，撫鎭漢、沔、荆、襄，便宜行閫外事。察罕帖木兒益務練兵訓農，以平定四方爲己責。

是年，安豐賊劉福通等陷汴梁，造宮闕，易正朔，號召羣盜。巴蜀、荆楚、江淮、齊魯、遼海，西至甘肅，所在兵起，勢相聯結。察罕帖木兒乃北塞太行，南守鞏、洛，而自將中軍軍沔池。會叛將周全棄覃懷，入汴城，合兵攻洛陽。察罕帖木兒下令嚴守備，別以奇兵出宜陽，而自將精騎發新安來援。賊至城下，見堅壁不可犯，退引去，因追至虎牢，塞成皋諸險而還。拜陝西行省平章政事，仍兼同知行樞密院事，便宜行事。

十九年，察罕帖木兒圖復汴梁。五月，以大軍次虎牢。先發遊騎，南道出汴南，略歸、亳、陳、蔡，北道出汴東，戰船浮于河，水陸並下，略曹南，據黃陵渡。乃大發秦兵，出函關，過虎牢，晉兵出太行，踰黃河，俱會汴城下，首奪其外城。察罕帖木兒自將鐵騎，屯杏花營。諸將環城而壘。賊屢出戰，戰輒敗，遂嬰城以守。乃夜伏兵城南，旦日，遣苗軍跳梁者略城而東。賊傾城出追，伏兵鼓噪起，邀擊敗之。又令弱卒立栅外城以餌賊。賊出爭之，弱卒佯走，薄城西，因突鐵騎縱擊，悉擒其衆。賊自是益不敢出。八月，諜知城中計窮，食且盡，乃與諸將閻思孝、李克彝、虎林赤、賽因赤、答忽、脫因不花、呂文、完哲、賀宗哲、安童、張守禮、伯顏、孫翥、姚守德、魏賽因不花、楊履信、關關等議，各分門而攻。至夜，將士鼓勇登城，斬關而入，遂拔之。劉福通奉其僞主從數百騎出東門遁走。獲僞后及賊妻子數萬、僞官五千，符璽印章寶貨無算。全居民二十萬。軍不敢私，市不易肆，不旬日河南悉定。獻捷京師，歡聲動中外，以功拜河南行省平章政事，兼知河南行樞密院事、陝西行臺御史中丞，仍便宜行事。詔告天下。

先是，中原亂，江南海漕不復通，京師屢苦饑。至是，河南既定，檄書達江浙，海漕乃復至。察罕帖木兒既定河南，乃以兵分鎮關陝、荆襄、河洛、江淮，而重兵屯太行，營壘旌旗相望數千里。乃日修車船，繕兵甲，務農積穀，訓練士卒，謀大舉以復山東。

先是，山西晉、冀之地皆察罕帖木兒所平定。而答失八都魯之子曰孛羅帖木兒，以兵駐大同，因欲并據晉、冀，遂至兵爭，天子屢下詔和解之，終不聽，事見本紀及答失八都魯傳中。

二十一年，諜知山東羣賊自相攻殺，而濟寧田豐降于賊。六月，察罕帖木兒乃輿疾自陝抵洛，大會諸將，與議師期。發并州軍出井陘，遼、沁軍出邯鄲，澤、潞軍出磁州，懷、衞軍出白馬，及汴、洛軍，水陸俱下，分道並進。而自率鐵騎，建大將旗鼓，渡孟津，踰覃懷，鼓行而東，復冠州、東昌。八月，師至鹽河。遣其子擴廓帖木兒及諸將等，以精卒五萬擣東平。與東平賊兵遇，兩戰皆敗之，斬首萬餘級，直抵其城下。察罕帖木兒以田豐據山東久，軍民服之，乃遣書諭以逆順之理。豐及王士誠皆降。遂復東平、濟寧。時大軍猶未渡，羣賊皆聚于濟南，而出兵齊河、禹城以相抗。察罕帖木兒分遣奇兵，取間道出賊後，南略泰安，逼益都，北徇濟陽、章丘，中循瀕海郡邑。乃自將大軍渡河，與賊將戰于分齊，大敗之，進逼濟南城，而齊河、禹城俱來降，南道諸將亦報捷。再敗益都兵于好石橋，東至海濱，郡邑聞風皆送款。攻圍濟南三月，城乃下。詔拜中書平章政事、知河南山東行樞密院事，陝西行臺中丞如故。察罕帖木兒遂移兵圍益都，環城列營凡數十，大治攻具，百道並進。賊悉力拒守。復掘重塹，築長圍，遏南洋河以灌城中。仍分守要害，收輯流亡，郡縣戶口再歸職方，號令煥然矣。

二十二年，時山東俱平，獨益都孤城猶未下。六月，田豐、王士誠陰結賊，復圖叛。田豐之降也，察罕帖木兒推誠待之不疑，數獨入其帳中。及豐既謀變，乃請察罕帖木兒行觀營壘。衆以爲不可往，察罕帖木兒曰：「吾推心待人，安得人人而防之。」左右請以力士從，又不許，乃從輕騎十有一人行。至王信營，又至豐營，遂爲王士誠所刺。訃聞，帝震悼，朝廷公卿及京師四方之人，不問男女老幼，無不慟哭者。

先是，有白氣如索，長五百餘丈，起危宿，掃太微垣。太史奏山東當大水。帝曰：「不然，山東必失一良將。」卽馳詔戒察罕帖木兒勿輕舉，未至而已及於難。詔贈推誠定遠宣忠亮節功臣、開府儀同三司、上柱國、河南行省左丞相，追封忠襄王，謚獻武。及葬，賜賻有加，改贈宣忠興運弘仁效節功臣，追封潁川王，改謚忠襄，食邑沈丘縣，所在立祠，歲時致祭。封其父阿魯溫汝陽王，後又進封梁王。

於是復起擴廓帖木兒，拜銀青榮祿大夫、太尉、中書平章政事、知樞密院事、皇太子詹事，仍便宜行事，襲總其父兵。

擴廓帖木兒既領兵柄，銜哀以討賊，攻城益急，而城守益固，乃穴地通道以入。十一月，拔其城，執其渠魁陳猱頭二百餘人獻闕下，而取田豐、王士誠之心以祭其父，餘黨皆就誅。卽遣關保以兵取莒州，於是山東悉平。擴廓帖木兒本察罕帖木兒之甥，自幼養以爲子。當是時，東至淄、沂，西踰關陝，皆晏然無事。擴廓帖木兒乃駐兵于汴、洛。朝廷方倚之以爲安。孛羅帖木兒自察罕帖木兒既沒，復數以兵爭晉、冀。帝雖屢解諭之，而釁隙日深。

二十三年，御史大夫老的沙與知樞密院事禿堅帖木兒得罪於皇太子，皇太子欲誅之，皆奔于大同，爲孛羅帖木兒所匿。老的沙者，帝母舅，以故帝數爲皇太子寢其事，而皇太子不從，帝無如之何，則傳旨密令孛羅帖木兒隱其迹。而丞相搠思監、宦者朴不花皆附皇太子，必窮竟其事。皇太子又方倚重於擴廓帖木兒。時擴廓帖木兒駐太原與孛羅帖木兒搆兵，勢相持不可解。

二十四年，搠思監、朴不花因誣孛羅帖木兒、老的沙謀爲不軌，而皇太子亦怒不已。三月，天子以故下詔數孛羅帖木兒罪，削其官職而奪其兵。孛羅帖木兒不受詔，遂遣兵逼京師，必欲得搠思監、朴不花乃已。天子不得已，縛兩人與之。語在搠思監、孛羅帖木兒傳。七月，孛羅帖木兒又與老的沙合禿堅帖木兒兵同犯闕。時擴廓帖木兒遣部將白鎖住以萬騎衞京師，駐于龍虎臺，與戰不利，遂奉皇太子奔于太原。孛羅帖木兒既入朝，據相位。白鎖住又將二萬騎屯漁陽，爲朝廷聲援。

二十五年，擴廓帖木兒以兵擣大同取之。皇太子乃趣擴廓帖木兒大舉以討逆，發丞相也速兵屯東鄙，魏、遼、齊、吳、豫、豳諸王兵駐西邊，而自率擴廓帖木兒兵取中道，抵京師。

亡何，孛羅帖木兒既伏誅，帝詔白鎖住兵守京城，遂詔皇太子還京，而擴廓帖木兒亦扈從入朝。九月，詔拜伯撒里右丞相，擴廓帖木兒左丞相。伯撒里累朝舊臣，而擴廓帖木兒以後生晚出，乃與並相。居兩月，卽請南還視師。

是時，中原雖無事，而江淮、川蜀皆非我所有。皇太子累請出督師而帝難之，乃詔封擴廓帖木兒河南王，俾總天下兵而代之行。擴廓帖木兒於是分省以自隨，官屬之盛，幾與朝廷等，而用孫翥、趙恒等爲謀主。二十六年二月，自京師還河南，欲廬墓以終喪。左右咸以謂受命出師不可中止，乃復北渡，居懷慶，又移居彰德。

初，李思齊與察罕帖木兒同起義師，齒位相等。及是擴廓帖木兒總其兵，思齊心不能平。而張良弼首拒命，孔興、脫列伯等亦皆以功自恃，各懷異見，請別爲一軍，莫肯統屬。釁隙既開，遂成讎敵。擴廓帖木兒乃遣關保、虎林赤以兵西攻良弼于鹿臺，而思齊亦與良弼合，兵連不能罷。擴廓帖木兒始受命南征，而顧乃退居彰德，又惟務用兵陝西，天子之命置而不問，朝廷因疑其有異志。皇太子之奔太原也，欲用唐肅宗靈武故事，因而自立。擴廓帖木兒與孛蘭奚等不從。及還京師，皇后奇氏傳旨，令擴廓帖木兒以重兵擁太子入城，欲脅帝禪之位。擴廓帖木兒知其意，比至京城三十里，卽散遣其軍。由是皇太子心銜之。而及是，屢趣其出師江淮，擴廓帖木兒第遣弟脫因帖木兒及部將完哲、貊高以兵往山東。而西兵互相勝負，終不解。帝又下詔和解之，顧乃戕殺詔使天下奴等，而跋扈之跡成矣。

二十七年八月，帝乃下詔命皇太子親出總天下兵馬，而分命擴廓帖木兒以其兵自潼關以東，肅清江淮；李思齊以其兵自鳳翔以西，進取川蜀；禿魯以其兵與張良弼、孔興、脫列伯等取襄樊；王信以其兵固守山東信地。然詔書雖下，皇太子亦竟止不行，而分兵之命，擴廓帖木兒終扞拒不肯受。於是貊高、關保等皆叛擴廓帖木兒。關保自察罕帖木兒起兵以來卽爲將，勇冠諸軍，功最高。而貊高善論兵，尤爲察罕帖木兒所信任。及是，兩人見擴廓帖木兒有不臣之心，故皆叛之，列其罪狀聞于朝，舉兵共攻之。而皇太子用沙藍答兒、帖林沙、伯顏帖木兒、李國鳳等計，立撫軍院，總制天下軍馬，專備擴廓帖木兒。以貊高等能倡大義，賜號忠義功臣。

十月，詔落擴廓帖木兒太傅、中書左丞相，依前河南王，以汝州爲食邑，與弟脫因帖木兒同居河南府，而以河南府爲梁王食邑，從行官屬悉令還朝。凡擴廓帖木兒所總諸軍，在帳前者白鎖住、虎林赤領之，在河南者李克彝領之，在山東者也速領之，在山西者沙藍答兒領之，在河北者貊高領之。擴廓帖木兒旣受詔，卽退軍屯澤州。詔又命禿魯與李思齊、張良弼、孔興、脫列伯率兵東向，以正天討。

二十八年，朝廷命左丞孫景益分省太原，關保以兵爲之守。擴廓帖木兒卽遣兵據太原，而盡殺朝廷所置官。皇太子乃命魏賽因不花及關保皆以兵與思齊、良弼諸軍夾攻澤州，而天子又下詔削奪擴廓帖木兒爵邑，令諸軍共誅之，其將士官吏效順者與免本罪，惟孫翥、趙恒罪在所不赦。二月，擴廓帖木兒退守于平陽，而關保遂據澤、潞二州以與貊高合。時李思齊、張良弼、孔興、脫列伯與擴廓帖木兒相持旣久，大明兵時已及河南，思齊、良弼皆遣使詣擴廓帖木兒告以出師非本心，乃解兵大掠西歸。七月，貊高、關保進攻平陽。當是時，擴廓帖木兒氣稍沮，而關保、貊高勢甚振，數請戰，擴廓帖木兒不應，或師出卽復退。一日，諜知貊高分軍掠祁縣，卽夜出師薄其營掩擊之，大敗其衆，貊高、關保皆就擒。朝廷聞之，遽罷撫軍院，而帖林沙、伯顏帖木兒、李國鳳等以誤國皆受黜。旣而擴廓帖木兒上疏自陳其情悃，帝尋亦悔悟，下詔滌其前非。

於是大明兵已定山東及河、洛，中原俱不守。閏七月，帝乃下詔，復命擴廓帖木兒仍前河南王、太傅、中書左丞相，孫翥、趙恒並復舊職，以兵從河北南討，也速以兵趨山東，禿魯兵出潼關，李思齊兵出七盤、金、商，以圖復汴、洛。未幾，也速兵遂潰，禿魯、思齊兵亦未嘗出，而擴廓帖木兒又自平陽退守太原，不復敢南向，事已不可爲矣。已而大明兵迫京城，帝北奔，國遂以亡。及大明兵至太原，擴廓帖木兒卽棄城遁，領其餘衆西奔于甘肅。

校勘記

〔一〕(城)〔賊〕勢遂披靡不能支　從殿本改。

元史卷一百四十二

列傳第二十九

答失八都魯

答失八都魯，曾祖紐璘、祖也速答兒，有傳。答失八都魯，南加台子也。以世襲萬戶鎮守羅羅宣慰司。土人作亂，答失八都魯捕獲有功，四川省舉充船橋萬戶。出征雲南，陞大理宣慰司都元帥。

至正十一年，特除四川行省參知政事，撥本部探馬赤軍三千，從平章咬住討賊於荆襄。九月，次安平站。時咬住兵既平江陵，答失八都魯請自攻襄陽。十二年，進次荆門。時賊十萬，官軍止三千餘，遂用宋廷傑計，招募襄陽官吏及土豪避兵者，得義丁二萬，編排部伍，申其約束。行至蠻河，賊守要害，兵不得渡，即令屈萬戶率奇兵由間道出其後，首尾夾攻，賊大敗。追至襄陽城南，大戰，生擒其僞將三十人，腰斬之。賊自是閉門不復出。

答失八都魯乃相視形勢，內列八翼，包絡襄城，外置八營，軍峴山、楚山，以截其援，自以中軍四千據虎頭山，以瞰城中。署從征人李復爲南漳縣尹，黎可舉爲宜城縣尹，拊循其民以賦軍饋。城中之民受圍日久，夜半，二人縋城叩營門，具告虛實，願爲內應。答失八都魯與之定約，以五月朔日四更攻城，授之密號而去。至期，民垂繩以引官軍，先登者近千人。時賊船百餘艘在城北，陰募善水者鑿其底。天將明，城破，賊巷戰不勝，走就船，船壞，皆溺水死。僞將王權領千騎西走，遇伏兵被擒。襄陽遂平。加答失八都魯資善大夫，賜上尊及黃金束帶，以其弟識里木爲襄陽達魯花赤，子孛羅帖木兒爲雲南行省理問。比賊再犯荆門、安陸、沔陽，答失八都魯輒引兵敗之。尋詔益兵五千，以烏撒烏蒙元帥成都不花聽其調發。

十三年，定青山、荆門諸寨。九月，率兵略均、房，平穀城，攻開武當山寨數十，獲僞將杜將軍。十二月，趨攻峽州，破僞將趙明遠木驢寨。陞四川行省右丞，賜金繫腰。

十四年正月，復峽州。三月，陞四川行省平章政事，兼知〔行〕樞密院事，〔一〕總荆襄諸軍。五月，命玉樞虎兒吐華代答失八都魯守中興、荆門，且令答失八都魯以兵赴汝寧。十月，詔與太不花會軍討安豐。是月，復苗軍所據鄭、（均）〔鈞〕、許三州。〔二〕十二月，復河陰、鞏縣。

十五年，命答失八都魯就管領太不花一應諸王藩將兵馬，許以便宜行事。六月，拜河南行省平章政事。進次許州長葛，與劉福通野戰，爲其所敗，將士奔潰。九月，至中牟，收散卒，團結屯種。賊復來劫營，掠其輜重，遂與孛羅帖木兒相失。劉哈剌不花進兵來援，大破賊兵，獲孛羅帖木兒歸之。復駐汴梁東南青堽。十二月，調兵進討，大敗賊于太康，遂圍亳州，僞宋主小明王遁。

十六年，加金紫光祿大夫。三月，朝廷差脫歡知院來督兵，答失八都魯父子親與劉福通對敵，自巳至酉，大戰數合，答失八都魯墜馬，孛羅帖木兒扶令上馬先還，自持弓矢連發以斃追者，夜三更步回營中。十月，移駐陳留。十一月，攻取夾河劉福通寨。十二月庚申，次高柴店，偪太康三十里。是夜二鼓，賊五百餘騎來劫，以有備亟遁。火而追之，比曉，督陣力戰，自寅至巳，四門皆陷，壯士緣城入其郛，斬首數萬，擒僞將軍張敏、孫韓等九人，殺僞丞相王、羅二人。辛酉，太康悉平，遣孛羅帖木兒告捷京師，帝賜勞內殿，王其先臣三世，拜河南行省左丞相，仍兼知〔行〕樞密院事，〔三〕守禦汴梁；識里木，雲南行省左丞；孛羅帖木兒，四川行省左丞；將校僚屬賞爵有差。

十七年三月，詔朝京師，加開府儀同三司、太尉、四川行省左丞相。九月，取溝城、東明、長垣三縣。〔四〕十月，詔遣知院達理麻失理來援，分兵雷澤、濮州，而達理麻失理爲劉福通所殺，達達諸軍皆潰。答失八都魯力不能支，退駐石村。朝廷頗疑其玩寇失機，使者促戰相踵。賊覘知之，詐爲答失八都魯通和書，遺諸道路，使者果得之以進。答失八都魯覺知，一夕憂憤死，十二月庚子也。〔五〕子孛羅帖木兒別有傳。

慶童

慶童字明德，康里氏。祖明里帖木兒，父斡羅思，皆封益國公。慶童早以勳臣子孫受知仁廟，給事內廷，遂長宿衛。授大宗正府掌判，三遷爲上都留守。又累遷爲江西、河南二行省平章政事。入爲太府卿。復爲上都留守。出爲遼陽行省平章政事，以寬厚爲政，遼人德之。

至正十年，遷平章，行省江浙。適時承平，頗沉湎于宴樂，凡遺逸之士舉校官者，輒擯斥不用，由是不爲物論所與。明年，盜起汝、潁，已而蔓延于江浙，江東之饒、信、徽、宣、鉛山、廣德，浙西之常、湖、建德，所在不守。慶童分遣僚佐往督師旅，曾不踰時，以次克復。既乃令長吏按視民數，凡詿誤者悉置不問，招徠流離，俾安故業，發官粟以賑之。省治燬于兵，則拓其故址，俾之一新。募貧民爲工役而償之以錢，杭民賴以存活者尤衆。

十四年，脫脫以太師、右丞相統大兵南征，一切軍資衣甲器仗穀粟薪藁之屬，咸取具於江浙。慶童規措有方，陸運川輸，千里相屬，朝廷賴之。明年，盜起常之無錫，衆議以重兵殲之，慶童曰：「赤子無知，迫於有司，故弄兵耳。苟諭以禍福，彼無不降之理。」盜聞之，果投戈解甲，請爲良民。

十六年，平江、湖州陷。義兵元帥方家奴以所部軍屯杭城之北關，鈎結同黨，相煽爲惡，劫掠財貨，白晝殺人，民以爲患。慶童言于丞相達識帖睦邇曰：「我師無律，何以克敵，必斬方家奴乃可出師。」丞相乃與慶童入其軍，數其罪，斬首以徇，民大悅。繼而苗軍帥楊完者以其軍守杭城。丞相達識帖睦邇既承制授完者江浙行省右丞，〔六〕而完者益以功自驕，因求娶慶童女。慶童初不許，時苗軍勢甚張，達識帖睦邇方倚以爲重，强爲主婚，慶童不得已以女與之。明年，出鎭海寧州，距杭百里，地瀕海磽瘠，民甚貧。居二年，盜息而民阜。至是，慶童在江浙已七年，涉歷險艱，勞績甚優著，召拜翰林學士承旨，改淮南行省平章政事，未行，仍任江浙。

十八年，遷福建行省平章政事，未行，拜江南行臺御史大夫，賜以御衣、上尊。時南行臺治紹興，所轄諸道皆阻絕不通。紹興之東，明、台諸郡則制於方國珍；其西杭、蘇諸郡則據於張士誠。憲臺綱紀不復可振，徒存空名而已。

二十年，召還朝，慶童乃由海道趨京師。拜中書平章政事。俄有譖其子剛僧私通宮人者，帝怒殺之。慶童因鞅鞅不得志，移疾家居久之，日飲酒以自遣。二十五年，詔拜陝西行省左丞相。時李思齊擁兵關中，慶童至則御之以禮，待之以和。居三年，關陝用寧。召還京師。

二十八年七月，大明兵逼京城，帝與皇太子及六宮至於宰臣近戚皆北奔，而命淮王帖木兒不花監國，慶童爲中書左丞相以輔之。八月二日，京城破，淮王與慶童出齊化門，皆被殺。

也速

也速，蒙古人。倜儻有能名。由宿衞歷尙乘寺提點，遷宣政院參議。至正十四年，〔七〕河南賊芝麻李據徐州，也速從太師脫脫南征，徐州城堅不可猝拔。脫脫用也速計以巨石爲礮，晝夜攻之不息，賊困莫能支。也速又攻破其南關外城，賊遂遁走。以功除同知中政院事。繼又領軍從父太尉月闊察兒征淮西，會賊圍安豐，卽往援之，渡淮無舟，因策馬探水深淺，浮而過，賊大駭，撤圍去。進攻濠州，有詔班師乃還。陞將作院使。

復從太尉征淮東，取盱眙。遷淮南行樞密院副使，陞同知樞密院事。討賊海州，大敗之。賊走，航海襲山東，盡有其地。也速計賊必乘勝北侵，急引兵北還，表裏擊之，復滕、兗二州，及費、鄒、曲阜、寧陽、泗水五縣，賊勢遂衄。未幾，復泰安州及平陰、肥城、萊蕪、新泰四縣，又平安水等五十三寨。

陞知樞密院事。討蒲臺賊杜黑兒，擒送京師磔之。東昌賊將北寇，道出陵州，也速邀擊於景州，斬獲殆盡。復阜城縣。有詔命也速以軍屯單家橋，斷賊北路。賊轉攻長蘆，也速往與戰，流矢貫左手不顧，轉鬭無前，殺賊五百餘人，奪馬三千匹。於是分兵下山寨，民爭來歸。

拜中書平章政事，改行省淮南。雄州、蔚州賊繼起，也速悉平之。知樞密院事劉哈剌不花所部卒掠懷來、雲州，欲爲亂，也速以輕騎擊滅其首禍者，降其衆隸麾下。賊陷大寧，詔也速往討之。賊兵次侯家店，也速遇賊卽前與戰，自昏抵曙，散而復合。也速遣別騎繞出賊後，賊腹背受敵大敗。遂拔大寧，擒首賊湯通、周成等三十五人，磔于都市。召入覲，賞賚優渥，進階金紫光祿大夫、知樞密院事。

既而賊雷帖木兒不花、程思忠等陷永平，詔也速出師，遂復灤州及遷安縣。時遼東郡縣惟永平不被兵，儲粟十萬，芻藁山積，居民殷富。賊乘間竊入，增土築城，因河爲塹，堅守不可下。也速乃外築大營，絕其樵采，數與賊戰，獲其僞帥二百餘人，平山寨數十。又復昌黎、撫寧二縣，擒雷帖木兒不花送京師。賊急，乃乞降于參政徹力帖木兒，爲請命于朝，詔許之，命也速退師。也速度賊必以計怠我師，乃嚴備以偵之。程思忠果棄城遁去，亟追至瑞州，殺獲萬計。賊遂東走金復州。詔還京師。

拜遼陽行省左丞相，知行樞密院事，撫安迤東兵農，委以便宜，開省于永平，總兵如故。金、復、海、蓋、乾、王等賊並起，西侵興中州，陰由海道趨永平，聞也速開省乃止。也速亟分兵防其衝突。賊乃轉攻大寧，爲守將王聚所敗，斬其渠魁，衆潰，皆西走。也速慮賊窺上都，卽調右丞忽林台提兵護上都，簡精銳自躡賊後。賊果寇上都，忽林台擊破之，賊衆又大潰。永平、大寧於是始平。乃分命官屬，勞來安輯其民，使什伍相保以事耕種，民爲立石頌其勳德。

二十四年，孛羅帖木兒與右丞相搠思監、宦者朴不花有怨，遣兵犯闕，執二人以去，而也速遂拜中書左丞相。七月，孛羅帖木兒留兵守大同，自率兵復向闕。京師大震，百官從帝城守，皇太子統兵迎於淸河，命也速軍於昌平。而孛羅帖木兒前鋒已度居庸關，至昌平，也速一軍皆無鬬志，不戰而潰，皇太子馳入城，尋出奔于太原。孛羅帖木兒遂入京城，爲中書右丞相，語具孛羅帖木兒傳。

二十五年，皇太子在太原，與擴廓帖木兒謀淸內難，承制調甘肅、嶺北、遼陽、陝西諸省諸王兵入討孛羅帖木兒。孛羅帖木兒乃遣御史大夫禿堅帖木兒率兵攻上都附皇太子者，且以禦嶺北之兵，又調也速率兵南禦擴廓帖木兒部將竹貞、貊高等。也速軍次良鄉不進，謀之於衆，皆以謂孛羅帖木兒所行狂悖，圖危宗社，中外同憤。遂勒兵歸永平，西連太原擴廓帖木兒，東連遼陽也先不花國王，軍聲大振。孛羅帖木兒患之，遣其將同知樞密院事姚伯顏不花以兵往討。軍過通州，白河水溢不能進，駐虹橋，築壘以待。姚伯顏不花素輕也速無謀，不設備。也速覘知之，襲破其軍，擒姚伯顏不花。孛羅帖木兒大恐，自將討也速，至通州，大雨三日，乃還。孛羅帖木兒先以部將保安不附己，殺之，至是又失姚伯顏不花，二人皆驍將也，如失左右手，鬱鬱不樂。事敗，遂伏誅。

二十七年，詔以也速爲中書右丞相，分省山東。二十八年，大明兵取山東。閏七月，也速與部將哈剌章、田勝、周達等禦於莫州，衆敗潰，乃盡掠莫州殘民北遁。

徹里帖木兒

徹里帖木兒，阿魯溫氏。祖父累立戰功，爲西域大族。徹里帖木兒幼沉毅有大志，早備宿衞，擢中書直省舍人，遂拜監察御史。時右丞相帖木迭兒用事，生殺予奪皆出其意，道路側目。徹里帖木兒抗言，歷詆其奸，帖木迭兒欲中傷之。會山東水，鹽課大損，除山東轉運司副使，甫浹月，補其虧數皆足。轉刑部尚書，京師豪右憚之，不敢犯法，而以非罪麗法者多所全脫。

天曆二年，拜中書右丞，尋陞中書平章政事，出爲河南行省平章政事。黃河清，有司以爲瑞，請聞于朝。徹里帖木兒曰：「吾知爲臣忠、爲子孝、天下治、百姓安爲瑞，餘何益於治。」歲大饑，徹里帖木兒議賑之。其屬以爲必自縣上之府，府上之省，然後以聞。徹里帖木兒慨然曰：「民饑死者已衆，乃欲拘以常格耶。往復累月，民存無幾矣。此蓋有司畏罪，將歸怨于朝廷，吾不爲也。」大發倉廩賑之，乃請專擅之罪。文宗聞而悅之，賜龍衣、上尊。

至順元年，雲南伯忽叛，以知行樞密院事總兵討之，治軍有紀律，所過秋毫無犯。賊平，賞賚甚厚，悉分賜將士，師旋，囊裝惟巾櫛而已。除留守上都。先是，上都官買商旅之貨，其直不卽酬給，以故商旅不得歸，至有饑寒死者。徹里帖木兒爲之請。有旨，出鈔四百萬貫償之。遷江浙行省平章政事，以嚴厲爲政，部內肅然。尋召拜御史中丞，朝廷憚之，風紀大振。

至元元年，拜中書平章政事。首議罷科舉，又欲損太廟四祭爲一祭。監察御史呂思誠等列其罪狀劾之，帝不允，詔徹里帖木兒仍出署事。時罷科舉詔已書而未用寶，參政許有壬入爭之。太師伯顏怒曰：「汝風臺臣言徹里帖木兒邪？」有壬曰：「太師以徹里帖木兒宣力之故，擢置中書。御史三十人不畏太師而聽有壬，豈有壬權重於太師耶？」伯顏意解。有壬乃曰：「科舉若罷，天下人才觖望。」伯顏曰：「舉子多以贓敗，又有假蒙古、色目名者。」有壬曰：「科舉未行之先，臺中贓罰無算，豈盡出於舉子？舉子不可謂無過，較之於彼則少矣。」伯顏因曰：「舉子中可任用者唯參政耳。」有壬曰：「若張夢臣、馬伯庸、丁文苑輩皆可任大事。又如歐陽元功之文章，豈易及邪？」伯顏曰：「科舉雖罷，士之欲求美衣美食者，皆能自向學，豈有不至大官者邪？」有壬曰：「所謂士者，初不以衣食爲事，其事在治國平天下耳。」伯顏又曰：「今科舉取人，實妨選法。」有壬曰：「古人有言，立賢無方。科舉取士，豈不愈於通事、知印等出身者。今通事等天下凡三千三百二十五名，歲餘四百五十六人。玉典赤、太醫、控鶴，皆入流品。又路吏及任子其途非一。今歲自四月至九月，白身補官受宣者七十二人，而科舉一歲僅三十餘人。太師試思之，科舉於選法果相妨邪？」伯顏心然其言，然其議已定不可中輟，乃爲溫言慰解之，且(爲)〔謂〕有壬爲能言。〔八〕有壬聞之曰：「能言何益於事。」徹里帖木兒時在座，曰：「參政坐，無多言也。」有壬曰：「太師謂我風人劾平章，可共坐邪？」徹里帖木兒笑曰：「吾固未嘗信此語也。」有壬曰：「宜平章之不信也，設有壬果風人言平章，則言之必中矣，豈止如此而已。」衆皆笑而罷。翌日，崇天門宣詔，特令有壬爲班首以折辱之。有壬懼及禍，勉從之。治書侍御史普化誚有壬曰：「參政可謂過河拆橋者矣。」有壬以爲大耻，遂移疾不出。

初，徹里帖木兒之在江浙也，會行科舉，驛請考官，供張甚盛，心頗不平，故其入中書以罷科舉爲第一。事先，論學校貢士莊田租可給怯薛衣糧，動當國者，以發其機，至是遂論罷之。徹里帖木兒嘗指斥武宗爲那壁，那壁者猶謂之彼也。又嘗以妻弟阿魯渾沙女爲己女，冒請珠袍等物。於是臺臣復劾其罪。而伯顏亦惡其忤己欲斥之。詔貶徹里帖木兒于南安，人皆快之。久之，卒于貶所。至正二十三年，監察御史野仙帖木兒等辨其罪，可依寒食國公追封王爵定謚加功臣之號，事不行。

納麟

納麟，智曜之孫，睿之子也。大德六年，納麟以名臣子，用丞相哈剌哈孫答剌罕薦，入備宿衞。十年，除中書舍人。至大四年，遷宗正府郎中。皇慶元年，擢僉河南廉訪司事。延祐初，拜監察御史。以言事忤旨，仁宗怒叵測，中丞朶兒只力救之乃解。又言風憲恃糾劾之權而受人賂者，宜刑而加流。四年，遷刑部員外郎。六年，出爲河南行省郎中。至治三年，入爲都漕運使。泰定中，擢湖南、湖北兩道廉訪使。

天曆元年，除杭州路總管。鋤奸去蠹，吏畏民悅。明年，改江西廉訪使。南昌歲饑，江西行省難於發粟。納麟曰：「朝廷如不允，我當以家貲償之。」乃出粟以賑民，全活甚衆。平章政事把失忽都貪縱不法，納麟劾罷之。至順元年，拜湖廣行省參知政事。元統初，召爲刑部尙書，未至，改江南行臺治書侍御史。尋陞中丞。至元元年，召拜中書參知政事，遷同知樞密院事。尋出爲江浙行省右丞，乞致仕，不允，除浙西廉訪使，力辭不赴。

至正二年，除行宣政院使。上天竺者舊僧彌戒、徑山者舊僧惠洲，恣縱犯法，納麟皆坐以重罪。請行宣政院設崇敎所，擬行省理問官，秩四品，以治僧獄訟，從之。尋爲江浙行省平章政事。三年，遷河南行省平章政事。明年，入爲中書平章政事。七年，出爲江南行臺御史大夫。尋召拜御史大夫，所薦用御史，必老成更事者。八年，進金紫光祿大夫，請老，不許，加太尉。御史劾罷之。退居姑蘇。

十二年，江淮盜起，帝命爲南臺御史大夫。納麟承詔卽起。仍命兼太尉，設僚屬，總制江浙、江西、湖廣三省軍馬。詔遣直省舍人海玉傳旨慰諭之。納麟北面再拜曰：「臣雖耄老，敢不黽勉從事，盡餘生以報陛下。」至則修築集慶城郭。會江浙杭城失守，淮南行省平章政事失列門引兵往援，次于采石。納麟使止之曰：「聞杭賊易破不足憂，今宣城危急，先宜以兵救宣城。」乃調典瑞院使脫火赤率蒙古軍應之，大破賊于堈下門，宣州以安。已而賊陷徽州、廣德、常州、宜興、溧水、溧陽，蔓延丹陽、金壇、句容，略上元、江寧，游兵至鍾山，集慶勢甚危。納麟乃力疾治兵，部署士卒，命治書侍御史左答納失理守城中，中丞伯家奴戍東郊。是時湖廣行省平章政事也先帖木兒軍和州，納麟遣使求援。也先帖木兒曰：「我奉命鎮江北，不敢往援江東。」納麟復遣監察御史鄭郊力促其行，也先帖木兒引步騎度采石至臺城，入候納麟疾。納麟喜，卽以其故聞于朝。已而也先帖木兒兵東趨秣陵，殺賊二千餘人，平湖熟鎮，盡復上元、江寧境，乘勝入溧陽、溧水，賊潰奔廣德；其據龍潭、方山者奔常州。時江浙行省平章政事三旦八、右丞佛家閭亦引兵來會。所在羣賊皆敗北，州郡悉平。

十三年，納麟固請謝事，從之，命太尉如故，乃退居慶元。十六年九月，詔以江南行臺移置紹興，復以納麟爲御史大夫，仍太尉。明年，移治紹興。十八年，赴召，由海道入朝，至黑水洋，阻風而還。十九年，復由海道趨直沽。山東俞寶率戰艦斷糧道，納麟命其子安安及同舟人拒之，破其衆於海口。八月，抵京師。帝遣使勞以上尊，皇太子亦饋酒脯。而納麟感疾日亟，卒于通州。年七十有九。

校勘記

〔一〕兼知〔行〕樞密院事　據本書卷四三順帝紀至正十四年三月條補。蒙史已校。

〔二〕鄭（均）〔鈞〕許三州　按本書卷五九地理志，鄭、鈞、許三州皆屬河南汴梁路，此作「均」誤，今改。蒙史已校。

〔三〕仍兼知〔行〕樞密院事　據庚申外史及本書卷九二百官志補。蒙史已校。

〔四〕取溝城東明長垣三縣　元無「溝城」縣。按本書卷五八地理志，濮州觀城縣元初與東明、長垣兩縣同屬開州。蒙史改「溝」爲「觀」，疑是。

〔五〕十二月庚子　按至正十七年十二月庚午朔，無庚子日，庚子爲十八年正月朔日。此誤。

〔六〕授完者江浙行省右丞　見卷一四〇校勘記〔六〕。

〔七〕至正十四年　按本書卷四二順帝紀至正十二年七月己丑、八月丁卯、九月乙酉、辛卯條及卷一三八脫脫傳，芝麻李據徐州及脫脫攻下，皆至正十二年事。此處「四」當作「二」。

〔八〕且〔爲〕〔謂〕有壬爲能言　從北監本改。

元史卷一百四十三

列傳第三十

馬祖常

馬祖常字伯庸，世爲雍古部，居(靖)〔淨〕州天山。〔一〕有錫里吉思者，於祖常爲高祖，金季爲鳳翔兵馬判官，以節死贈恒州刺史，子孫因其官，以馬爲氏。曾祖月合乃，從世祖征宋，留汴，掌饋餉，累官禮部尙書。父潤，同知漳州路總管府事，家于光州。

祖常七歲知學，得錢卽以市書。十歲時，見燭欹燒屋，解衣沃水以滅火，咸嗟異之。既長，益篤于學。蜀儒張䇓講道儀眞，往受業其門，質以疑義數十，䇓甚器之。延祐初，科舉法行，鄕貢、會試皆中第一，廷試爲第二人。授應奉翰林文字。拜監察御史。

是時，仁宗在御已久，猶居東宮，飮酒常過度。祖常上書請「御正衙，立朝儀，御史執簡，太史執筆，則雖有懷姦利己乞官求賞者，不敢出諸口。天子承天地祖宗之重，當極調攝，至於酒醴，近侍進御，當思一獻百拜之義」。英宗爲皇太子，又上書請愼簡師傅。於是姦臣鐵木迭兒爲丞相，威權自恣。祖常知其盜覷國史，率同列劾奏其十罪，仁宗震怒黜罷之。秦州山移，祖常言：「山不動之物，今而動焉，由在野有當用不用之賢，在官有當言不言之佞，故致然爾。」疏聞，大臣皆家居待罪。祖常薦賢拔滯，知無不言。俄改宣政院經歷，月餘辭歸，起爲社稷署令。亡何，姦臣復相，左遷開平縣尹，因欲中傷之，遂退居光州。久之，姦臣既死，乃除翰林待制。泰定建儲，擢典寶少監、太子左贊善。尋兼翰林直學士，除禮部尙書。丁祖母憂，起爲右贊善，復除禮部尙書，尋辭歸。

天曆元年，召爲燕王內尉，仍入禮部，兩知貢舉，一爲讀卷官，時稱得人。陞參議中書省事，參定親郊禮儀，充讀册祝官，拜治書侍御史，歷徽政副使，遷江南行臺中丞。元統元年，召議新政，賜白金二百兩、鈔萬貫。又歷同知徽政院事，遂拜御史中丞。帝以其有疾，詔特免朝禮，光祿日給上尊。祖常持憲務存大體。西臺御史劾其僚禁酤時面有酒容，以苛細黜之。山東廉訪司言孔氏訟事，以事關名敎不行，按者亦引去。除樞密副使，頃之，辭職歸光州。復除江南行臺中丞，又遷陝西行臺中丞，皆以疾不赴。至元四年卒，年六十，贈攄忠宣憲協正功臣、河南行省右丞、上護軍、魏郡公，謚文貞。

祖常立朝旣久，多所建明。嘗議：今國族及諸部旣誦聖賢之書，當知尊諸母以厚彝倫。

又議：將家子弟驕脆有孤任使，而庶民有挽强蹶張老死草野者，當建武學、武舉，儲材以備非常。時雖弗用，識者韙之。祖常工於文章，宏贍而精核，務去陳言，專以先秦兩漢爲法，而自成一家之言。尤致力於詩，圓密清麗，大篇短章無不可傳者。有文集行于世。嘗預修英宗實錄，又譯潤皇圖大訓、承華事略，又編集列后金鑑、千秋記略以進，受賜優渥。文宗嘗駐蹕龍虎臺，祖常應制賦詩，尤被歎賞，謂中原碩儒唯祖常云。

(巙巙)〔巎巎〕〔二〕〔回回〕〔三〕

(巙巙)〔巎巎〕字子山，康里氏。父不忽木自有傳。祖燕真，事世祖，從征有功。(巙巙)〔巎巎〕幼肄業國學，博通羣書，其正心修身之要得諸許衡及父兄家傳。長襲宿衞，風神凝遠，制行峻潔，望而知其爲貴介公子。其遇事英發，掀髯論辨，法家拂士不能過之。

始授承直郎、集賢待制，遷兵部郎中，轉祕書監丞。奉命往覈泉舶，芥視珠犀，不少留目。改同僉太常禮儀院事，拜監察御史，陞河東廉訪副使。未上，遷祕書太監，陞侍儀使。尋擢中書右司郎中，遷集賢直學士，轉江南行臺治書侍御史。拜禮部尚書，監羣玉內司。(巙巙)〔巎巎〕正色率下。國制，大樂諸坊咸隸本部，遇公讌，衆伎畢陳。(巙巙)〔巎巎〕視之泊如，僚佐以下皆肅然。遷領會同館事尚書，監羣玉內司如故。尋兼經筵官，復除江南行臺治書侍御史。未行，留爲奎章閣學士院承制學士，仍兼經筵官。陞侍書學士、同知經筵事，復陞奎章閣學士院大學士、知經筵事。除浙西廉訪使，復留爲大學士、知經筵事。尋拜翰林學士承旨、知制誥兼修國史、知經筵事，提調宣文閣崇文監。

先是，文宗勵精圖治，（巙巙）〔巎巎〕嘗以聖賢格言講誦帝側，裨益良多。順帝卽位之後，剪除權奸，思更治化。（巙巙）〔巎巎〕侍經筵，日勸帝務學，帝輒就之習授，欲寵以師禮，（巙巙）〔巎巎〕力辭不可。凡四書、六經所載治道，爲帝紬繹而言，必使辭達感動帝衷敷暢旨意而後已。若柳宗元梓人傳、張商英七臣論，尤喜誦說。嘗於經筵力陳商英所言七臣之狀，左右錯愕，有嫉之之色，然素知其賢，不復肆慍。帝暇日欲觀古名畫，（巙巙）〔巎巎〕卽取郭忠恕比干圖以進，因言商王受不聽忠臣之諫，遂亡其國。帝一日覽宋徽宗畫稱善。（巙巙）〔巎巎〕進言，徽宗多能，惟一事不能。帝問何謂一事。對曰：「獨不能爲君爾。身辱國破，皆由不能爲君所致。人君貴能爲君，它非所尚也。」或遇天變民災，必憂見於色，乘間則進言于帝曰：「天心仁，愛人君，故以變示儆。譬如慈父於子，愛則教之戒之。子能起敬起孝，則父怒必釋。人君側身修行，則天意必回。」帝察其眞誠，虛己以聽。特賜只孫燕服九襲及玉帶楮幣，以旌其言。

（巙巙）〔巎巎〕嘗謂人曰：「天下事在宰相當言，宰相不得言則臺諫言之，臺諫不敢言則經筵言之。備位經筵，得言人所不敢言於天子之前，志願足矣。」故於時政得失有當匡救者，未嘗緘默。大臣議罷先朝所置奎章閣學士院及藝文監諸屬官。（巙巙）〔巎巎〕進曰：「民有千金之產，猶設家塾，延館客，豈有堂堂天朝，富有四海，一學房乃不能容耶。」帝聞而深然之。卽日改奎章閣爲宣文閣，藝文監爲崇文監，存設如初，就命（巙巙）〔巎巎〕董治。又請置檢討等職十六員以備進講。帝皆俞允。時科舉既輟，（巙巙）〔巎巎〕從容爲帝言：「古昔取人材以濟世用，必由科舉，何可廢也。」帝采其論，尋復舊制。一日進讀司馬光資治通鑑，因言國家當及斯時修遼、金、宋三史，歲久恐致闕逸。後置局纂修，實由（巙巙）〔巎巎〕發其端。又請行鄉飲酒于國學，使民知遜悌，及請褒贈唐劉蕡、宋邵雍以旌道德正直。帝從其請，爲之下詔。

（巙巙）〔巎巎〕以重望居高位，而雅愛儒士甚於饑渴，以故四方士大夫翕然宗之，萃於其門。達官有怙勢者，言曰：「儒有何好，君酷愛之。」（巙巙）〔巎巎〕曰：「世祖以儒足以致治，命裕宗學於贊善王恂。今祕書所藏裕宗倣書，當時御筆於學生之下親署御名習書謹呈，其敬愼若此。世祖嘗暮召我先人坐寢榻下，陳說四書及古史治亂，至丙夜不寐。世祖喜曰：『朕所以令卿從許仲平學，正欲卿以嘉言入告朕耳，卿益加懋敬以副朕志。』今汝言不愛儒，寧不念聖祖神宗篤好之意乎？且儒者之道，從之則君仁、臣忠、父慈、子孝，人倫咸得，國家咸治；違之則人倫咸失，家國咸亂。汝欲亂而家，吾弗能禦，汝愼勿以斯言亂我國也。儒者或身若不勝衣，言若不出口，然腹中貯儲有過人者，何可易視也。」達官色慚。

旣而出拜江浙行省平章政事。明年，復以翰林學士承旨召還。時中書平章闕員，近臣欲有所薦用，以言覘帝意。帝曰：「平章已有其人，今行半途矣。」近臣知帝意在（巎巎）〔巙巙〕，不復薦人。至京七日，感熱疾卒，實至正五年五月辛卯也，年五十一。家貧，幾無以爲斂。帝聞爲震悼，賜賻銀五錠。其所負官中營運錢，臺臣奏以罰布爲之代償。（巎巎）〔巙巙〕善眞行草書，識者謂得晉人筆意，單牘片紙人爭寶之，不翅金玉。謚文忠。

兄回回，字子淵。敦默寡言，耆學能文。在成宗朝宿衞，擢太常寺少卿。寺改爲院，爲太常院使。武宗正位，以藩邸舊臣出使稱旨。至大間，調大司農卿，除山南廉訪使，改江南行臺治書侍御史，遷淮西廉訪使，皆有政聲。再改河南廉訪使。行省丞相行事多不法，太尉納璘爲郎中，每格不下，丞相怒欲出之。回回察其賢，抗章舉任風憲，後歷三臺爲名臣。駙馬平章家奴强市人物，按之無所貸。

英宗卽位，丞相拜住首薦爲戶部尙書，尋拜南臺侍御史，改參議中書。以議定刑書如法，帝嘉納其奏。泰定初，廷議漕運事，奏減糧數以紓東南民力。授太子詹事丞，改山東廉訪使，未上，陞翰林侍講學士，遷江浙行省右丞。文宗立，除宣政院使。上言乞沙汰僧道，其所有田宜同民間徵輸。擢中書右丞，力辭還第。聞明宗崩，流涕不能食，自是杜門不出者數年，以疾卒。與弟（巎巎）〔巙巙〕，皆爲時之名臣，世號爲雙璧云。

（巎巎）〔巙巙〕子維山，材質清劭，侍禁廷，起崇文監丞，擢給事中，遷同僉太常禮儀院事，調崇文太監。

自當

自當，蒙古人也。英宗時，由速古兒赤擢監察御史。錄囚大興縣，有以冤事繫獄者，其人嘗見有槖駝死道傍，因舁至其家醢之，置數甕中，會官槖駝被盜，捕索甚亟，乃執而勘之，其人自誣服。自當審其獄辭，疑爲冤，卽以上御史臺。臺臣以爲贓既具是，特御史畏殺人耳，不聽，改委他御史讞之，竟處死。後數日，遼陽行省以獲盜聞，冤始白，人以是服其明。

泰定二年，扈從至上都，糾言參知政事楊庭玉贓罪，不報，卽納印還京師。帝遣使追之，俾復任。卽再上章劾庭玉，竟如其言。又劾奏平章政事禿滿迭兒入怯薛之日，英宗被弑，必預聞其謀，不省，乃賜禿滿迭兒黃金繫腰，自當遂辭職。改工部員外郎，中書省委開混河，〔四〕自當往視之，以爲水性不常，民力亦瘁，難以成功，言于朝，河役乃罷。

會次三皇后殂，命工部撤行殿車帳，皆新作之。自當未即興工。尙書曰：「此奉特旨，員外有誤，則罪歸於衆矣。」自當曰：「即有罪，我獨任之。」未幾，帝果問成否。省臣乃召自當責問之。自當請自入對。既見帝，奏曰：「皇后行殿車帳尙新，若改作之，恐勞民費財。且先皇后無惡疾，居之何嫌。必欲捨舊更新，則大明殿乃自世祖所御，列聖嗣位豈皆改作乎？」帝大悅，語省臣曰：「國家用人，當擇如自當者，庶不誤大事。」特賜上尊、金幣，遷吏部員外郎。帝欲加號太后曰太皇太后，命朝堂議之。自當獨曰：「太后稱太皇太后，於典禮不合。」衆皆曰：「英宗何以加皇太后號曰太皇太后。」自當曰：「英宗孫也，今上子也，太皇太后之號孫可以稱之，子不可以稱之也。」議遂定。遷中書客省使，俄改同僉宣政院事。

文宗即位，除中書左司郎中。有使持詔自江浙還，言行省臣意若有不服者。帝怒，命遣使問不敬狀，將悉誅之。自當言於丞相燕帖木兒曰：「皇帝新即位，雲南、四川且猶未定，乃以使臣一言殺行省大臣，恐非盛德事。況江浙豪奢之地，使臣或不得厭其所需則造言以陷之耳。」燕帖木兒以言于帝，事乃止。既而陞參議中書省事。燕帖木兒議封太保伯顏王爵，衆論附之。自當獨不言。燕帖木兒問故。自當曰：「太保位列三公，而復加王封，後再有大功將何以處之。且丞相封王，出自上意，今欲加太保王封，丞相宜請于上。王爵非中書選法也。」遂罷其議。拜治書侍御史。

初，文宗在集慶潛邸，欲創天靈寺，令有司起民夫。江南行臺監察御史亦乞剌台言曰：「太子爲好事，宜出錢募夫，若欲役民，則朝廷聞之非便也。」至是文宗悉召江南行臺監察御史，俾皆入爲監察御史，而欲黜亦乞剌台。自當諫曰：「當陛下在潛邸時，御史盡心爲陛下言，乃忠臣也。今無罪而黜之，非所以示天下。」乃除亦乞剌台僉憲湖南。文宗嘗欲游西湖，自當諫曰：「陛下以萬乘之尊而汎舟自樂，如天下何？」不聽。自當遂稱疾不從行。文宗在舟中，顧謂臺臣曰：「自當終不滿朕此游耶？」臺臣嘗奏除目，文宗以筆塗一人姓名，而綴將作院官閭閻之名。自當言：「閭閻爲人詼諧，惟可任敎坊司，若以居風紀，則臺綱掃地矣。」文宗乃止。已而出爲陝西行臺侍御史。

順帝初，除福建都轉運鹽使。先是，自當爲左司郎中時，泰定帝嘗欲以河間、江浙、福建鹽引六萬賜中書參議撒迪，自當執不可，僅以福建鹽引二萬賜之。至是，自當復建言鹽引宜盡資國用以紓民力。時撒迪方爲御史大夫，不以爲怨，數遣人省自當母于京師所居。

既而丁母憂，居閑久之，復起爲浙西肅政廉訪使。時有以駙馬爲江浙行省丞相者，其宦竪恃公主勢，坐杭州達魯花赤位，令有司强買民間物，不從輒毆之。有司來白自當，自當卽逮之械以令衆，自是丞相府無敢爲民害者。尋召爲同僉樞密院事。尋復爲治書侍御史、同知經筵事。寧夏人有告買買等謀害太師伯顏者，伯顏委自當與中書、樞密等官往寧夏鞫問，無其情，乃以誣罔坐告者罪。伯顏怒。自當前曰：「太師所以令吾三人勘之者，以國法所在也。必以罪吾三人，則自當實主其事，宜獨當之。」伯顏乃左遷自當同知徽政院事。

自當歷事四朝，官自從仕郎累轉至通奉大夫，常衎衎在位，剛介弗回，終始一節，有古遺直之風。然卒以是忤權貴而不復柄用，君子皆惜焉。

阿榮

阿榮字存初，怯烈氏。父按攤，中書右丞。阿榮幼事武宗，備宿衞，累遷官，爲湖南道宣慰副使。溫迪罕奉使宣撫湖南，事無大小悉以委之。會列郡歲饑，阿榮分其廩祿爲粥，以食餓者，仍發粟賑之，所活甚衆。廣西寇起，衆皆洶懼。阿榮鎭之以靜，督有司治兵守其境，寇不敢入。遷湖廣行省左右司郎中，召僉會福院事，尋除吏部尙書。泰定初，出爲湖南宣慰使，改浙東道宣慰使都元帥，以疾辭。

天曆初，復起爲吏部尙書，尋參議中書省事。二年，拜中書參知政事、知經筵事。進奎章閣大學士、榮祿大夫、太禧宗禋院使，都典制神御殿事。文宗眷遇之甚，而阿榮亦盡心國政，知無不言。久之，心忽鬱鬱不樂，謁告南歸武昌。至元元年卒。〔五〕

初，阿榮閒居以文翰自娛，博究前代治亂得失，見其會心者，則扼腕曰：「忠臣孝子國家之寶，爲奇男子烈丈夫者固不當如是耶。」日與韋布之士游，所至山水佳處，鳴琴賦詩，日夕忘返。尤深於數學，逆推事成敗利不利及人禍福壽夭貴賤，多奇中。天曆三年春，策士于廷。阿榮與虞集會于直廬，慨然興歎，語集曰：「更一科後科舉當輟，輟兩科而復，復則人材彬彬大出矣。」又歎曰：「榮不復見之矣，君猶及見之。」集應曰：「得士之多，幸如存初言。今文治方興，未必有中輟之理。存初國家世臣，妙於文學，以盛年登朝，在上左右，斯文屬望。集老且衰，見亦何補耶。」阿榮又歎曰：「數當然耳。」集問何以知之，弗答。後三年卒。元統三年，科舉果罷，至正元年始復，如其言。

小雲石海涯

小雲石海涯，家世見其祖阿里海涯傳。其父楚國忠惠公，名貫只哥，小雲石海涯遂以貫爲氏，復以酸齋自號。母廉氏，夜夢神人授以大星使呑之，已而有娠。及生，神彩秀異。年十二三，膂力絕人，使健兒驅三惡馬疾馳，持槊立而待馬至騰上之，越二而跨三，運槊生風，觀者辟易。或挽彊射生，逐猛獸，上下峻阪如飛，諸將咸服其趫捷。稍長，折節讀書，目五行下。吐辭爲文，不蹈襲故常，其旨皆出人意表。

初，襲父官爲兩淮萬戶府達魯花赤。鎮永州，御軍極嚴猛，行伍肅然。稍暇，輒投壺雅歌，意所暢適，不爲形跡所拘。一日，呼弟忽都海涯語之曰：「吾生宦情素薄，顧祖父之爵不敢不襲，今已數年矣，願以讓弟，弟幸勿辭。」語已，卽解所綰黃金虎符佩之。北從姚燧學，燧見其古文峭厲有法及歌行古樂府慷慨激烈，大奇之。

仁宗在東宮，聞其以爵位讓弟，謂宮臣曰：「將相家子弟其有如是賢者邪。」俄選爲英宗潛邸說書秀才，宿衞禁中。仁宗踐祚，上疏條六事。一曰釋邊戍以修文德，二曰敎太子以正國本，三曰設諫官以輔聖德，四曰表姓氏以旌勳冑，五曰定服色以變風俗，六曰舉賢才以恢至道。書凡萬餘言，未報。拜翰林侍讀學士、中奉大夫、知制誥同修國史。

會議科舉事，多所建明，忽喟然嘆曰：「辭尊居卑，昔賢所尙也。今禁林淸選，與所讓軍資孰高，人將議吾後矣。」乃稱疾辭還江南，賣藥於錢唐市中，詭姓名，易服色，人無有識之者。偶過梁山濼，見漁父織蘆花爲被，欲易之以紬。漁父疑其爲人，陽曰：「君欲吾被，當更賦詩。」遂援筆立成，竟持被去。人間喧傳蘆花被詩。其依隱玩世多類此。晚年爲文日邃，詩亦沖澹。草隸等書，稍取古人之所長，變化自成一家，所至士大夫從之若雲，得其片言尺牘，如獲拱璧。其視死生若晝夜，絕不入念慮，脩脩若欲遺世而獨立云。泰定元年五月八日卒，年三十九。贈集賢學士、中奉大夫、護軍，追封京兆郡公，謚文靖。有文集若干卷、直解孝經一卷行于世。

子男二人：阿思蘭海牙，慈利州達魯花赤；次八三海涯。孫女一人，有學識，能詞章，歸懷慶路總管段謙云。

泰不華

泰不華字兼善，伯牙吾台氏。初名達普化，文宗賜以今名，世居白野山。父塔不台，入直宿衞，歷仕台州錄事判官，遂居於台。家貧，好讀書，能記問。集賢待制周仁榮養而教之。年十七，江浙鄉試第一。明年，對策大廷，賜進士及第，授集賢修撰，轉祕書監著作郎，拜江南行臺監察御史。時御史大夫脫歡怙勢貪暴，泰不華劾罷之。文宗建奎章閣學士院，擢爲典籤，拜中臺監察御史。

順帝卽位，加文宗后太皇太后之號，大臣燕鐵木兒、伯顏皆列地封王。泰不華率同列上章言：「嬸母不宜加徽稱，相臣不當受王土。」太后怒，欲殺言者。泰不華語衆曰：「此事自我發之，甘受誅戮，決不敢累諸公也。」已而太后怒解曰：「風憲有臣如此，豈不能守祖宗之法乎？」賜金幣二，以旌其直。出僉河南廉訪司事，俄移淮西。繼遷江南行御史臺經歷，辭不赴，轉江浙行省左右司郎中。浙西大水害稼，會泰不華入朝，力言於中書，免其租。擢祕

書監，改禮部侍郎。〔六〕

至正元年，除紹興路總管。革吏弊，除沒官牛租，令民自實田以均賦役。行鄉飲酒禮，教民興讓，越俗大化。召入史館，與修遼、宋、金三史，書成，授祕書卿。陞禮部尚書，兼會同館事。黃河決，奉詔以珪玉白馬致祭河神，竣事上言：「淮安以東，河入海處，宜倣宋置撩清夫，用輥江龍鐵掃，撼蕩沙泥，隨潮入海。」朝廷從其言，會用夫屯田，其事中廢。

八年，台州黃巖民方國珍爲蔡亂頭、王伏之讎逼，遂入海爲亂，劫掠漕運糧，執海道千戶德流于實。事聞，詔江浙參政朶兒只班總舟師捕之，追至福州五虎門，國珍知事危，焚舟將遁，官軍自相驚潰，朶兒只班遂被執。國珍迫其上招降之狀，朝廷從之，國珍兄弟皆授之以官，國珍不肯赴，勢益暴橫。九年，詔泰不華察實以聞，既得其狀，遂上招捕之策，不聽。尋除江東廉訪使，改翰林侍讀學士、知制誥同修國史。已而出爲都水庸田使。

十年十二月，國珍復入海，燒掠沿海州郡。十一年二月，詔孛羅帖木兒爲江浙行省左丞，總兵至慶元。以泰不華諳知賊情狀，遷浙東道宣慰使都元帥，分兵于溫州，使夾攻之。未幾，國珍寇溫，泰不華縱火筏焚之，一夕遁去。既而孛羅帖木兒密與泰不華約以六月乙未合兵進討。孛羅帖木兒乃以壬辰先期至大閭洋，國珍夜率勁卒縱火鼓譟，官軍不戰皆潰，赴水死者過半。孛羅帖木兒被執，反爲國珍飾辭上聞。泰不華聞之痛憤，輟食數日。朝廷弗之知，復遣大司農達識帖木邇等至黃巖招之。國珍兄弟皆登岸羅拜，退止民間小樓。是夕，中秋月明，泰不華欲命壯士襲殺之，達識帖木邇適夜過泰不華，密以事白之，達識帖木邇曰：「我受詔招降耳，公欲擅命耶？」事乃止。檄泰不華親至海濱，散其徒衆，拘其海舟兵器，國珍兄弟復授官有差。既而遷泰不華台州路達魯花赤。

十二年，朝廷征徐州，命江浙省臣募舟師守大江，國珍懷疑，復入海以叛。泰不華自分以死報國，發兵扼黃巖之澄江，而遣義士王大用抵國珍，示約信，使之來歸，國珍益疑，拘大用不遣，以小舸二百突海門，入州港，犯馬鞍諸山。泰不華語衆曰：「吾以書生登顯要，誠慮負所學。今守海隅，賊甫招徠又復爲變，君輩助我擊之，其克則汝衆功也，不克則我盡死以報國耳。」衆皆踴躍願行。時國珍戚黨陳仲達往來計議，陳其可降狀。泰不華率部衆，張受降旗乘潮而前，船觸沙不能行，垂與國珍遇，呼仲達申前議，仲達目動氣索，泰不華覺其心異，手斬之。卽前搏賊船，射死五人，賊躍入船，復斫死二人，賊舉槊來刺，輒斫折之。賊羣至，欲抱持過國珍船，泰不華嗔目叱之，脫起，奪賊刀，又殺二人。賊攢槊刺之，中頸死，猶植立不仆，投其屍海中。年四十九。時十二年三月庚子也。〔七〕僮名抱琴，及臨海尉李輔德、千戶赤盞、義士張君璧皆死之。泰不華既沒，除江浙行省參知政事，行台州路達魯花赤事，不及聞命。已後三年，追贈榮祿大夫、江浙行省平章政事、柱國，封魏國公，謚忠介，立廟台州，賜額崇節。

泰不華尚氣節，不隨俗浮沉。太平爲臺臣劾去相位，泰不華獨餞送都門外。太平曰：「公且止，勿以我累公。」泰不華曰：「士爲知己死，寧畏禍耶。」後雖爲時相擯斥，人莫不韙之。善篆隸，溫潤遒勁。嘗重類復古編十卷，考正訛字，於經史多有據云。

余闕

余闕字廷心，一字天心，唐兀氏，世家河西武威。父沙剌臧卜，官廬州，遂爲廬州人。少喪父，授徒以養母，與吳澄弟子張恒游，文學日進。

元統元年，賜進士及第，授同知泗州事，爲政嚴明，宿吏皆憚之。俄召入，應奉翰林文字，轉中書刑部主事。以不阿權貴棄官歸。尋以修遼、金、宋三史召，復入翰林，爲修撰。拜監察御史，改中書禮部員外郎，出爲湖廣行省左右司郎中。會莫徭蠻反，右丞沙班當帥師，堅不往，無敢讓之者。闕曰：「右丞當往，受天子命爲方嶽重臣，不思執弓矢討賊，乃欲自逸邪！右丞當往。」沙班曰：「郎中語固是，如芻餉不足何？」闕曰：「右丞第往，此不難致也。」闕下令趣之，三日皆集，沙班行。復以集賢經歷召入。遷翰林待制。出僉浙東道廉訪司事。丁母憂，歸廬州。

盜起河南，陷郡縣。至正十(三)〔二〕年，〔八〕行中書于淮東，改宣慰司爲都元帥府，治淮西，起闕副使、僉都元帥府事，分兵守安慶。于時南北音問隔絕，兵食俱乏，抵官十日而寇至，拒却之。乃集有司與諸將議屯田戰守計，環境築堡寨，選精甲外扞，而耕稼于中。屬縣灊山八社，土壤沃饒，悉以爲屯。明年，春夏大饑，人相食，乃捐俸爲粥以食之，得活者甚衆。民失業者數萬，咸安集之。請于中書，得鈔三萬錠以賑民。陞同知、副元帥。〔九〕又明年秋，大旱，爲文祈灊山神，三日雨，歲以不饑。盜方據石蕩湖，出兵平之，令民取湖魚而輸魚租。十五年夏，大雨，江漲，屯田禾半沒，城下水湧，有物吼聲如雷，闕祠以少牢，水輒縮。秋稼登，得糧三萬斛。闕度軍有餘力，乃浚隍增陴，隍外環以大防，深塹三重，南引江水注之，環植木爲柵，城上四面起飛樓，表裏完固。

俄陞都元帥。廣西猫軍五萬從元帥阿思蘭沿江下抵廬州，闕移文謂苗蠻不當使之窺中國，詔阿思蘭還軍。猫軍有暴於境者，卽收殺之，凜凜莫敢犯。時羣盜環布四外，闕居其中，左提右挈，屹爲江淮一保障。論功，拜江淮行省參知政事，仍守安慶，通道于江右，商旅四集。池州趙普勝帥衆攻城，連戰三日敗去，未幾又至，相拒二旬始退，懷寧縣達魯花赤伯家奴戰死。十七年，趙普勝同青軍兩道攻我，拒戰一月餘，竟敗而走。

秋，拜淮南行省(右)〔左〕丞。〔一〇〕安慶倚小孤山爲藩蔽，命義兵元帥胡伯顏統水軍戍焉。

十月，沔陽陳友諒自上游直擣小孤山，伯顏與戰四日夜不勝，急趣安慶。賊追至山口鎮，明日癸亥，遂薄城下。〔一〕闞遣兵扼於觀音橋。俄饒州祝寇攻西門，闞斬却之。乙巳，賊乘東門紅旗登城，闞簡死士力擊，賊復敗去。戊申，賊并軍攻東西二門，又却之。賊恚甚，乃樹柵起飛樓。庚戌，復來攻我，金鼓聲震地，闞分諸將各以兵扞賊，晝夜不得息。癸卯，〔二〕賊益生兵攻東門。丙午，普勝軍東門，友諒軍西門，祝寇軍南門，羣盜四面蟻集，外無一甲之援。西門勢尤急，闞身當之，徒步提戈為士卒先，士卒號哭止之，揮戈愈力，仍分麾下將督三門之兵，自以孤軍血戰，斬首無算，而闞亦被十餘創。日中城陷，城中火起，闞知不可為，引刀自剄，墮淸水塘中。闞妻耶卜氏及子德生、女福童皆赴井死。同時死者，守臣韓建一家被害，建方臥疾，罵賊不屈，賊執之以去，不知所終。城中民相率登城樓，自捐其梯曰：「寧俱死此，誓不從賊。」焚死者以千計。其知名者，萬戶李宗可、紀守仁、陳彬、金承宗，元帥府都事帖木補化，萬戶府經歷段桂芳，千戶火失不花、新李、盧廷玉、葛延齡、丘巹、許元琰，奏差兀都蠻，百戶黃寅孫，安慶推官黃禿倫歹，經歷楊恒，知事余中，懷寧尹陳巨濟，凡十八人。其城陷之日，則至正十八年正月丙午也。

闞號令嚴信，與下同甘苦，然稍有違令即斬以徇。闞嘗病不視事，將士皆籲天求以身代，闞聞，强衣冠而出。當出戰，矢石亂下如雨，士以盾蔽闞，闞却之曰：「汝輩亦有命，何蔽我爲。」故人爭用命。稍暇，即注周易，帥諸生謁郡學會講，立軍士門外以聽，使知尊君親上之義，有古良將風烈。或欲挽闞入翰林，闞以國步危蹙辭不往，其忠國之心蓋素定也。卒時年五十六。事聞，贈闞攄誠守正清忠諒節功臣、榮祿大夫、淮南江北等處行中書省平章政事、柱國，追封豳國公，謚忠宣。議者謂自兵興以來，死節之臣闞與褚不華爲第一云。

闞留意經術，五經皆有傳注。爲文有氣魄，能達其所欲言。詩體尚江左，高視鮑、謝，徐、庾以下不論也。篆隸亦古雅可傳。初，闞既死，賊義之，求屍塘中，具棺斂葬於西門外。及安慶內附，大明皇帝嘉闞之忠，詔立廟於忠節坊，命有司歲時致祭云。

校勘記

〔一〕（靖）〔淨〕州　見卷一校勘記〔一四〕。

〔二〕（嚶嚶）〔嚶嚶〕　見卷三四校勘記〔一〕。下同。

〔三〕（回回）　據本書原目錄補。

〔四〕混河　此名不見元史他處。按本書卷六四河渠志，泰定三年渾河泛沒大興諸鄉。道光本改「混」爲「渾」，

〔五〕至元元年卒　按後文，天曆三年阿榮與虞集論科舉事，「後三年卒」。天曆三年之後三年，當元

統元年，元書改「至元」爲「元統」，疑是。

〔六〕擢祕書監改禮部侍郎　元制，祕書監卿正三品、太監從三品、少監從四品，禮部侍郎正四品。蒙史改「擢祕書監」爲「擢祕書少監」，疑是。

〔七〕十二年三月庚子　按是月乙巳朔，無庚子日。此處史文有誤。

〔八〕至正十(三)〔二〕年　據青陽集卷九題黃氏貞節集及明正統刊本青陽集忠節附錄卷一宋濂余左丞傳、答祿與權死節本末改。新編已校。

〔九〕陞同知副元帥　按前、後文及青陽集忠節附錄卷一宋濂余左丞傳、答祿與權死節本末，「元帥」上當有「都」字。蒙史已校。

〔一〇〕秋拜淮南行省(右)〔左〕丞　據本書卷四五順帝紀至正十七年八月乙丑條及上引宋濂余左丞傳、答祿與權死節本末改。蒙史已校。

〔一一〕賊追至山口鎮明日癸亥遂薄城下　按青陽集忠節附錄卷一答祿與權死節本末有「十一月壬寅，陳寇率衆萬餘水陸並進，屯于山口鎮，距安慶十五里。癸卯，寇兵至城下」。此處脫「十一月」，又「癸亥」當作「癸卯」。是年十一月辛丑朔，癸卯初三日，下文乙巳、戊申、庚戌日皆在十一月。

〔一二〕癸卯　按青陽集忠節附錄卷一答祿與權死節本末，此係至正十八年正月初四日。此處脫年月。蒙史已校。

元史卷一百四十四

列傳第三十一

答里麻

答里麻，高昌人。大父撒吉斯，〔一〕爲遼王傅，世祖稱其賢。從討李壇，以勳授山東行省大都督。

答里麻弱冠入宿衞。大德十一年，授御藥院達魯花赤，遷回回藥物院，尋出僉湖北、山南兩道廉訪司事，召拜監察御史。時丞相帖木迭兒專權貪肆，答里麻帥同寅亦憐真、馬祖常劾其罪。高昌僧恃丞相威，違法娶婦南城，答里麻詰問之，奮不顧利害，風紀由是大振。擢河東道廉訪副使。隰州村民賽神，因醉毆殺姚甲，爲首者乘鬧逃去，有司逮同會者繫獄，歷歲不決。答里麻曰：「殺人者旣逃，存亡不可知，此輩皆詿誤無罪而反桎梏耶？」悉縱之。至治元年，帖木迭兒復相，以復讎爲事，答里麻辭去。明年，改燕南道廉訪副使。開州達魯花赤石不花歹頗著政績，同僚忌之，嗾民誣其與民妻俞氏飲。答里麻察知俞氏乃八十老嫗，石不花歹實不與飲酒，於是抵誣告者罪，石不花歹復還職。行(堂)〔唐〕縣民斫桑道側，〔三〕偶有人借斧削其杖，其人夜持杖劫民財，事覺，幷逮斧主與盜同下獄。答里麻原其未嘗知情，即縱之。深州民媼怒毆兒婦死，婦方抱其子，子亦誤觸死。媼年七十，同僚議免刑，答里麻不可，曰：「國制，罪人七十免刑，爲其血氣已衰不任刑也。媼既能殺二人，何謂衰老。」卒死獄中。至治元年，除濟寧路總管，〔三〕興學勸農，百廢具修，府無停事。濟陽縣有牧童持鐵連結擊野雀，誤殺同牧者，繫獄數歲。答里麻曰：「小兒誤殺同牧者，實無殺人意，難以定罪。」罰銅遣之。

泰定元年，陞福建廉訪使。朝廷遣宦官伯顏催督綉段，橫取民財，宣政院判官朮鄰亦取賂于富僧，答里麻皆劾之。遷浙西廉訪使。會文宗發江陵，阿兒哈禿來諭旨，求賂不獲，還譖于朝，召至京，處以重罪。比至，帝怒解，遷上都同知留守。

天曆(元)〔二〕年八月，明宗崩，〔四〕文宗入正大統，使者旁午。答里麻朝暮盡力，事無缺失，帝特賜錦衣以嘉之。天曆三年，遷淮東廉訪使。明年，召拜刑部尙書。國制，新君卽位，必賜諸王、駙馬、妃主及宿衞官吏金帛。答里麻曰：「必唱名給散，無虛增之數。」國費大省，帝復賜黃金腰帶以旌其能。

元統元年，陞遼陽行省參知政事。高麗國使朝京，道過遼陽，謁省官，各奉布四匹、書一幅，用征東省印封之。答里麻詰其使曰：「國制，設印以署公牘、防姦僞，何爲封私書？況汝出國時，我尙在京未爲遼陽省官，今何故有書遺我？汝君臣何欺詐如是耶。」使辭屈，還其書與布。

元統三年，遷山東廉訪使。時山東盜起，陳馬騾及新李白晝殺掠。答里麻以爲官吏貪污所致，先劾去之而後上擒賊方略。朝廷嘉納之，卽遣兵擒獲，齊魯以安。除大都路留守。帝宴大臣於延春閣，特賜答里麻白鷹以表其貞廉。帝嘗命答里麻修七星堂。先是，修繕必用赤綠金銀裝飾，答里麻獨務樸素，令畫工圖山林景物，左右年少皆不然。是歲秋，車駕自上京還，入觀之，乃大喜，以手撫壁嘆曰：「有心哉，留守也！」賜白金五十兩、錦衣一襲。至正六年，陞河南行省右丞，改翰林學士承旨。至正七年，遷陝西行臺中丞，時年六十九。致事後，召商議中書平章政事，不拜，全俸優養終身。

月魯帖木兒

月魯帖木兒，卜領勤多禮伯臺氏。曾祖貴裕，事太祖，爲管領怯憐口怯薛官。祖合剌，襲父職，事世祖。父普蘭奚，由宿衛爲中書右司員外郎，與丞相哈剌哈孫建議迎立武宗，累遷至山北遼東道肅政廉訪使。

月魯帖木兒幼警穎，讀書強記，倜儻有大志。年十二，成宗命與哈剌哈孫之子脫歡同入國學。仁宗時入宿衞，一日帝顧問左右曰：「斯人容貌不凡，誰之子耶？」左右忘其父名，月魯帖木兒即對曰：「臣父普蘭奚也。」帝曰：「汝父贊謀以定國難，朕未嘗忘。」因命脫忽台傳旨四怯薛扎撒火孫，令常侍禁廷，毋止其入。

哈剌哈孫欲用爲中書蒙古必闍赤，輒辭焉。哈剌哈孫曰：「汝年幼，欲何爲乎？」對曰：「欲爲御史爾。」人壯其志。久之，遂拜監察御史，巡按上都，劾奏太師、右丞相帖木迭兒受張弼賕六萬貫貸死。帝怒，碎太師印，賜月魯帖木兒鈔萬貫，除兵部郎中，拜殿中侍御史。遷給事中、左侍儀、同修起居注。尋爲右司郎中，賜坐便殿，帝顧左右謂曰：「月魯帖木兒識量明遠，可大用者也。」他日，帝語近臣曰：「朕聞前代皆有太上皇之號，今皇太子且長，可居大位，朕欲爲太上皇，與若等游觀西山以終天年。」御史中丞蠻子、翰林學士明里董阿皆稱善。月魯帖木兒獨起拜曰：「臣聞昔之所謂太上皇，若唐玄宗、宋徽宗，皆當禍亂，不得已而爲之者也。願陛下正大位，以保萬世無疆之業，前代虛名何足慕哉！」帝善其對。

仁宗崩，帖木迭兒復入中書，據相位。參議乞失監以受人金帶繫獄，帖木迭兒乃使乞失監愬月魯帖木兒爲御史時誣丞相受賕。皇太后命丞相哈散等即徽政院推問不實，事遂釋。帖木迭兒乃奏以月魯帖木兒爲山東鹽運司副使，降亞中大夫爲承事郎，期月間鹽課增以萬計。丁外艱，扶喪西還。擢山南江北道肅政廉訪副使。泰定初，遷汴梁路總管，再調總管武昌，以養親不赴。

致和元年，河南行省平章伯顏矯制起月魯帖木兒爲本省參知政事，共議起兵。月魯帖木兒固辭曰：「皇子北還，問參政受命何人，則將何辭以對？」伯顏怒。會明里董阿迓皇子過河南，而月魯帖木兒爲御史時嘗劾其娶娼女冒受封，明里董阿因說伯顏收之，丞相別不花亦與之有隙，乃謫月魯帖木兒乾寧安撫司安置。至順四年，移置雷州。

至元六年，順帝召之還。至正二年，入覲，帝欲留之，以母喪未葬辭。四年，乃起同知將作院事。尋除大宗正府也可札魯花赤。九年，由太醫院使拜翰林學士承旨、知經筵事。進讀之際，引援經史，一本於王道，帝嘉納焉。

十二年，江南諸郡盜賊充斥，詔拜月魯帖木兒平章政事，行省江浙，因言于丞相脫脫曰：「守禦江南爲計已緩，若得從權行事，猶有可爲。」不從。陛辭，賜尚醞、御衣、弓矢、甲冑、衞卒十人、鈔萬五千貫以行。比至鎮，引僚屬集父老詢守備之方，招募民兵數千人，號令明肅。統師次建德，獲首賊何福斬于市，遂復淳安等縣，俘獲萬餘人，復業者三萬餘家。是年七月，次徽州，以疾卒于軍中。

卜顏鐵木兒

卜顏鐵木兒字珍卿，唐兀吾密氏。性明銳倜儻，早備宿衞，歷事武宗、仁宗、英宗。天曆初，由太常署丞拜監察御史，陞殿中侍御史，累除大都路達魯花赤、都轉運鹽使、肅政廉訪使，由行中書省參知政事陞左右丞，擢行御史臺中丞，遂拜江浙行省平章政事。

至正十二年春，蘄、黃賊徐壽輝遣兵陷湖廣，侵江東、西，詔卜顏鐵木兒率軍討之。卜顏鐵木兒益募壯健爲兵，得驍勇士三千人、戰艦三百艘。時湖廣平章政事也先帖木兒、江西平章政事星吉、江南行臺御史中丞蠻子海牙皆以兵駐太平，宿留不進。卜顏帖木兒至，乃與俱前。賊方聚丁家洲，官軍猝與遇，奮擊敗之，遂復銅陵縣，擒其賊帥，復池州。遂分遣萬戶普賢奴屯陽陵，王建中屯白面渡，閭兒討無爲州，而自率鎮撫不花、萬戶明安駐池口，以防遏上流，爲之節度。

已而江州再陷，星吉死之。蠻子海牙及威順王寬徹普化軍俱潰而東。安慶被圍益急，遣使來求援，諸將皆欲自守信地，卜顏鐵木兒曰：「何言之不忠耶！安慶與池止隔一水，今安慶固守是其節也，而救患之義我其可緩。且上流官軍雖潰，然皆百戰之餘，所乏者錢穀器具而已，吾受命總兵，其可視之而不恤哉！」卽大發帑藏以周之，潰軍皆大集，而兩軍之勢復振，安慶之圍遂解。

十三年三月，賊衆復來攻池州，衆且十萬，諸縣皆應之。卜顏帖木兒會諸將謀曰：「賊表裏連結，若俟其築壘成而坐食諸縣之粟，破之實難。今新至疲弊，如乘其驕惰，盡銳攻之，則頃刻之間功可成矣。」衆曰：「諾。」遂分番與戰，果大敗之，擒其僞帥，俘斬無算，諸縣復平，遂乘勝率舟師以進。五月，與戰于望江，又戰小孤山及彭澤，又戰龍開河，皆破走之。進復江州，留兵守之。七月，進兵攻蘄州，擒其僞帥鄒普泰，遂克其城。進兵道士洑，焚其柵，抵蘭溪口，賊之巢曰黃連寨，又克而殲之。分兵平兩巴河，於是江路始通。十一月，與蠻子海牙、四川行省參知政事哈臨秃、左丞桑秃失里、〔三〕西寧王牙罕沙軍合，而湖廣左丞伯顏不花等軍皆會。十二月，分道進攻蘄水縣，拔其僞都，獲僞將相而下四百餘人，徐壽輝僅以身免。以功詔賜上尊、黃金帶。

時丞相脫脫方總戎南征，聞諸賊皆已破，乃檄伯顏不花征淮東，蠻子海牙守裕溪口，威順王還武昌，而卜顏鐵木兒獨控長江。十六年六月，復以軍守池州。十一月，卒。

卜顏鐵木兒持身廉介，人不敢干以私，其爲將所過不受禮遺宴犒，民不知有兵。性至孝，幼養於叔父阿朮，事之如親父。常乘花馬，時稱爲花馬兒平章云。

星吉

星吉字吉甫，河西人。曾祖朶吉，祖搠思吉朶而只，父搠思吉，世事太祖、憲宗、世祖爲怯里馬赤。

星吉少給事仁宗潛邸，以精敏稱。至治初，授中尙監，改右侍儀，兼修起居注。拜監察御史，有直聲。自是十五遷爲宣政院使，出爲江南行御史臺御史大夫。時承平日久，內外方以觀望爲政，星吉獨持風裁，御史行部，必敕厲而遣之。湖東僉事三寶住，儒者也，性廉介，所至搏貪猾無所貸。御史有以自私請者，拒不納，則誣以事劾之。章至，星吉怒曰：「若人之廉，孰不知之，乃敢爲是言耶。」卽奏杖御史而白其誣。執政者惡之，移湖廣行省平章政事。

湖廣地連江北，威順王歲嘗出獵，民病之。又起廣樂園，多萃名倡巨賈以網大利，有司莫敢忤。星吉至，謁王，王闔中門，啓左扉，召以入。星吉引繩牀坐王中門西，言曰：「吾受天子命來作牧，非王私臣也，焉得由不正之道入乎！」閽者懼，入告王，王命啓中門。星吉入，責王曰：「王，帝室之懿，古之所謂伯父叔父者也。今德音不聞，而騁獵宣淫，賈怨於下，恐非所以自貽多福也。」王急握星吉手謝之，爲悉罷其所爲。有胡僧曰小住持者，服三品命，恃寵橫甚，數以事淩轢官府。星吉命掩捕之，得妻妾女樂婦女十有八人，獄具，罪而籍之，由是豪强斂手，貧弱稱快。

至正十一年，汝、潁妖賊起，會僚屬議之，或曰：「有鄭萬戶，老將也，宜起而用之。」星吉乃命募土兵，完城池，修器械，嚴巡警，悉以其事屬鄭。賊聞之，遣其黨二千來約降。星吉與鄭謀曰：「此詐也，然降而卻之，於是爲不宜，宜受而審之可也。」果得其情，乃殲之，械其渠魁數十人以俟命。適有旨召爲大司農。同僚受賊賂，且嫉其功，乃誣鄭罪，釋其所械者。明日，〔六〕賊大至，內外響應，城遂陷。武昌之人駢首夜泣曰：「大夫不去，吾豈爲俘囚乎？」星吉既入見，具陳賊本末。帝大喜，命賜食。

時宰不悅，奏爲江西行省平章政事，員外置。星吉至江東，詔令守江州。時江州已陷，賊據池陽。太平官軍止有三百人，賊號百萬，衆皆欲走。星吉曰：「畏賊而逃，非勇也；坐而待攻，非智也。汝等皆有妻子財物，縱逃其可免乎？」乃貸富人錢，募人爲兵。先是，行臺募兵，人給百五十千，無應者。至是，星吉募兵，人五十千，衆爭赴之，一日得三千人。乃具舟楫直趨銅陵，克之。又破賊白馬灣。賊敗走，分兵躡之，抵白湄，賊窮急回拒官軍，官軍乘勝奮擊，賊盡殪，擒其渠魁周驢，奪船六百艘，軍聲大振，遂復池州。乃命諸將分道討賊，復石埭諸縣。

賊復來攻，命王惟恭列陣當之，鋒始交，出小艦從旁橫擊，大破走之，進據淸水灣。伺者告賊艦至自上流，順風舉帆，衆且數十倍，諸將失色。星吉曰：「無傷也，風勢盛，彼倉卒必不得泊，但伏橫港中偃旗以待，俟過而擊之，無不勝矣。」風怒水駛，賊奄忽而過，乃命舉旗張帆鼓譟而薄之，官軍殊死戰，風反爲我用，又大破之。時賊久圍安慶，捷聞，遽燒營走。進復湖口縣，克江州，留兵守之。命王惟恭柵小孤山，而星吉自據番陽口，綴江湖要衝以圖恢復。

時湖廣已陷，江西被圍，淮、浙亦多故，卒無繼援之者，日久糧益乏，士卒咸困。或曰：「東南完實，盍因糧以圖再舉乎？」星吉曰：「吾受命守江西，必死於此。」衆莫敢復言。有頃，賊乘大船四集，來攻我軍，取蒹葦編爲大筏，塞上下流火之。我軍力戰，衆死且盡。星吉之從子伯不華與親兵數十人死之。星吉猶堅坐不動。賊發矢射星吉，乃昏仆。賊素聞星吉名，不忍害，舁置密室中，至旦乃蘇。賊羅拜，爭饋以食，星吉斥之，遂不復食，凡七日，乃自力而起，北面再拜曰：「臣力竭矣。」遂絕，年五十七。

星吉爲人公廉明決，及在軍中，能與將士同甘苦，以忠義感激人心，故能以少擊衆，得人死力云。

福壽

福壽，唐兀人。幼俊茂，知讀書，尤善應對。旣長，入備環衛，用年勞授長寧寺少卿，改引進使，陞知侍儀使，進正使，出爲饒州路達魯花赤，擢淮西廉訪副使，入爲工部侍郎，僉太常禮儀院事，拜監察御史，改戶部侍郎，陞尙書，出爲燕南廉訪使，又五遷爲同知樞密院事。

至正十一年，潁州以賊反告，時車駕在上都，朝堂皆猶豫未決，欲驛奏以待命。福壽獨以謂「比使得請還，則事有弗及矣」。於是決議調兵五百，遣衞官哈剌章、忻都、怯來討之而後以聞。順帝善其處事得宜，明年，改也可札魯忽赤。未幾出爲淮南行省平章政事。是時濠、泗俱已陷，師久無功。福壽至，督戰甚急，而上游賊勢甚洶湧，福壽乃議築石頭，斷江面，守禦有方，衆恃以爲固。

十五年，遷江南行臺御史大夫。先是，集慶嘗有警，阿魯灰以湖廣平章政事將苗軍來援，事平，其軍鎭揚州。而阿魯灰御軍無紀律，苗蠻素獷悍，日事殺虜，莫能治。俄而苗軍殺阿魯灰以叛，而集慶之援遂絕。及高郵、廬、和等州相繼淪陷，而集慶勢益孤，人心益震恐，且倉庫無積蓄，計未知所出，於是民乃願爲兵以自守。福壽因下令民多貲者皆助以糧餉，激厲士衆，爲完守計。朝廷知其勞，數賞賚焉。

十六年三月，大明兵圍集慶，福壽數督兵出戰，盡閉諸城門，獨開東門以通出入，而城中勢不復能支，城遂破。百司皆奔潰，福壽乃獨據胡牀坐鳳凰臺下，指麾左右。或勸之去，叱之曰：「吾爲國家重臣，城存則生，城破則死，尙安往哉！」達魯花赤達尼達思見其獨坐若有所爲者，從問所決，留弗去。俄而亂兵四集，福壽遂遇害，不知所在，達尼達思亦死之。又同時死者，有治書侍御史賀方。達尼達思字思明。賀方字伯京，晉寧人，以文學名。事聞，朝廷贈福壽金紫光祿大夫、江浙行省左丞相、上柱國，追封衞國公，謚忠肅。

道童

道童，高昌人，自號石巖。性深沉寡言，以世冑入官，授直省舍人，歷官淸顯，素負能名。調信州路總管，移平江，皆以善政稱。至正元年，遷大都路達魯花赤，出爲江浙行省參知政事，尋召參政中書，頃之又出爲江浙行省右丞，遂陞本省平章政事。

十一年，詔仍以平章政事行省江西。是年，賊起蘄、黃，平章政事禿堅理不花將兵捍江州。既而土寇蠭起，道童素不知兵事，倉皇無所措。左右司郞中普顏不花曰：「今賊勢衝突，城中無備，萬一失守，奈何？有章伯顏左丞者，致仕居撫州，其人熟知軍務，宜以便宜禮請之，使署本省左丞事，專任調遣軍旅，庶幾事有可濟。」道童從其言，而伯顏亦欣然爲起，曰：「此正我報國之秋也。」至則與普顏不花設禦敵計，甚悉。

明年正月，湖廣陷，禿堅里不花由江州遁還。二月，普顏不花將兵往江州，至石頭渡，遇賊戰敗，道童聞之大恐，卽懷省印遁走。普顏不花還，與伯顏定爲城守之計。後數日，道童始自南昌民家來歸，遂議分門各守以備敵。三月，賊衆來圍城。城中置各廂官及各巷長，晝夕堅守，衆心翕然。而道童素恤民，能任人，有功者必賞，無功或不加罪，故多爲之用。賊圍城凡兩月而民無離志。道童密召死士數千人，面塗以青，額抹黃布，衣黃衣，爲前鋒，又別選精銳數千爲中軍，而募助陣者殿後。命萬戶章妥因卜魯哈歹領之。夜半，開門伏兵柵下，黎明鉦鼓大震，因奮擊賊，賊驚以爲神，敗走。遂乘勝擣其營，復分兵掃其餘黨。是時，章伯顏、普顏不花之功居多。伯顏尋以疾卒。朝廷以道童捍城有功，加大司徒、開府，仍賜龍衣御酒。

及秋，朝廷命亦憐眞班爲江西行省左丞相，火你赤爲左丞，同將兵來江西。未幾，亦憐眞班卒，道童屬火你赤平富、瑞二州，分鎭其地。適歲大旱，公私匱乏，道童乃移咨江浙行省，借米數十萬石、鹽數十萬引，凡軍民約三日人糴官米一斗，入昏鈔貳貫，又三日買官鹽十斤，入昏鈔貳貫，民皆便之。由是按堵如故，而賊亦不敢犯其境。

十八年夏四月，陳友諒復攻江西城。時火你赤已陞平章政事，加營國公，行便宜事，任專兵柄，而素與道童不相能，且貪忍不得將士心，見城且陷，遂夜遁去。道童亦棄城退保撫州路，欲集諸縣義兵以圖克復，而勢已不可爲。因嘆曰：「我爲元朝大臣，官至極品，今城陷不守，尚何面目復見人乎！」適賊追者至，道童欲迎敵，渡水，未登岸，賊衆乘之，遂爲所害。事聞，賜謚忠烈。

校勘記

〔一〕大父撒吉斯　考異云：「卽撒吉思，有傳。」撒吉思傳見本書卷一三四。

〔二〕行（堂）〔唐〕縣　從道光本改。

〔三〕至治元年除濟寧路總管　按上文有「至治元年，帖木迭兒復相，以復仇爲事，答里麻辭去」河東廉訪副使，「明年，改燕南道廉訪副使」，又列敍在任期間事，此處重書「至治元年」，當有衍誤。

〔四〕天曆（元）〔二〕年八月明宗崩　據本書卷三一、三三明宗紀、文宗紀天曆二年八月庚寅條改。

〔五〕桑禿失里　疑當作「桑哥失里」。見卷四三校勘記〔五〕。

〔六〕明日　按宋學士集卷七一星吉神道碑銘「明日」作「明年正月」，與本書卷四二順帝紀至正十二年正月己未條「徐壽輝遣鄒普勝陷武昌」相符。新元史改作「明年」，是。

元史卷一百四十五

列傳第三十二

亦憐眞班

亦憐眞班，西夏人。父俺伯，〔一〕以忠勤事世祖，爲知樞密院事。

亦憐眞班性剛正，動有禮法。仁宗召見，令入宿衞。延祐六年超拜翰林侍講學上、中奉大夫。至治二年，調同知通政院事，擢虎符唐兀親軍都指揮使。泰定初，遷資善大夫、典瑞院使。天曆二年，以選爲太子家令，尋陞資政大夫、同知樞密院事，擢侍御史，仍兼指揮使。至順初，拜翰林學士承旨、榮祿大夫，遷功德使，指揮使如故。尋出爲陝西行省平章政事，未行，復爲翰林學士承旨。元統、至元之間，伯顏爲丞相，專權擅政，嫉其論事不阿，出爲江南行臺御史大夫。尋殺其子答里麻，而謫置海南。及伯顏敗，乃得召還朝。

至正六年，拜光祿大夫、御史大夫，〔二〕盡選中外廉能之官置諸風憲，一時號稱得人。遷宣政院使，出爲甘肅行省平章政事，設法弭西羌之寇，民賴以安，立石頌之。召還，爲銀青榮祿大夫、知樞密院事，提調太醫院，尋加金紫光祿大夫，復爲御史大夫、知經筵事，兼宣忠斡羅思扈衞親軍指揮使。嘗奏言：「風俗人心日趨於薄，請禁故吏不許彈劾所事官長。」

太師馬扎兒台與子丞相脫脫既謫居在外，時相欲傾之，嗾人告變，且扳臺臣同上奏。亦憐眞班曰：「凡爲相者孰無閑退之日，況脫脫父子在官無大咎過，奈何迫之於險？」終不從。經筵進講必詳必愼，故每讀譯文必被嘉納。監察御史劾奏時相，帝不聽，亦憐眞班反復論奏不已，由是忤上意，出爲江浙行省平章政事，遷拜湖廣行省左丞相。復召知樞密院事。十一年，潁、亳兵起，朝廷命將出師，多失律致敗，數進言于時相，不見聽，復出爲江浙行省左丞相。

十二年，移江西行省左丞相。於是妖寇由蘄、黃陷饒州，饒之屬邑安仁與龍興相接境，其民皆相挻爲亂。亦憐眞班道出安仁，因駐兵招之，來者厚加賞賚，不從者命子哈藍朶兒只與江西左丞火你赤等乘高縱火攻散之。餘干久爲盜區，亦聞風順服。先是江西行省平章政事道童以寬容爲政，軍民懈弛。亦憐眞班既至，風采一新，威聲大振，所在羣盜咸謀歸款矣。十四年八月，以疾卒于官，所部爲之喪氣。事聞，贈推忠佐運正憲秉義同德功臣，追封齊王，謚忠獻。

子九人：長答里麻；次普達失理，翰林學士承旨、知制誥兼修國史；桑哥八剌，同知稱海宣慰司事；哈藍朶兒只，宣政院使；桑哥答思，嶺北行省平章；沙嘉室理，嶺北行省參政；易納室理，大宗正也可扎魯火赤；馬的室理，僉書樞密院事；馬剌室理，內八府宰相。

廉惠山海牙

廉惠山海牙字公亮，布魯海牙之孫，希憲之從子也。父阿魯渾海牙，廣德路達魯花赤。惠山海牙幼孤，言及父，輒泣下。獨養母而家日不給，垢衣糲食不以爲耻。母喪，哀毀踰禮，負喪渡江而風濤作，舟人以神龍忌屍爲言，卽仰天大呼曰：「吾將祔母于先人，神奈何阨我也。」風遂止。年弱冠，大臣欲俾入宿衞。辭曰：「吾大父事世祖，以通經號廉孟子。今方設科取士，願讀書以科第進。」乃入國學積分。

至治元年，登進士第，授承事郎、同知順州事。有弓匠提舉馬都剌者，怙勢奪州民田，同列畏之。惠山海牙至卽治其事。在官期年，用薦者召入史館，預修英宗、仁宗實錄，〔三〕尋拜監察御史。時中書省有大臣貪猥狠籍，卽抗章劾之，語同列曰：「儻以言責獲罪，吾之職也。」既又劾奏明里董阿不當攝祭太廟。遷都水監，疏會通河，隄灤、漆二水，又修京東閘。歷祕書丞、會福總管府治中，上疏言二月迎佛費財蠹俗，時論韙之。出僉淮東廉訪司事，遷江浙行省左右司員外郎，既而歷僉河東、河南、江西廉訪司事，陞江南行御史臺經歷。時山東鹽法大壞，以選除都轉運使，曾未期月，用課最，賞賚金幣、上尊。至正三年初，行郊禮，召拜侍儀使。明年，預修遼、金、宋三史。遷崇文太監。自是累遷爲河南行省右丞。時有詔發民治決河，徧騷屬郡，亟以不便上言，而時宰不用。遷湖廣行省右丞，以武昌失守連坐，既而事白，遷江西行省右丞。

時所隸郡縣多陷于賊，乃與平章政事、司徒道童協謀殫力，以定守禦招捕之策，就除本道廉訪使。未幾，江西省治亦陷，惠山海牙遁往福建。久之，除僉江浙行樞密院事，改拜福建行省右丞，以兵鎭延平、邵武，境內以寧。居歲餘，奉詔還治省事，總備禦事，且督賦稅由海道供京師，朝廷賴焉。遷行宣政院使。明年，拜翰林學士承旨、知制誥兼修國史。卒，年七十有一。

月魯不花

月魯不花字彥明，蒙古遜都思氏。生而容貌魁偉，咸以令器期之。未冠，父脫帖穆耳以千戶職戍越，因受業于韓性先生，爲文下筆立就，粲然成章。就試江浙鄉闈，中其選，居右榜第一。方揭曉，試官夢月中有花象，已而果符其名，人以爲異。遂登元統元年進士第，授將仕郎、台州路錄事司達魯花赤。縣未有學，乃首建孔子廟，既又延儒士為之師，以教後進。丁外艱。

至正元年，朝廷立行都水監，以選為其監經歷。尋擢廣東廉訪司經歷。會廷議將治河決，以行都水監丞召之，比至，改集賢待制，除吏部員外郎。奉命至江浙糴粟二十四萬石，至則第戶產之高下，以為糴之多寡，不擾而事集。既而軍餉不給，又奉命出糴于江浙，召父老諭曰：「今天子宵衣旰食，惟恐澤不下民而民不得其所耳，然奈盜賊何。夫討賊者必先糧餉，以我不汝擾，故命我復來，蓋討賊即所以安民耳。父老其謂何？」衆咸應曰：「公言是也。」不踰月，糧事以畢。丁母憂，中書遣賻且起復，不應。

未幾，太師、右丞相脫脫南征，辟從軍事，督饋餉，饋餉用舒。陞吏部郎中，尋拜監察御史。首上疏言：「郊廟禮甚缺，天子宜躬祀南郊，殷祭太室。」繼又上疏言：「皇太子天下之本，當簡老成重臣為輔導，以成其德。」帝皆嘉納之。陞吏部侍郎，銓選於江浙，時稱其公允。適朝廷有建議欲於河間、長蘆置局造海船三百艘者，月魯不花即為書具言其非便。言入中書，忤議者，遷工部侍郎。後分部彰德，道過河間，民遮擁拜謝曰：「微公言，吾民其斃矣。」

會方重選守令，以保定密邇京畿，除保定路達魯花赤，陛辭，詔諭諄切。保定歲輸糧數十萬石於新鄉，苦弗便。月魯不花請輸京倉以便之。俄除吏部尚書。保定父老百數詣闕，言乞留監郡以撫吾民，遂以尚書仍知郡事。會賊北渡河，日修城浚濠爲戰守具。廷議發五省八衞軍出戍外鎭，月魯不花疏願留其兵護本郡，遂兼統黑軍數千人及團結西山八十二寨民義軍，勢大張。賊再侵境，皆不利，遁去。陞中奉大夫，錫上尊四、馬百匹，僚佐增秩有差，別降宣敕俾賞有功者。召還爲詳定使。保定民不忍其去，繪像以祀之。去保定一月而城陷矣。

朝廷以月魯不花夙負民望，令入城招諭之，抵城，賊堅壁不出，民多竊出謁拜者。改大都路達魯花赤。有執政以故中書令耶律楚材先塋地冒奏與蕃僧爲業者，月魯不花格之，卒弗與。轉吏部尚書。會劇賊程思忠據永平，其佐雷帖木兒不花僞降，事覺被擒，殺之，思忠壁守遂益堅。詔令月魯不花招撫之，衆悉難其行，月魯不花毅然曰：「臣死君命，分也，奈何先計禍福哉。」竟入城諭賊，賊皆感泣羅拜納降。

還，遷翰林侍講學士，俄復爲大都路達魯花赤。入見帝宣文閣，有旨若曰：「朕以畿甸之民疲敝，特選爾撫吾民。爾毋峻威，毋弛法，或挾權以干汝於非法，其卽以聞。」視事之初，帝及皇后、皇太子皆遣使賜之酒。有權臣以免役事來謁，月魯不花面斥曰：「聖訓在耳不敢違。」轉資善大夫，拜江南行御史臺中丞。陛辭之日，帝御嘉禧殿慰勞之，且賜以上尊、金幣；

皇太子亦書「成德誠明」四大字賜之。月魯不花乃由海道趨紹興，爲政寬猛不頗。詔進階一品爲榮祿大夫。既而除浙西肅政廉訪使。

會張士誠據浙西，僭王號，度弗可與並處，謂姪同壽曰：「吾家世受國恩，恨不能刺賊以報國，矧乃與賊同處邪。」令同壽具舟載妻子，而匿身木櫃中，蔽以藁秸，脫走，至慶元。士誠部下察知之，遣鐵騎百餘追至曹娥江，不及而返。

俄改山南道廉訪使，浮海北而往，道阻，還抵鐵山，遇倭賊船甚衆，乃挾同舟人力戰拒之，倭賊紿言投降，弗納。於是賊卽登舟攫月魯不花令拜伏，月魯不花罵曰：「吾朝廷重臣，寧爲賊拜邪。」遂遇害。當遇害時，麾家奴那海刺殺首賊。次子樞密院判官老安、姪百家奴扞敵，亦死之。同舟死事者八十餘人。事聞，朝廷贈攄忠宣武正憲徇義功臣、銀青榮祿大夫、遼陽等處行中書省平章政事、上柱國，謚忠肅。

達禮麻識理

達禮麻識理字遵道，怯烈台氏。其先北方大族，六世祖始居開平。父曰阿刺不花，江西行省參知政事，追封趙國公，謚襄惠。

達禮麻識理幼穎敏，從師授經史，過目輒領解。至正五年，經筵選充譯史，益自砥礪于學，搢紳先生皆以遠大期之。轉補御史臺譯史，遂除御史臺照磨。十五年，拜監察御史，出僉山北道肅政廉訪司事，未行，留爲詹事院長史。俄遷工部員外郎，復留爲長史。明年，除中議，尋陞參議詹事院事。十七年，爲太子家令。十八年，歷祕書太監、吏部侍郎、御史臺經歷、中書右司郎中。十九年，除刑部尚書，提調南北兵馬司巡綽事。盜逼畿甸，人心大恐。達禮麻識理能鎭之以靜，民恃以爲安。二十一年，由中書參議陞中書參知政事、同知經筵事。二十三年冬，遷上都留守，兼開平府尹，加榮祿大夫，分司土嶺，東鎭三州，以督轉輸。

二十四年，朝廷以前中書平章政事塔失帖木兒來爲留守。時孛羅帖木兒擁兵京師，而皇太子出居于外，達禮麻識理與塔世帖木兒皆以忠義許國，相與結人心以覰時變。未幾，改授塔世帖木兒爲大司農。塔世帖木兒謂達禮麻識理曰：「我至京師則制於强臣，未易圖也。」因留不行。適脫吉兒以孛羅帖木兒命屯兵蓋里泊，託腹心於宗王也速也不堅，授以金印，俾駐上都之東郊，而以留守善安集兵於瓦吉剌部落。〔四〕達禮麻識理遇之有禮，善安辭去。孛羅帖木兒復調帖木兒、託忽速哥至上都，以守禦爲名，事益矛盾。達禮麻識理與之周旋，略無幾微見於外，而密遣前宗正扎魯忽赤月魯帖木兒潛通音問于罕哈哈剌海行樞密知院益老答兒，請亟調兵南行。又遣留守司照磨陳恭取兵興州，訪求在閑官吏之有才者，約束東西手八剌哈赤、虎賁司，糾集丁壯苗軍，火銃什伍相聯，一旦布列鐵旛竿山下，揚言四方勤王之師皆至，帖木兒等大駭，一夕東走，其所將兵盡潰。由是達禮麻識理增修武備，城守益嚴。

二十五年，皇太子在冀寧，命立上都分省，達世帖木兒爲平章政事，達禮麻識理爲右丞，便宜行事，以固護根本。七月，禿堅帖木兒用孛羅帖木兒命以兵犯上都，先遣利用少監帖里哥赤至上都，令廣備糧餼，遠迓大軍。達禮麻識理開陳大義，戮之於市，民情乃定。已而禿堅帖木兒帥鐵甲馬步軍蔽野而至，呼聲動天。達禮麻識理飭軍士城守，申明逆順之理以安人心，巡視城壁，晝夜不少息。夜遣死士縋城而下，焚其攻具，而調副留守禿魯迷失海牙引兵由小東門出，與之大戰臥龍岡，敗之。未幾，孛羅帖木兒伏誅，禿堅帖木兒皆奔潰，而上都以安。拜中書右丞，兼上都留守，提調虎賁司，加光祿大夫，賜黃金繫腰，仍命提調東西手八剌哈赤。既而上都分省罷，遙授中書平章政事、上都留守，位居第一，力辭不允。

明年，召爲大宗正府也可扎魯忽赤。又明年，拜太子詹事。奉詔至軍中，宣明大義，藩將感悅。遷翰林學士承旨。秋，除知樞密院事、大撫軍院事。初，大撫軍院之立，皇太子用完者帖木兒、答爾麻、帖林沙、伯顏帖木兒、李國鳳等計，事以備禦擴廓帖木兒，既而政權不一，事務益乖，各復引去，而達禮麻識理之至，事且無可爲者。

達禮麻識理之卒也，先一夕，怯薛官哈剌章者，阿兒剌氏阿魯圖孫也，夜夢太祖召見，語之曰：「我以勤勞取天下，以傳于妥歡帖睦爾。而愛猷識理達臘不克肖似，廢壞我家法，苟不卽改圖，天命不可保矣。爾吾功臣之後，且誠實，故召汝語，汝明旦亟以吾言告而主及愛猷識理達臘。汝不以告，吾卽殛汝，告而不改，則吾它有處之。達禮麻識理其人庶幾識事宜者，然知而不言，將焉用之，吾其先殛之矣。」明旦，哈剌章入見帝，具以夢告，帝令以告皇太子。比出，則達禮麻識理已無疾而卒矣。

校勘記

〔一〕父俺伯　本證云：「俺伯卽暗伯，自有傳。」暗伯傳見本書卷一三三。

〔二〕至正六年拜光祿大夫御史大夫　按本書卷四〇順帝紀至元六年七月己未條有「以亦憐眞班爲御史大夫」，疑「至正」爲「至元」之誤。

〔三〕預修英宗仁宗實錄　按仁宗爲英宗之父，不當列英宗下。本書泰定紀泰定元年十二月丙寅條有命「修纂英宗、顯宗實錄」，元書改「仁宗」爲「顯宗」，疑是。

〔四〕瓦吉剌部落　元無「瓦吉剌部」。甕吉剌部在上都東北應昌路，與此處所述地望相符。疑「瓦」爲「甕」字之誤。

元史卷一百四十六

列傳第三十三

耶律楚材 子鑄附

耶律楚材字晉卿，遼東丹王突欲八世孫。父履，以學行事金世宗，特見親任，終尚書右丞。

楚材生三歲而孤，母楊氏教之學。及長，博極羣書，旁通天文、地理、律曆、術數及釋老、醫卜之說，下筆爲文，若宿構者。金制，宰相子例試補省掾。楚材欲試進士科，章宗詔如舊制。問以疑獄數事，時同試者十七人，楚材所對獨優，遂辟爲掾。後仕爲開州同知。

貞祐二年，宣宗遷汴，完顏(復)〔福〕興行(中)〔尚〕書事，〔一〕留守燕，辟爲左右司員外郎。太祖定燕，聞其名，召見之。楚材身長八尺，美髯宏聲。帝偉之，曰：「遼、金世讎，朕爲汝雪之。」對曰：「臣父祖嘗委質事之，既爲之臣，敢讎君耶！」帝重其言，處之左右，遂呼楚材曰吾圖撒合里而不名，吾圖撒合里，蓋國語長髯人也。

己卯夏六月，帝西討回回國。禡旗之日，雨雪三尺，帝疑之，楚材曰：「玄冥之氣，見於盛夏，克敵之徵也。」庚辰冬，大雷，復問之，對曰：「回回國主當死于野。」後皆驗。夏人常八斤，以善造弓，見知於帝，因每自矜曰：「國家方用武，耶律儒者何用。」楚材曰：「治弓尙須用弓匠，爲天下者豈可不用治天下匠耶。」帝聞之甚喜，日見親用。西域曆人奏五月望夜月當蝕。楚材曰：「否。」卒不蝕。明年十月，楚材言月當蝕，西域人曰不蝕，至期果蝕八分。壬午八月，長星見西方，楚材曰：「女直將易主矣。」明年，金宣宗果死。帝每征討，必命楚材卜，帝亦自灼羊胛，以相符應。指楚材謂太宗曰：「此人，天賜我家。爾後軍國庶政，當悉委之。」甲申，帝至東印度，駐鐵門關，有一角獸，形如鹿而馬尾，其色綠，作人言，謂侍衞者曰：「汝主宜早還。」帝以問楚材，對曰：「此瑞獸也，其名角端，能言四方語，好生惡殺，此天降符以告陛下。陛下天之元子，天下之人，皆陛下之子，願承天心，以全民命。」帝卽日班師。

丙戌冬，從下靈武，諸將爭取子女金帛，楚材獨收遺書及大黃藥材。旣而士卒病疫，得大黃輒愈。帝自經營西土，未暇定制，州郡長吏，生殺任情，至孥人妻女，取貨財，兼土田。燕薊留後長官石抹咸得卜尤貪暴，殺人盈市。楚材聞之泣下，卽入奏，請禁州郡，非奉璽書，不得擅徵發，囚當大辟者必待報，違者罪死，於是貪暴之風稍戢。燕多劇賊，未夕，輒曳牛車指富家，取其財物，不與則殺之。時睿宗以皇子監國，事聞，遣中使偕楚材往窮治之。楚材詢察得其姓名，皆留後親屬及勢家子，盡捕下獄。其家賂中使，將緩之，楚材示以禍福，中使懼，從其言，獄具，戮十六人于市，燕民始安。

己丑秋，太宗將即位，宗親咸會，議猶未決。時睿宗爲太宗親弟，故楚材言於睿宗曰：「此宗社大計，宜早定。」睿宗曰：「事猶未集，別擇日可乎？」楚材曰：「過是無吉日矣。」遂定策，立儀制，乃告親王察合台曰：「王雖兄，位則臣也，禮當拜。王拜，則莫敢不拜。」王深然之。及即位，王率皇族及臣僚拜帳下，既退，王撫楚材曰：「眞社稷臣也。」國朝尊屬有拜禮自此始。時朝集後期應死者衆，楚材奏曰：「陛下新即位，宜宥之。」太宗從之。

中原甫定，民多誤觸禁網，而國法無赦令。楚材議請肆宥，衆以云迂，楚材獨從容爲帝言。詔自庚寅正月朔日前事勿治。且條便宜一十八事頒天下，其略言：「郡宜置長吏牧民，設萬戶總軍，使勢均力敵，以遏驕橫。中原之地，財用所出，宜存恤其民，州縣非奉上命，敢擅行科差者罪之。貿易借貸官物者罪之。蒙古、回鶻、河西諸人，種地不納稅者死。監主自盜官物者死。應犯死罪者，具由申奏待報，然後行刑。貢獻禮物，爲害非輕，深宜禁斷。」帝悉從之，唯貢獻一事不允，曰：「彼自願饋獻者，宜聽之。」楚材曰：「蠹害之端，必由於此。」帝曰：「凡卿所奏，無不從者，卿不能從朕一事耶？」

太祖之世，歲有事西域，未暇經理中原，官吏多聚斂自私，貲至鉅萬，而官無儲偫。近臣別迭等言：「漢人無補於國，可悉空其人以爲牧地。」楚材曰：「陛下將南伐，軍需宜有所資，誠均定中原地稅、商稅、鹽、酒、鐵冶、山澤之利，歲可得銀五十萬兩、帛八萬匹、粟四十餘萬石，足以供給，何謂無補哉？」帝曰：「卿試爲朕行之。」乃奏立燕京等十路徵收課稅使，凡長貳悉用士人，如陳時可、趙昉等皆寬厚長者，極天下之選，參佐皆用省部舊人。辛卯秋，帝至雲中，十路咸進廩籍及金帛陳于廷中，帝笑謂楚材曰：「汝不去朕左右，而能使國用充足，南國之臣，復有如卿者乎？」對曰：「在彼者皆賢於臣，臣不才，故留燕，爲陛下用。」帝嘉其謙，賜之酒。即日拜中書令，事無鉅細，皆先白之。

楚材奏：「凡州郡宜令長吏專理民事，萬戶總軍政，凡所掌課稅，權貴不得侵之。」又舉鎭海、粘合，均與之同事，權貴不能平。咸得卜以舊怨，尤疾之，譖於宗王曰：「耶律中書令率用親舊，必有二心，宜奏殺之。」宗王遣使以聞，帝察其誣，責使者，罷遣之。屬有訟咸得卜不法者，帝命楚材鞫之，奏曰：「此人倨傲，故易招謗。今將有事南方，他日治之未晚也。」帝私謂侍臣曰：「楚材不較私讎，眞寬厚長者，汝曹當效之。」中貴可思不花奏採金銀役夫及種田西域與栽蒲萄戶，帝令於西京宣德徙萬餘戶充之。楚材曰：「先帝遺詔，山後民質樸，無異國人，緩急可用，不宜輕動。今將征河南，請無殘民以給此役。」帝可其奏。

壬辰春，帝南征，將涉河，詔逃難之民，來降者免死。或曰：「此輩急則降，緩則走，徒以資敵，不可宥。」楚材請製旗數百，以給降民，使歸田里，全活甚衆。舊制，凡攻城邑，敵以矢石相加者，卽爲拒命，旣克，必殺之。汴梁將下，大將速不台遣使來言：「金人抗拒持久，師多死傷，城下之日，宜屠之。」楚材馳入奏曰：「將士暴露數十年，所欲者土地人民耳。得地無民，將焉用之！」帝猶豫未決，楚材曰：「奇巧之工，厚藏之家，皆萃于此，若盡殺之，將無所獲。」帝然之，詔罪止完顏氏，餘皆勿問。時避兵居汴者得百四十七萬人。

楚材又請遣人入城，求孔子後，得五十一代孫元措，奏襲封衍聖公，付以林廟地。命收太常禮樂生，及召名儒梁陟、王萬慶、趙著等，使直釋九經，進講東宮。又率大臣子孫，執經解義，俾知聖人之道。置編修所於燕京、經籍所於平陽，由是文治興焉。

時河南初破，俘獲甚衆，軍還，逃者十七八。有旨：居停逃民及資給者，滅其家，鄉社亦連坐。由是逃者莫敢舍，多殍死道路。楚材從容進曰：「河南旣平，民皆陛下赤子，走復何之！奈何因一俘囚，連死數十百人乎？」帝悟，命除其禁。金之亡也，唯秦、鞏二十餘州久未下，楚材奏曰：「往年吾民逃罪，或萃于此，故以死拒戰，若許以不殺，將不攻自下矣。」詔下，諸城皆降。

甲午，議籍中原民，大臣忽都虎等議，以丁爲戶。楚材曰：「不可。丁逃，則賦無所出，當以戶定之。」爭之再三，卒以戶定。時將相大臣有所驅獲，往往寄留諸郡，楚材因括戶口，並令爲民，匿占者死。

乙未，朝議將四征不廷，若遣回回人征江南，漢人征西域，深得制御之術，楚材曰：「不可。中原、西域，相去遼遠，未至敵境，人馬疲乏，兼水土異宜，疾疫將生，宜各從其便。」從之。

丙申春，諸王大集，帝親執觴賜楚材曰：「朕之所以推誠任卿者，先帝之命也。非卿，則中原無今日。朕所以得安枕者，卿之力也。」西域諸國及宋、高麗使者來朝，語多不實，帝指楚材示之曰：「汝國有如此人乎？」皆謝曰：「無有。殆神人也！」帝曰：「汝等唯此言不妄，朕亦度必無此人。」有于元者，奏行交鈔，楚材曰：「金章宗時初行交鈔，與錢通行，有司以出鈔爲利，收鈔爲諱，謂之老鈔，至以萬貫唯易一餅。民力困竭，國用匱乏，當爲鑒戒。今印造交鈔，宜不過萬錠。」從之。

秋七月，忽都虎以民籍至，帝議裂州縣賜親王功臣。楚材曰：「裂土分民，易生嫌隙。不如多以金帛與之。」帝曰：「已許奈何？」楚材曰：「若朝廷置吏，收其貢賦，歲終頒之，使毋擅科徵，可也。」帝然其計，遂定天下賦稅，每二戶出絲一斤，以給國用；五戶出絲一斤，以給諸王功臣湯沐之資。地稅，中田每畝二升又半，上田三升，下田二升，水田每畝五升；商稅，三十分而一；鹽價，銀一兩四十斤。既定常賦，朝議以爲太輕，楚材曰：「作法於涼，其弊猶貪，後將有以利進者，則今已重矣。」

時工匠制造，糜費官物，十私八九，楚材請皆考覈之，以爲定制。時侍臣脫歡奏簡天下室女，詔下，楚材尼之不行，帝怒。楚材進曰：「向擇美女二十有八人，足備使令。今復選拔，臣恐擾民，欲覆奏耳。」帝良久曰：「可罷之。」又欲收民牝馬，楚材曰：「田蠶之地，非馬所產，今若行之，後必爲人害。」又從之。

丁酉，楚材奏曰：「制器者必用良工，守成者必用儒臣。儒臣之事業，非積數十年，殆未易成也。」帝曰：「果爾，可官其人。」楚材曰：「請校試之。」乃命宣德州宣課使劉中隨郡考試，以經義、詞賦、論分爲三科，儒人被俘爲奴者，亦令就試，其主匿弗遣者死。得士凡四千三十人，免爲奴者四之一。

先是，州郡長吏，多借賈人銀以償官，息累數倍，曰羊羔兒利，至奴其妻子，猶不足償。楚材奏令本利相侔而止，永爲定制，民間所負者，官爲代償之。至一衡量，給符印，立鈔法，定均輸，布遞傳，明驛券，庶政略備，民稍蘇息焉。

有二道士爭長，互立黨與，其一誣其仇之黨二人爲逃軍，結中貴及通事楊惟忠，〔三〕執而虐殺之。楚材按收惟忠。中貴復訴楚材違制，帝怒，繫楚材；既而自悔，命釋之。楚材不肯解縛，進曰：「臣備位公輔，國政所屬。陛下初令繫臣，以有罪也，當明示百官，罪在不赦。今釋臣，是無罪也，豈宜輕易反覆，如戲小兒。國有大事，何以行焉！」衆皆失色。帝曰：「朕雖爲帝，寧無過舉耶？」乃溫言以慰之。楚材因陳時務十策，曰：信賞罰，正名分，給俸祿，官功臣，考殿最，均科差，選工匠，務農桑，定土貢，制漕運。皆切於時務，悉施行之。

太原路轉運使呂振、副使劉子振，以贓抵罪。帝責楚材曰：「卿言孔子之教可行，儒者爲好人，何故乃有此輩？」對曰：「君父教臣子，亦不欲令陷不義。三綱五常，聖人之名教，有國家者莫不由之，如天之有日月也。豈得緣一夫之失，使萬世常行之道獨見廢於我朝乎！」帝意乃解。

富人劉忽篤馬、涉獵發丁、劉廷玉等以銀一百四十萬兩撲買天下課稅，楚材曰：「此貪利之徒，罔上虐下，爲害甚大。」奏罷之。常曰：「興一利不如除一害，生一事不如省一事。任尚以班超之言爲平平耳，千古之下，自有定論。後之負譴者，方知吾言之不妄也。」帝素嗜酒，日與大臣酣飲，楚材屢諫，不聽，乃持酒槽鐵口進曰：「麴蘖能腐物，鐵尙如此，況五臟乎！」帝悟，語近臣曰：「汝曹愛君憂國之心，豈有如吾圖撒合里者耶？」賞以金帛，敕近臣日進酒三鍾而止。

自庚寅定課稅格，至甲午平河南，歲有增羨，至戊戌課銀增至一百一十萬兩。譯史安天合者，諂事鎭海，首引奧都剌合蠻撲買課稅，又增至二百二十萬兩。楚材極力辨諫，至聲色俱厲，言與涕俱。帝曰：「爾欲搏鬬耶？」又曰：「爾欲爲百姓哭耶？姑令試行之。」楚材力不能止，乃歎息曰：「民之困窮，將自此始矣！」

楚材嘗與諸王宴，醉臥車中，帝臨平野見之，直幸其營，登車手撼之。楚材熟睡未醒，方怒其擾己，忽開目視，始知帝至，驚起謝，帝曰：「有酒獨醉，不與朕同樂耶。」笑而去。楚材不及冠帶，馳詣行宮，帝爲置酒，極歡而罷。

楚材當國日久，得祿分其親族，未嘗私以官。行省劉敏從容言之，楚材曰：「睦親之義，但當資以金帛。若使從政而違法，吾不能徇私恩也。」

歲辛丑二月三日，帝疾篤，醫言脈已絕。皇后不知所爲，召楚材問之，對曰：「今任使非人，賣官鬻獄，囚繫非辜者多。古人一言而善，熒惑退舍，請赦天下囚徒。」后卽欲行之，楚材曰：「非君命不可。」俄頃，帝少蘇，因入奏，請肆赦，帝已不能言，首肯之。是夜，醫者候脈復生，適宣讀赦書時也，翌日而瘳。冬十一月四日，帝將出獵，楚材以太乙數推之，亟言其不可，左右皆曰：「不騎射，無以爲樂。」獵五日，帝崩于行在所。皇后乃馬眞氏稱制，崇信姦回，庶政多紊。奧魯剌合蠻以貨得政柄，廷中悉畏附之。楚材面折廷爭，言人所難言，人皆危之。

癸卯五月，熒惑犯房，楚材奏曰：「當有驚擾，然訖無事。」居無何，朝廷用兵，事起倉卒，后遂令授甲選腹心，至欲西遷以避之。楚材進曰：「朝廷天下根本，根本一搖，天下將亂。臣觀天道，必無患也。」後數日乃定。后以御寶空紙，付奧都剌合蠻，使自書塡行之。楚材曰：「天下者，先帝之天下。朝廷自有憲章，今欲紊之，臣不敢奉詔。」事遂止。又有旨：「凡奧都剌合蠻所建白，令史不爲書者，斷其手。」楚材曰：「國之典故，先帝悉委老臣，令史何與焉。事若合理，自當奉行，如不可行，死且不避，況截手乎！」后不悅。楚材辨論不已，因大聲曰：「老臣事太祖、太宗三十餘年，無負於國，皇后亦豈能無罪殺臣也。」后雖憾之，亦以先朝舊勳，深敬憚焉。

甲辰夏五月，薨于位，年五十五。皇后哀悼，賻贈甚厚。後有譖楚材者，言其在相位日久，天下貢賦，半入其家。后命近臣麻里扎覆視之，唯琴阮十餘，及古今書畫、金石、遺文數千卷。至順元年，贈經國議制寅亮佐運功臣、太師、上柱國，追封廣寧王，〔三〕謚文正。子鉉、鑄。

鑄字成仲，幼聰敏，善屬文，尤工騎射。楚材薨，嗣領中書省事，時年二十三。鑄上言宜疏禁網，遂采歷代德政合於時宜者八十一章以進。戊午，憲宗征蜀，詔鑄領侍衞驍果以從，屢出奇計，攻下城邑，賜以尚方金鎖甲及內廏驄馬。乙未，憲宗崩，阿里不哥叛，鑄棄妻子，挺身自朔方來歸，世祖嘉其忠，卽日召見，賞賜優厚。中統二年，拜中書左丞相。是年冬，詔將兵備禦北邊，後徵兵扈從，敗阿里不哥于上都之北。

至元元年，加光祿大夫。奏定法令三十七章，吏民便之。二年，行省山東。未幾徵還。初，淸廟雅樂，止有登歌，詔鑄製宮懸八佾之舞。四年春三月，樂舞成，表上之，仍請賜名大成，制曰「可」。六月，改榮祿大夫、平章政事。五年，復拜光祿大夫、中書左丞相。十年，遷平章軍國重事。十三年，詔監修國史。朝廷有大事，必咨訪焉。十九年，復拜中書左丞相。二十年冬十月，坐不納職印、妄奏東平人聚謀爲逆、閒諜幕僚、及黨罪囚阿里沙，遂罷免，仍沒其家貲之半，徙居山後。二十二年卒，年六十五。

子十一人：希徵，希勃，希亮，希寬，希素，希固，希周，希光，希逸淮東宣慰使，餘失其名。至順元年，贈推忠保德宣力佐治功臣、太師、開府儀同三司、上柱國、懿寧王，謚文忠。

粘合重山 子南合

粘合重山，金源貴族也。國初爲質子，知金將亡，遂委質焉。太祖賜畜馬四百匹，使爲宿衞官必闍赤。從平諸國有功，圍涼州，執大旗指麾六軍，手中流矢，不動。已而爲侍從官，數得侍宴內廷。因諫曰：「臣聞天子以天下爲憂，憂之，未有不治；忘憂，未有能治者也。置酒爲樂，此忘憂之術也。」帝深嘉納之。立中書省，以重山有積勳，授左丞相。時耶律楚材爲右丞相，凡建官立法，任賢使能，與夫分郡邑，定課賦，通漕運，足國用，多出楚材，而重山佐成之。

太宗七年，從伐宋，詔軍前行中書省事，許以便宜。師入宋境，江淮州邑望風款附，重山降其民三十餘萬，取定城、天長二邑，不誅一人。復入中書視事，賜中廐馬十匹、貫珠袍一。卒，贈太尉，封魏國公，謚忠武。

十年，詔其子江淮安撫使南合，嗣行軍前中書省事。時大將察罕圍壽春，七日始下，欲屠其城，南合曰：「不降者，獨守將耳，其民何罪。」由是獲免。

初，世祖伐宋軍于汴，南合進曰：「李璮承國厚恩，坐制一方，然其人多詐，叛無日矣。」帝亦患之。中統元年，兩遷宣撫使。明年，授中書右丞、中興等路行中書省事。三年，遷秦蜀五路四川行中書省事。其年李璮反益都，帝使諭南合曰：「卿言猶在耳，璮果反矣。卿宜謹守西鄙。」對曰：「臣謹受詔，不敢以西鄙爲陛下憂。」明年，授中書平章政事。四年，病卒。〔四〕封魏國公，謚宣昭。子博溫察兒，知河中府。

楊惟中

楊惟中字彥誠，弘州人。金末，以孤童子事太宗，知讀書，有膽略，太宗器之。年二十，奉命使西域三十餘國，宣暢國威，敷布政條，俾皆籍戶口屬吏，乃歸，帝於是有大用意。

皇子闊出伐宋，命惟中於軍前行中書省事。克宋棗陽、光化等軍，光、隨、郢、復等州，及襄陽、德安府，凡得名士數十人，收伊、洛諸書送燕都，立宋大儒周惇頤祠，建太極書院，延儒士趙復、王粹等講授其間，遂通聖賢學，慨然欲以道濟天下。拜中書令，太宗崩，太后稱制，惟中以一相負任天下。

定宗即位，平陽道斷事官斜徹橫恣不法，詔惟中宣慰，惟中按誅之。金亡，其將武仙潰于鄧州，餘黨散入太原、眞定間，據大明川，用金開興年號，衆至數萬，剽掠數千里，詔會諸道兵討之，不克。惟中仗節開諭，降其渠帥，餘黨悉平。

憲宗即位，世祖以太弟鎭金蓮川，得開府專封拜。乃立河南道經略司於汴梁，奏惟中等爲使，俾屯田唐、鄧、申、裕、嵩、汝、蔡、息、亳、潁諸州。初滅金時，以監河橋萬戶劉福爲河南道總管，福貪鄙殘酷，虐害遺民二十餘年。惟中至，召福聽約束，福稱疾不至，惟中設大梃於坐，復召之，使謂福曰：「汝不奉命，吾以軍法從事。」福不得已，以數千人擁衞見惟中，惟中即握大梃擊仆之，數日福死，河南大治。遷陝右四川宣撫使。時諸軍帥橫侈病民，郭千戶者尤甚，殺人之夫而奪其妻，惟中戮之以徇，關中肅然。語人曰：「吾非好殺，國家綱紀不立，致此輩賊害良民，無所控告，雖欲不去可乎！」

歲己未，世祖總統東師，奏惟中爲江淮京湖南北路宣撫使，俾建行臺，以先啓行，宣布恩信，蒙古、漢軍諸帥並聽節制。師還，卒于蔡州，年五十五。中統二年，追謚曰忠肅公。

校勘記

〔一〕完顏（復）〔福〕興行（中）〔尚〕書事　元文類卷五七宋子貞耶律楚材神道碑作「完顏承暉留守燕京行尚書省」。按金史卷一〇一承暉傳：「承暉，字維明，本名福興。」又按金史卷一四宣宗紀、卷五五百官志，時金無中書省。「復」、「中」皆誤，據改。

〔二〕通事楊惟忠　蒙史改「忠」爲「中」，並注云：「楊惟中舊傳云奉命使西域三十餘國，故當時有通事之目。」

〔三〕追封廣寧王　蒙史改作「懿寧王」，並注云：「舊傳作廣寧王。按廣寧爲別勒古台孫爪都封號，不宜復以此號封異姓功臣。今據耶律鑄附傳作懿寧王；卽懿州、廣寧府也。考食貨志，曳剌兀圖撒罕里分撥歲賜五戶絲在大都等處，而封號顧稱懿寧者，因楚材八世祖東丹王突欲故封地在此而名之耳，非實封也。」

〔四〕明年授中書平章政事四年病卒　前文已書中統三年，此又云「明年」、「四年」，當有脫文。按本書卷五世祖紀至元元年五月己亥條有「以中書右丞粘合南合爲平章政事」，此「明年」當指至元元年，卽中統五年。此處「明年」與「四年」均有脫誤。

元史卷一百四十七

列傳第三十四

張柔 〔弘略〕〔一〕

張柔字德剛，易州定興人，世力農。柔少慷慨，尚氣節，善騎射，以豪俠稱。金貞祐間，河北盜起，柔聚族黨保西山東流寨，〔二〕選壯士，結隊伍以自衛，盜不敢犯。郡人張信，假柔聲勢，納流人女爲妻，柔鞭信百，而還其女。信憾之，謀結黨害柔。未幾，信有罪當誅，柔救之得免，於是驍勇之士，多慕義從之。

中都經略使苗道潤承制授柔定興令，累遷（青）〔清〕州防禦使。〔三〕道潤表其才，加昭毅大將軍，遙領永（寧）〔定〕軍節度使，〔四〕兼雄州管內觀察使，權元帥左都監，行元帥府事。繼而道潤爲其副賈瑀所殺，瑀遣使以好辭來告曰：「吾得除道潤者，以君不助兵故也。」柔怒叱使者曰：「瑀殺吾所事，吾食瑀肉且未足快意，反以此言相戲耶！」遂移檄道潤部曲，會易州軍市川，誓衆爲之復讎，衆皆感泣。適道潤麾下何伯祥，得道潤所佩金虎符以獻，因推柔行經略使事。事聞，加驃騎將軍、中都留守，兼大興府尹、本路經略使，行元帥事。

戊寅，國兵出紫荆口，柔率所部逆戰於狼牙嶺，馬蹶被執，遂以衆降，太祖還其舊職，得以便宜行事。柔招集部曲，下雄、易、安、保諸州，攻破賈瑀於孔山，誅瑀，剖其心祭道潤。瑀黨郭收亦降，盡有其衆，徙治滿城。

金眞定帥武仙，會兵數萬來攻，柔以兵數百，出奇迎戰，大破之。乘勝攻完州，下之，獲州佐甄（仝）〔全〕。〔五〕（仝）〔全〕慷慨就戮，柔義而釋之，且升爲守，使將部曲以從。己卯，仙復來攻，敗走之，進拔郎山、（祈）〔祁〕陽、〔六〕曲陽，諸城寨聞之，皆降。既而中山叛，柔引兵圍之，與仙將葛鐵鎗戰于新樂，流矢中柔頷，折其二齒，拔矢以戰，斬首數千級，擒藁城令劉成，遂拔中山。仙復會兵攻滿城，柔登城拒戰，復爲流矢所中，仙兵大呼曰：「中張柔矣。」柔不爲動，開門突戰，皆敗走。略地至鼓城，單騎入城，喻以禍福，城遂降。又敗仙於（祈）〔祁〕陽，進攻深澤、寧晉、安平，克之。分遣別將攻下平棘、藁城、無極、欒城諸縣，闢地千餘里。由是深、冀以北，（鎮）〔眞〕定以東三十餘城，〔七〕緣山反側鹿兒、野貍等寨，相繼降附。一月之間，與仙遇者凡十有七，每戰輒勝。

方獻捷于行在所，行次宣德，而易州軍叛，逐其守盧應妻子，〔八〕據西山馬頭寨。柔聞之，卽棄輜重還，出奇計破其寨，而誅叛者，歸其妻子。加榮祿大夫、河北東西等路都元帥，號拔都魯，置官屬，將士遷授有差。

燕帥孛赤台數凌柔，柔不爲下，乃譖柔於中都行臺曰：「張柔驍勇無敵，向被執而降，今委以兵柄，戰勝攻取，威震河朔，失今不圖，後必難制。常欲殺我，我不敢南也。」行臺召柔，幽之土室，孛赤台施帳寢其上，環以甲騎，明日將殺之，孛赤台一夕暴死，柔乃得免。金經略使固安王子昌，善戰知名，與信安張進連兵，阻水爲固，遠近憚之。柔出其不意，率兵徑渡，生擒以還。

乙酉，眞定武仙殺其帥史天倪，其弟天澤使來求援。柔遣驍將喬惟忠等率千餘騎赴之，與仙戰，敗之。遂分遣惟忠、宋演略彰德，徇齊魯；聶福堅略靑、魏、山東。璽書授柔行軍千戶、保州等處都元帥。丙戌，遣將以兵從國王孛魯，攻李全于益都，降之。丁亥，移鎭保州。保自兵火之餘，荒廢者十五年，盜出沒其間。柔爲之畫市井，定民居，置官廨，引泉入城，疏溝渠以瀉卑濕，通商惠工，遂致殷富；遷廟學于城東南，增其舊制。

壬辰，從睿宗伐金，語其衆曰：「吾用兵，殺人多矣，寧無冤者。自今以往，非與敵戰，誓不殺也。」圍汴京，柔軍於城西北，金兵屢出拒戰，柔單騎陷陣，出入數四，金人莫能支。金主自黃陵岡渡河，次滬廝岡，欲取衞州，柔以兵合擊，金主敗走睢陽。其臣崔立以汴京降，柔於金帛一無所取，獨入史館，取金實錄幷祕府圖書；訪求耆德及燕趙故族十餘家，衞送北歸。遂圍睢陽，金主走汝南。汝南恃柴潭爲阻，會宋孟珙以兵糧來會，珙決其南，潭水涸。金人懼，啓南門求死戰，柔以步卒二十餘突其陣，促聶福堅先登，擒二校以歸。又遣張信據其內隍，諸軍齊進，金主自殺。汝南旣破，下令屠城，一小校縛十人以待，一人貌獨異，柔問之，狀元王鶚也，解其縛，賓禮之。入朝，太宗歷數其戰功，班諸帥上，賜金虎符，升軍民萬戶。

乙未，從皇子闊出拔棗陽，繼從大帥太赤攻徐、邳。丁酉，詔屯兵曹武以逼宋。道出九里關，柔欲率所部徑往，或言關甚險，宋必設伏，不若與大軍俱進。不聽，與二十騎直前據關，方解甲而食，宋兵出兩山間，圍數重，騎皆失色，柔單騎馳突潰圍。大軍繼至，遂達曹武，悉下緣山諸堡，攻洪山寨，破之，遂營山下。柔率衆出略地他處，宋兵乘虛來襲，柔還，與之遇，自旦至暮，凡十餘戰，大敗宋師，斬其將校十有三人。遂會諸軍取光州，又進趣黃州，破三山寨，至大湖中，得戰艦，沿江接戰，壁於黃州西北隅。有乘舟出者，柔曰：「此偵伺我隙者也，夜必襲吾不備。」乃分軍爲三以待之。二鼓時，宋師果至，柔邀擊之，俘數百人，溺死者不可計。攻其東門，矢石雨注，軍少却，柔率死士十餘，奮戈大呼，所向仆踣，執俘而還。宋師懼，請和，乃還軍。

大帥察罕攻滁州，柔以二百騎往。時廬、泗、盱眙、安豐間，宋屯戍相望，斥候甚嚴，或勸柔勿行，不聽，且戰且前，凡二十餘戰。比至滁，察罕以滁久不拔，欲解去，柔請決戰，從之。既陣，宋驍將出挑戰，柔佯却，宋將驕，柔馳及之，撾擊墜地，宋將執柔轡曳入其陣，飛石中柔鼻，兩軍鬨，柔得還，裹瘡復戰。夜遣鞏彥暉刦其營，焚城東南隅，柔〔率〕銳卒五十七人先登，〔九〕拔之。己亥，以本官節制河南諸翼兵馬征行事，河南三十餘城皆屬焉。

庚子，詔柔等八萬戶伐宋。辛丑，升保州爲順天府，賜御衣數襲、名馬二、尙廐馬百。柔率師自五河口濟淮，略和州諸城，師還，分遣部下將千人屯田于襄城。察罕奏柔總諸軍鎭杞。初，河決於汴，西南入陳留，分而爲三，杞居其中潬。宋兵恃舟楫之利，駐亳、泗，犯汴、洛，以擾河南。柔乃卽故杞之東西中三山夾河，順殺水勢，築連城，結浮梁，爲進戰退耕之計，敵不敢至。會諸軍攻破壽州，柔欲留兵守之，察罕不從。又敗宋師于泗州，還杞上。帳下吏夾谷顯祖得罪亡走，上變誣柔，執柔以北。大臣多以闔門保柔者，卒辨其誣，顯祖伏誅。

辛亥，憲宗卽位，換授金虎符，仍軍民萬戶。甲寅，移鎭亳州。環亳皆水，非舟楫不達，柔甃城壁爲橋梁屬汴堤，以通商賈之利，復建孔子廟，設校官弟子員。入奏，帝悅，賜衣一襲，碉根甲一、金符九、銀符十九，頒將校之有功者。

己未，分裨將張果、王仲仁，從憲宗征蜀；王安國、胡進、田伯榮、宋演，從宗王塔察兒攻荆山；柔從世祖攻鄂。世祖由大勝關，柔由虎頭關，與宋兵遇於沙窩，柔子弘彥擊破之，進與守關兵戰，敗之。世祖自陽羅渡江，促柔會兵攻鄂，百餘日不能下。世祖諭之曰：「吾猶獵者，不能擒圈中豕，野獵以供汝食，汝可破圈而取之。」柔乃令何伯祥作鵝車，洞掘其城，別遣勇士先登，攻其西南陬，屢破之。會憲宗凶問至，宋亦行成，世祖北還，命柔統領蒙古、漢軍，以俟後命，城白鹿磯，爲久駐計。

中統元年，世祖卽位，詔班師。阿里不哥反，世祖北征，詔柔入衞，至盧朐河，有詔止之。分其兵三千五百衞京師，以子弘慶爲質。二年，以金實錄獻諸朝，且請致仕，封安肅公，命第八子弘略襲職。

至元三年，加榮祿大夫，判行工部事，城大都。四年，進封蔡國公。五年六月卒，年七十九。贈推忠宣力翊運功臣、太師、開府儀同三司、上柱國，諡武康。延祐五年，加封汝南王，諡忠武。子十有一人，弘略、弘範最顯，弘範自有傳。

弘略字仲傑，柔第八子也。有謀略，通經史，善騎射。嘗從柔鎭杞徙亳。歲乙卯，入朝憲宗，授金符，權順天萬戶。從征蜀，以其幼，賜錦衣，令還鎮。柔旣致仕，授弘略金虎符、順天路管民總管、行軍萬戶，仍總宣德、河南、懷孟等路諸軍屯亳者。

中統三年，李璮反，求救於宋將夏貴。貴自蘄乘虛北奪亳、滕、徐、宿、邳、滄、濱七州，新蔡、符離、蘄、利津四縣，殺守將。弘略率戰船遏之于渦口，貴退保蘄，弘略發亳軍攻之，水陸並進。宋兵素憚亳軍，焚城宵遁，追殺殆盡，獲軍資不可計，盡復所失地。李璮旣誅，追問當時與璮通書者，獨弘略書皆勸以忠義，事得釋。朝廷懲璮叛逆，務裁諸侯權以保全之，因解弘略兵職，宿衞京師，賜只孫冠服，以從宴享。

至元三年，城大都，佐其父爲築宮城總管。八年，授朝列大夫、同行工部事，兼領宿衞親軍、儀鸞等局。十三年，城成，賜內帑金釦、瑇瑁巵，授中奉大夫、淮東道宣慰使。十四年，宋廣王昺據閩、廣，時東海縣儲粟數萬，行省檄弘略將兵二千戍之，仍命造舟運粟入淮安。弘略顧民舟，有能載粟十石者與一石，人爭趨之，一月而畢。

十六年，遷江西宣慰使。會饒州盜起，犯都昌。弘略以爲，饒雖屬江東，與南康止隔一湖，此寇不滅，則吾境必有相扇而起者。乃使人直擣其巢穴，生縛賊酋，磔于市，餘黨潰散。下令曰：「不操兵者，皆爲平民，餘無所問。」頃之，以疾歸亳。有讒貴臣子在江南買田宅樂而忘歸者，詞引弘略。或謂弘略曰：「公但居亳，未嘗在江南，入見宜自明。」弘略曰：「明之，則言者獲譴矣，吾寧稱疾家居。」

二十九年，見世祖於龍虎臺，請曰：「臣之子玠長矣，願備宿衞。」從之，且賜以酒曰：「卿年未老，謝事何爲。」特命爲河南行省參知政事。元貞二年卒。贈推忠佐理功臣、銀青榮祿大夫、平章政事、上柱國、蔡國公，謚忠毅。子三人：玠，瑾，琰。

史天倪〔楫　權　樞〕〔一〇〕

史天倪字和甫，燕之永清人。曾祖倫，少好俠，因築室發土得金，始饒於財。金末，中原塗炭，乃建家塾，招徠學者，所藏活豪士甚衆，以俠稱於河朔，士族陷爲奴虜者，輒出金贖之。甲子，歲大侵，發粟八萬石賑饑者，士皆爭附之。祖成珪，倜儻有父風。遭亂，盜賊四起，乃悉散其家財，唯存廩粟而已。

父秉直，讀書尙氣義。癸酉，太師、國王木華黎統兵南伐，所向殘破，秉直聚族謀曰：「方今國家喪亂，吾家百口，何以自保！」既而知降者皆得免，乃率里中老稚數千人，詣涿州軍門降。木華黎欲用秉直，秉直辭而薦其子，乃以天倪爲萬戶，而命秉直管領降人家屬，屯霸州。秉直拊循有方，遠近聞而附者，十餘萬家。尋遷之漠北，降人道饑，秉直得所賜牛羊，悉分食之，多所全活。甲戌，從木華黎攻北京，乙亥，北京降，木華黎承制，以烏野兒爲北京路都元帥，秉直行尚書六部事，主餽餉，軍中未嘗乏絕。庚寅，以老謝事，歸鄉里。卒，年七十一。三子：長天倪，次天安，次天澤。天澤自有傳。

天倪始生之夕，白氣貫庭。成童，姿貌魁傑。有道士見而異之曰：「封侯相也。」及長，好學，日誦千言。大安末，舉進士不第，乃歎曰：「大丈夫立身，獨以文乎哉！使吾遇荒鷄夜鳴，擁百萬之衆，功名可唾手取也。」木華黎見而奇之。既以萬戶統諸降卒，從木華黎略地三關已南，至于東海，所過城邑皆下。因進言於木華黎曰：「金棄幽燕，遷都于汴，已失策矣。遼水東西諸郡，金之腹心也。我若得大寧以扼其喉襟，則金雖有遼陽，終不能保矣。」木華黎善之。

先，倫卒時，河朔諸郡結清樂社四十餘，社近千人，歲時像倫而祠之。至是，天倪選其壯勇萬人爲義兵，號清樂軍，以從兄天祥爲先鋒，所向無敵，分兵略三河、薊州，諸寨望風款服。甲戌，朝太祖于燕之幄殿，所陳皆奇謀至計，大稱旨，賜金符，授馬步軍都統，管領二十四萬戶。從木華黎攻高州，又從攻北京，皆不戰而克。

乙亥，授右副都元帥，改賜金虎符。奉詔南征，圍平州，金經略使乞住降。進兵眞定，所屬部邑無不款附。而眞定帥武仙，固守不下，遂移軍圍大名，衆謂城堅不可擊，天倪使攻其西南角，勁卒屢上屢却，天倪先登，守者辟易，遂破其城。丙子，會木華黎兵於燕南，淸州監軍王守約、平州推官合達，俱以城叛，連謀越海歸金，天倪追襲至樂安，合達以益都行省忙古兵來拒，敗之，殺守約，擒忙古，斬首萬級。

丁丑，徇山東諸郡，部卒有殺民豕者，立斬以徇，軍中肅然，遠近響應，知中山李明、趙州李瑀、邢州武貴、威州武振、磁州李平、洺州張立等，望風皆下。己卯，從木華黎徇河東，至絳州，其團樓甃以石，牢不可破，天倪命穴其旁，地虛，樓陷，遂拔之。木華黎喜，賞以繡衣、金鞍、名馬。庚辰，還軍眞定，武仙降。木華黎承制以天倪爲金紫光祿大夫、河北西路兵馬都元帥，行府事；仙副之。天倪乃言於木華黎曰：「今中原粗定，而所過猶縱鈔掠，非王者弔民伐罪意也。且王奉天子命，爲天下除暴，豈復效其所爲乎！」王曰：「善。」下令：敢有剽虜者，以軍法從事。辛巳，金懷州元帥王榮、潞州元帥裴守謙、澤州太守王珍皆以城降。壬午，攻濟南水寨，破之。

癸未，徇山西，遂克三關，不浹旬，定四十餘寨。兵至河衞，喜曰：「河衞者，東門之限也。河衞既破，則東門不能守矣。」嚴實以兵來會，請自攻河衞，天倪曰：「合達、蒲瓦，亦勍敵也。」實曰：「易與耳，保爲公破之。」明日，實與蒲瓦兵遇於南門，合達兵自北奄至，實兵敗，竟爲所執。天倪曰：「合達以實歸汴，必以今夕。」急命馮存、杜必貴，率壯士一千三百，伏延津柳渡。果夜縛實過延津，遇存等，與戰，敗之，實得脫歸，必貴戰死。未幾，帝命天倪回軍眞定。

甲申夏，大名總管彭義斌以宋兵犯河朔，天倪逆戰於恩州，義斌敗，入保大名。乙酉，師還，聞武仙之黨據西山腰水、鐵壁二寨以叛，天倪直擣其巢穴，盡掩殺之。仙怒，謀作亂，乃設宴邀天倪，有知其謀者，止天倪毋往，天倪不從，遂爲仙所殺。

天倪之赴眞定也，秉直密戒之曰：「觀武仙之辭氣，終不爲我用，宜備之。」天倪曰：「我以赤心待人，人或相負，天必不容，願無慮。」秉直乃攜其孫楫、權還北京。至是，人服其先識。先是，天倪擊鞠夜歸，有大星隕馬前，有聲，心惡之，果及禍。天倪死時，年三十九。妻程氏，聞亂，恐汚於賊，乃自殺。子五人，其三人尚幼，俱死於難，惟楫、權在。

楫字大濟。歲己亥，知中山府事。尋遷征南行軍萬戶，徇地蘄、黃，善撫士卒，所向有功。壬寅，天澤引楫入見太宗，〔二〕奏曰：「臣兄天倪死事時，二子尚幼，臣受詔攝行府事，今楫已成人，乞解職授之。」帝嘉歎曰：「今之爭官者多，讓官者少，卿此舉殊可嘉尚。朕自有官與之。」卽以楫爲眞定兵馬都總管，佩金虎符。

辛亥，朝廷始徵包銀，楫請以銀與物折，仍減其元數，詔從之，著爲令。各道以楮幣相貿易，不得出境，二三歲輒一易，鈔本日耗，商旅不通，楫請立銀鈔相權法，人以爲便。或請運鹽按籍計口，給民以食，楫爭其不可，曰：「鹽鐵從民貿易，何可若差稅例配之。」議遂寢。元氏民有愬府僚於達官者，質之無實，將抵之死，楫力爲營解，達官曰：「是人陷汝輩死地，而反救之，何耶？」楫曰：「誅之固足以懲後，未若宥之，以愧其心。況人命至重，豈宜以妄言之故，而加以極刑。」乃杖而遣之。

中統元年，授眞定路總管、同判本道宣撫司事。眞定表山帶河，連屬三十餘城，生殺進退，咸倚專決。楫謹身率先，明政化，信賞罰，任賢良，汰貪墨，恤煢獨，民咸德之。所舉州縣佐史有文學者三十餘人，後皆知名。會天澤言：「兵民之柄不可併居一門，行之請自臣家始。」楫卽日解綬歸。卒年五十九。

子炫，常德管軍總管；煇，知孟州；燧，同知東昌府事；煊，潼關提舉；煬，僉廣西按察司事。

權字伯衡，勇而有謀。初，以權萬戶從天澤南征。歲壬子，天澤以萬戶改河南經略使，乃以權代其任。甲寅，屯軍鄧州，敗宋將高達於樊城。己未，世祖自將伐宋，權出迎於淮西。世祖渡江，次鄂州而憲宗崩，世祖北還，乃命權總兵鎭江北岸之武磯山。中統元年，降詔獎諭，賜金虎符，授眞定河間濱棣邢洺衞輝等州路幷木烈糺軍兼屯田州城民戶沿邊鎭守諸軍總管萬戶；其所屬千戶、萬戶，悉聽號令。

至元六年，召至闕下，問以征南之策。對曰：「襄陽乃江陵之藩蔽，樊城乃襄陽之外郛，我軍若先攻樊城，則襄陽不能支梧，不戰自降矣。然後駐兵嘉定，耀武淮、泗，事必有濟。」帝善其計。

七年，宋兵侵邊，權引兵趨荆子口，大破之，帝賜白金五百兩，權悉以分勞士卒。宋將夏貴，以船萬艘載壯士，欲奪江面，權進攻，破之，帝賜以衣幣、弓矢、鞍勒。既而轉糧于隨，貴復引兵扼我前路，權戰破之，賜白金七百兩。制授河南等路宣撫使，未上，賜金虎符，充江漢大都督，總制軍馬，總管屯田萬戶。會天澤言一門不可兼掌兵民之柄，乃授權鎮國上將軍、眞定等路總管，兼府尹。徙東平，又徙河閒。卒。

樞字子明。父天安，字全甫，秉直仲子也。歲癸酉，從秉直降。太師木華黎以其兄天倪爲萬戶，而質天安軍中。丁丑，從討錦州叛人張致，平之。己卯，〔三〕從略地關右，生擒鄜州驍將張資祿號張鐵槍者。乙酉，武仙殺天倪於眞定，天安率衆來會天澤，併力攻仙，敗走之。以功授行北京元帥府事，撫治眞定。

庚寅，宋聚兵邢之西山，聲言爲仙援，遣其徒趙和行間城中，誣倅副李甲、劉清嘗輸款爲內應，守將械兩人送府，大帥趣命戮之，天安揣知其詐，請自鞫之，果得其情，遂斬和以徇。壬辰，從伐金。師還，討劇盜梁滿、蘇傑等，悉平之。甲午，宣權眞定等路萬戶，賜金符。丙午，入覲，賜黃金五十兩、白狐裘一、牝馬百。乙卯卒。

樞年二十餘，以勳臣子知中山府，有治績。甲寅，初籍新軍，天澤以長兄二子各有官位，而仲兄之子未仕，乃奏樞爲征行萬戶，配以眞定、彰德、衞州、懷孟新軍，戍唐、鄧。乙卯，敗宋舟師於漢水之鴛鴦灘，賜金虎符。

戊午，憲宗伐宋，入自蜀，從天澤詣行在，朝帝于大散關。帝勞之曰：「卿久鎭東方，茲復遠來，勤亦至矣。」樞對曰：「臣之祖、父，受國厚恩，今陛下親御六師，暴露萬里之外，臣獨不能出死力，以報萬分之一邪！」帝壯其言，命爲前鋒。（立宋）〔宋立〕劍州，〔三〕僑治於苦竹崖，前阻絕澗，深數百尺，恃險而不備，帝使樞偵之，樞率健卒數十，縋而下，得其所以致師處以聞，帝趣樞急取之，宋人懼，乃降。翼日，大宴，帝顧皇后，命飲樞酒，且諭新附渠帥曰：「我國家自開創以來，未有皇后賜臣下酒者，特以樞父子世篤忠貞，故寵以殊禮。有能盡瘁事國者，禮亦如之。」

己未，從天澤擊敗宋將呂文德於嘉陵江，追至重慶而還，賜黃金五十兩、白金二百兩、錦一匹。

世祖即位，改賜金虎符。中統二年，從天澤扈駕北征。三年，李璮叛據濟南，復從天澤往討之。城西南有大澗，亘歷山，樞一軍獨當其險，夾澗而城，竪木柵於澗中。淫雨暴漲，木柵盡壞，樞曰：「賊乘吾隙，俟夜必出。」命作葦炬數百置城上。逮三鼓，賊果至，飛炬擲之，風怒火烈，弓弩齊發，賊衆大潰，自相蹂躪，死者不可勝計。未幾，璮就擒。

至元四年，宋兵圍開、達諸州，以樞爲左壁總帥，佩虎符，凡河南、山東、懷孟、平陽、太原、京兆、延安等軍悉統之，宋兵聞之，解去。

六年，高麗人金通精據珍島以叛，討之，歲餘不下。七年，進樞昭勇大將軍、鳳州經略使。樞至，謂諸將佐曰：「賊勢方張，未易力勝，況炎暑海氣蒸鬱，弓力弛弱，猝不可用。宜分軍爲三，多張旗幟以疑之。吾與諸君潛師擣其巢穴，破之必矣。」與戰，大破之，其地悉平。

十二年，復以萬戶從丞相伯顏伐宋，賜錦衣一、寶鞍一、弓一、矢百、甲十注、馬十二匹，仍給天澤帳下士十人以從。宋平，署安吉州安撫使。時新附之初，民所在依險阻自保，樞以威信招懷之，復業爲民者以千萬計。

十四年，移疾還。十九年，起爲東京路總管，辭不赴。二十三年，拜中奉大夫、山東東西道宣慰使，治濟南，後又治益都。二十四年，卒，年六十七。

子煥，昭勇大將軍、後衞親軍都指揮使，佩金虎符；燀，奉訓大夫、祕書少監。

史天祥

史天祥，父懷德，尚書秉直之弟也。歲癸酉，太師、國王木華黎從太祖伐金，天祥隨秉直迎降於涿。木華黎命懷德就領其黑軍隸帳下，署天祥都鎮撫，選降卒長身武勇者二百人，使領之。招徠丁壯，得衆萬餘，從取霸州、文安、大城、滄濱、長山等二十餘城，東下淄、沂、密三州，所至皆先登，詔賜以銀符。從大軍攻燕，不克。

甲戌，略地高州，拔惠和、金源、和衆、龍山、利、建、富庶等十五城，惟大寧固守不下。天祥獲金將完顏胡速，木華黎欲殺之，天祥曰：「殺一人無損於敵，適驅天下之人爲吾敵也。且其降時嘗許以不死，今殺之，無以取信於後，不若從而用之。」乃以爲千戶。復合衆攻其城，懷德先登，擒其二將，爲流矢所中，歿于軍。乃以所統黑軍，命天祥領之。

天祥憤痛其父之死，攻之愈急。乙亥，與大帥烏野兒降其北京留守銀答忽、同知烏古倫。進攻北京傍近諸寨，磨雲山王都統首詣軍門降，天祥命入列崖，擒都統不剌，釋其縛，仍曉以大義，不剌感泣，願效死。天祥察其誠，許與王都統往說降城子崖王家奴，乃命三人各將舊卒，付空名告身，使諭樓子崖等二十餘寨悉降，得老幼數萬、勝兵八千。西乾河答魯、五指山楊趙奴獨固守不下，天祥擊之，大小百餘戰，趙奴死，答魯敗走，得戶二萬。授西山總帥兵馬。興州節度使趙守玉反，天祥與烏野兒分道討平之。答魯復聚衆攻龍山，以槊刺烏野兒中胸，隨墮馬，天祥馳救得免，復整陣出戰，大敗之，斬首八千級，答魯戰死。進克中興府。

張致盜據錦州，從木華黎討平之。會契丹漢軍擒關肅，復利州，殺劉祿於銀冶，斬首五十級，尖山、香爐、紅螺、塔山、大蟲、駱駝、團崖諸寨悉平，虜生口萬餘，得錦州舊將杜節，并黑軍五百人，卽命統之。

丙子春，覲太祖於魚兒濼，賜金符，授提控元帥。拔蓋、金、蘇、復等州，獲金完顏奴、耶律神都馬，遷鎭國上將軍、利州節度使、所部降民都總管、監軍兵馬元帥。丁丑夏，山賊祁和尙據武平，討平之。縛金將巢元帥。又滅重兒盜衆萬人於興州之車河。己卯，權兵馬都元帥，蒙古、漢軍、黑軍並聽節制。下河東、平陽、河中、岢嵐、絳、石、隰、吉、鄜等八十餘城。

庚辰，至眞定，木華黎使天祥攻城，天祥因請曰：「攻之恐戮及無辜，不如先往諭之。苟其不從，加兵未晚。」木華黎許之。天祥往見守將武仙，諭以禍福，仙悟，乃降。吾也而請留天祥守眞定，木華黎曰：「天下未定，智勇士可離左右乎。吾將別處之。」乃以秉直之子天倪爲河北西路兵馬都元帥，鎭眞定；以天祥爲左副都元帥，餘如故，引兵南屯邢西遙水山下。仙兄貴以萬人壁於山上，負固不下，天祥携完顏胡速及黑軍百人，由烏道扳援而上，盡掩捕之。仙鶯曰：「公若有羽翼者，不然，何其能也！」遂下邢、磁、相三州。從戰黃龍岡，破單、滕、兗三州。

木華黎圍東平，久不下，怒吾也而不盡力，將手斬之，天祥請代攻。木華黎喜，付皮甲一，又與己鐵鎧并被之，鏖戰不已，木華黎使人止之曰：「爾力竭矣，宜少休。」復以金鞍名馬與之。辛巳，從取綏德、鄜、坊等五十餘城。壬午，木華黎攻青龍、金勝諸堡，花帽軍堅守不下，既破，欲屠之，天祥力諫而止，獲壯士五千人。

癸未春，還軍河中，木華黎上其功，賜金虎符，授蒙古漢軍兵馬都元帥，總十二萬戶，鎭河中。冬，徇西夏，破賀蘭山，還，遇賊，射傷額，出血，目爲之昏。甲申，歸北京，授右副北京等七路兵馬都元帥。庚寅，朝太宗於盧朐河，乞致仕，不允。辛卯，太宗用兵河南，强之從行，轉漕河上，給餉諸軍。

壬辰，命天祥領汴京百工數千，屯霸州之益津，行元帥府事，賜錦衣一襲。初，天祥夜中流矢，鏃入頰骨，不能出，至是，金瘡再發，鏃自口出。睿宗聞而閔之，授海濱和衆利州等處總管，兼領霸州御衣局人匠都達魯花赤，行北京七路兵馬都元帥府事。憲宗卽位，俾仍舊職。戊午秋九月，以疾卒，年六十八。

天祥幼有大志，長身駢脅，力絕人，性不嗜酒，喜稼穡，好施予。乙未括戶，縱其奴千餘口，俾爲民。晚雖喪明，憂國愛民之心，未嘗忘也。

子彬，江東提刑按察副使；槐，襲霸州御衣局人匠都達魯花赤。

校勘記

〔一〕〔弘略〕 據本書原目錄補。

〔二〕東流寨 按元名臣事略卷六王磐張柔神道碑、遺山集卷二六張柔勳德第二碑「寨」皆作「塢」，蒙史從改，疑是。

〔三〕累遷（青）〔清〕州防禦使 據元名臣事略卷六引王磐張柔神道碑改。按金無「青州」，清州以宋大觀年間河清得名。新編已校。

〔四〕遙領永（寧）〔定〕軍節度使 據元名臣事略卷六引王磐張柔神道碑改。按當時張柔兼雄州管內觀察使，金史卷二四地理志雄州下云：「天會七年，置永定軍節度使。」

〔五〕甄（仝）〔全〕 據畿輔通志卷一六八王磐張柔神道碑及元名臣事略卷六引王鶚張柔墓誌銘改。下同。

〔六〕（祈）〔祁〕陽 道光本與畿輔通志卷一六八王磐張柔神道碑、元名臣事略卷六引王鶚張柔墓誌銘及遺山集卷二六張柔勳德第二碑合，從改。下同。

〔七〕（鎭）〔眞〕定　據本書卷五八地理志改。

〔八〕逐其守盧應妻子　此句有脫文。遺山集卷二六張柔勳德第二碑作「應挺身而逸，妻子皆爲所虜」。

〔九〕柔〔率〕銳卒五十七人先登　按遺山集卷二六張柔勳德第二碑作「公率銳卒先登」，據補。

〔一〇〕〔楫權樞〕　據本書原目錄補。

〔一一〕壬寅天澤引楫入見太宗　按元太宗死于辛丑年，楫不能于次年入見。此處史文有誤。蒙史改「壬寅」爲「辛丑」。

〔一二〕己卯　本證云：「案太祖紀，克鄜州在辛巳，木華黎、史天祥傳同，此誤。」

〔一三〕（立宋）〔宋立〕劍州　據文義改正。